어른이를 위한 가족법

THE ART OF 이혼의 기술 NEW LIFE

우병창 & 김보람

유원북스

일 더하기 일은 결혼, 일 빼기 일은 이혼

사랑이 결혼으로 결실을 맺게 되면 부부는 원만한 가정을 유지하기 위해 끝없이 노력해야 한다. 그렇지만 둘이 하나가 되어 처음 그대로 한결같이 공동생활을 유지하는 것은 쉬운 일이 아니다. 날씨가 맑은 날이 있고 흐린 날이 반복되듯이 살다 보면 기쁜 날도 있고 가슴 아픈 날도 있기 마련이다. 이 또한 인생의 묘미이자 부부생활의 활력이 아니겠는가.

그런데 부부 공동생활의 균형이 무너지게 되면 어느 한쪽이 지치고 힘들어질 수 있다. 그럴 즈음에 하나로 된 부부가 다시 각자의 길을 가야 하는 아픔을 피할 수 없는 지경에 이르게 될 수 있다.

"최고의 이혼 기술은 이혼하지 않는 것이다."

어쩔 수 없이 이혼을 해야 한다면 '잘' 하는 것이 중요하다. '잘 하는 이혼'이란 어떤 것일까? 필자가 10여 년 넘게 서울가정법원에서 이혼조정을 해 오면서 나름대로 세운 방침은 빨리!(신속하게!), 고통 없이!(마음의 상처를 적게!) 그리고 경제적으로!(이혼에 소요되는 비용을 최소화!) 공동생활을 정리하고 각자의 길을 갈 수 있도록 도와주자는 것이다.

이 책에서는 변호사 같은 고비용의 전문가의 도움이 없이도 혼자 힘으로 자신이 걸어온 길을 정리하고 새로운 길을 개척할 수 있도록 안내하고자 한다. 따라서 일반적인 이혼관련 책과는 달리 절차적인 부분에 많은 면을 할애하고자 하며, 그로 인해 책의 내용이 다소 지루하거나 어렵다는 느낌이 든다면 독자를 위한 두터운 배려라고 이해해 주시길 바란다.

우리 법체계에서는 민법, 가사소송법 등에서 이혼에 관한 규정을 두고 있으며, 민법이 인정하는 이혼에는 협의(합의)이혼과 재판이혼이 있다. 수십 년 동안 이루어진 통계청의 이혼 통계를 보면 협의이혼이 훨씬 많은 비중을 차지하고 있는 것으로 조사되고 있지만 재판이혼의 비율이 조금씩 늘어나는 것이 현대 이혼의 추세이기도 하다. 재판이혼이 늘어나고 있다는 것은 그만큼 이혼이 쉽게 되지 않는다는 것을 방증하는 것으로 해석할 수 있을 것이다. 즉, 이혼을 피할 수 없게 된 것이 현실이라고는 하지만 그 과정에서 이혼으로 인한 아픔과 고통이 점점 심해지고 있고, 이혼을 하기까지 걸리는 시간도 길면 3년 이상 끌게 된다. 그리고 이혼소송을 위해서는 통상 변호사를 선임하기 때문에 적지 않은 금전적 부담이 따르게 되는 것이다. 즉, 이혼하는 과정에서 많은 시간과 금전적인 부담이 들어가게 되는 것이다. 그리고 이혼에 걸리는 시간이 길어질수록 그에 비례하여 이혼으로 인한 고통도 심해질 수밖에 없을 것이다.

이혼을 하려면 반드시 변호사를 선임해야 할까. 그렇지 않다. 본인 소송이 원칙이고 변호사 선임은 선택사항일 뿐이다. 물론 증거수집에 관하여 도움이 필요하다거나 매번 법정에 출두하기 곤란한 상황에 있는 등 절차상 어려움이 있다면 변호사를 선임하는 것이 편할 것이다. 반대로 증거가 분명하고 절차상 별 문제가 없을 것으로 예상되면 본인이 직접 소송을 진행하는 것이 좋다. 이혼만으로도 경제적인 어려움에 처할 수 있는 마당에 변호사에게마저 비싼 수임료를 지불할 필요는 없는 것이다. 이 책을 제대로 활용할 수만 있다면 변호사를 선임할 수밖에 없는 상황이라고 하더라도 지나치게 고액의 수임료를 지불하지 않아도 되는 길을 찾을 수 있고, 그 길을 찾는다면 필요 이상의 비용이 들어가는 것을 막음으로써 최소한 '경제적' 이혼은 가능할 것이다. 물론 이 책을 읽는다고 해서 모든 독자가 전문가의 도움 없이 혼자서 이혼을 할 수 있게 된다는 것은 아니다. 이혼과 그 과정에 대해 최소한의 이해라도 하고 나서 전문가의 도움을 받는다면 훨씬 더 신속하고 경제적인 이혼을 할 수 있을 것이라는 의미이다.

"The Art of New Life"
결혼도 새로운 삶의 시작이고,
이혼도 새로운 삶의 시작이다.

〈사사(謝辭)〉 이 책이 나오기까지 오랜 기간을 기다려 주신 유원북스 이구만 사장님과 책의 초안을 꼼꼼하게 검토해 주신 H그룹 洪 상무님, 미주리대학교 박사과정 김민정 님 그리고 필자가 지칠 때마다 심신을 달래주신 제주도 文 사장님께 심심한 감사의 말씀을 드립니다.

차례

0장

新 인류의 사랑

1장

우리 결혼했어요

2장

가지 않은 길

3장

아름다운 사람

일러두기

이 책에서는 법규정이나 판례에 나오는 어려운 용어들을 가능한 한 편안한 생활용어로 표현하고자 하였습니다. 그렇지만 전문용어와 법적 절차에 관한 명칭을 쉽게 바꾸는 데는 한계가 있을 수밖에 없었습니다. 이 점 독자 여러분의 이해를 바랍니다.

법령 약어

- 가사: 가사소송법; 가규: 가사소송규칙
- 등록법: 가족관계의 등록 등에 관한 법률
- 등록규칙: 가족관계의 등록 등에 관한 규칙
- 민소: 민사소송법; 민소규: 민사소송규칙; 민조: 민사조정법
- 양육법: 양육비 이행확보 및 지원에 관한 법률

[예시]

- 민법 808①a: 민법 제808조 제1항 제1호
- 가사 2①a다류7: 가사소송법 제2조 제1항 제1호 다류사건 7호

법원 약칭

- 대법: 대법원; 대법~전합: 대법원~전원합의체
- 서고: 서울고등법원
- 대고: 대구고등법원
- 광고: 광주고등법원
- 서울: 서울가정법원
- 부산: 부산가정법원
- 서중: 서울중앙지방법원
- 서서: 서울서부지방법원
- 수지: 수원지방법원
- 인지: 인천지방법원
- 청지: 청주지방법원
- 춘지: 춘천지방법원
- 헌재: 헌법재판소

* 이 책에서 인용된 판례를 찾는 방법은 [https://glaw.scourt.go.kr/wsjo/intesrch/sjo022.do]에서 판례 검색창에 해당 판례 번호(예: 2020다1234)를 입력하면 그 판례의 전체내용을 볼 수 있습니다.

나의 위치는 어디일까?

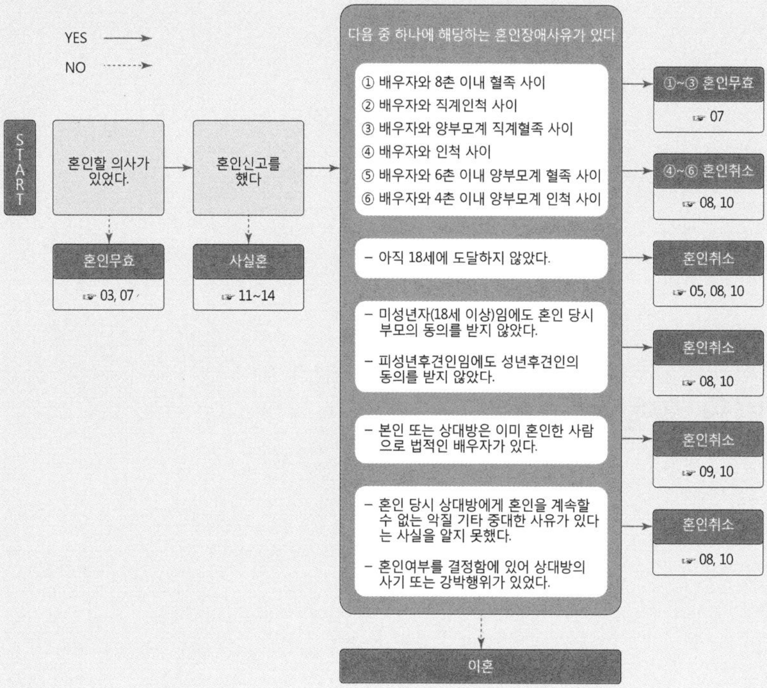

혼인의 무효와 취소, 이혼의 차이

- 혼인의 무효 또는 취소는 혼인의 성립요건에 문제가 있어 유효한 혼인으로 인정되지 않는 경우를 대비하는 제도이다.
- 이혼은 완전하게 성립한 혼인이 나중에 발생한 사유로 인하여 해소되는 제도이다.

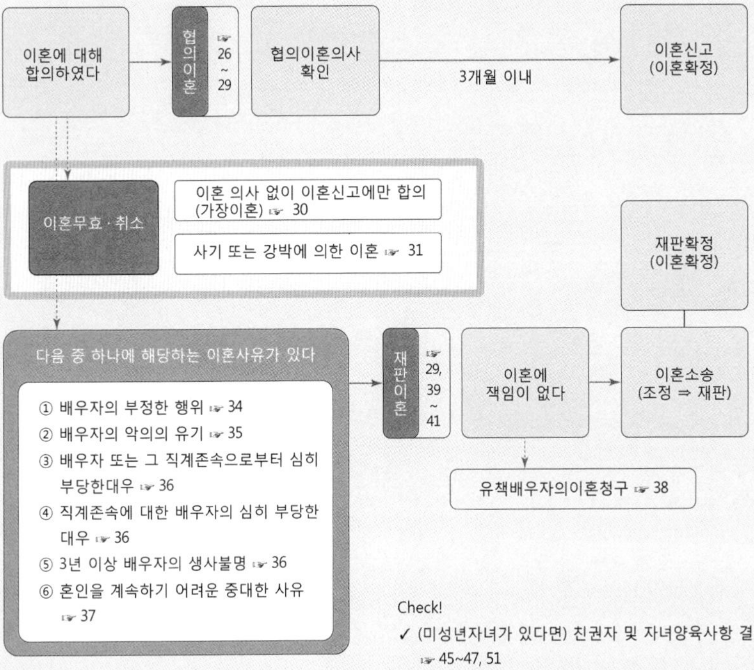

Check!

✓ (미성년자녀가 있다면) 친권자 및 자녀양육사항 결정 ☞ 45~47, 51

✓ (이혼에 한쪽의 책임이 있다면) 손해배상청구 ☞ 44

✓ 재산분할 ☞ 52~54

0장

新 인류의 사랑

"사람은 생존한 동안 권리와 의무의 주체가 된다"
－민법 제3조－

엄마의 몸에서 아이가 태어나고,
그 아이는 사랑으로 자라고,
꿈을 꾸며 어른이 되고,
저마다의 길을 걷고,
때론 헤매기도 하고,
누군가를 만나,
⋮
同行

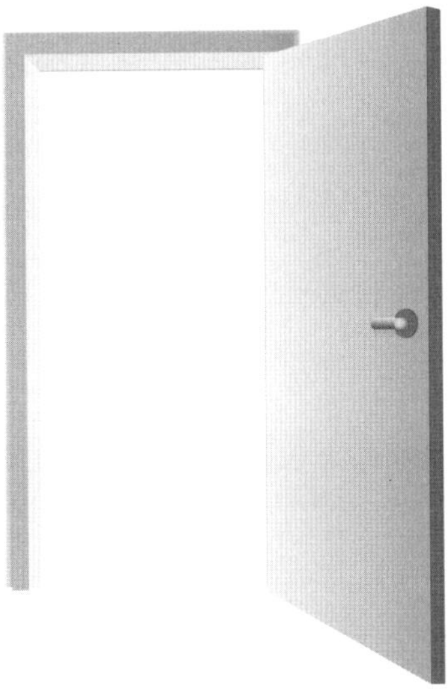

0장 新 인류의 사랑

1장

우리 결혼했어요

"부부는 동거하며 서로 부양하고 협조하여야 한다"
—민법 제826조—

바람부는 벌판에서도
기나긴 겨울밤에도
우리는 하나

"결혼은 연애보다 眞하다"

01

법률혼이란

혼인이란 남녀가 공동으로 생활하기 위해 도덕이나 풍속 등 그 사회의 규범상 정당시되는 결합을 이루는 법률상, 사회생활상 중요한 의미를 가지는 신분상의 계약이며, 그 본질은 양성 사이의 애정과 신뢰에 바탕을 둔 인격적 결합에 있다(대법 2014므4734, 4741 참조).

법률혼주의와 혼인의 요건

혼인(일상생활에서는 결혼이라는 말을 많이 쓰지만 민법에 있는 법률용어는 혼인이다. 이 책에서는 혼인과 결혼을 내용에 따라 적절하게 섞어서 사용한다)은 가족이 아닌 남녀가 장래를 함께 하겠다는 약속의 징표로서 교제하던 남녀 사이의 애정이 커져 같이 살고 싶어지면 으레 결혼할 것을 약속하게 된다. 일반적으로는 결혼식이라는 의식을 통해 서로 배우자가 되어 평생을 함께 할 것임을 주위에 공표하기 때문에 남녀가 가족이나 지인들에게 '나 곧 결혼해'라고 이야기 하는 것은 곧 결혼식을 올릴 예정이라는 의미로 받아들이게 된다. 결혼식을 올린 후에는 신혼부부인 당사자뿐만 아니라 주변 사람들 역시 그들을 유부남 또는 유부녀로 인식하는 것이 보통이다. 그런데 결혼식을 올렸다고 해서 바로 법률상으로 배우자 관계가 생기는 것은 아니다.

'민법상 혼인'이 중요한 것은 남녀의 성적·사실적 결합관계가 혼인이라는 법률상 제도를 통해야 비로소 완전한 법의 보호를 받을 수 있기 때문이다. 이러한 혼인관계를 법률혼이라고 하는데 우리나라는 혼인신고라는 형식적인 요건을 갖춘 부부관계에 대해서만 완전한 법률효과를 인정하는 법률혼주의를 택하고 있다. 따라서 민법상 혼인을 했다는 것은 혼인신고를 했다는 의미이며, 결혼식은 법적인 요건은 아니다. 결혼식을 올렸다는 사실을 통해 혼인성립의 필수요건인 '혼인에 관한 당사자의 합의'가 있었다고 추정할 뿐이다. 우리 사회에서 혼인이란 당사자의 합의(혼인의 실질적 요건)에 기초한 남성 1인과 여성 1인의 결합으로서 유일한 형식적 성립요건인 혼인신고까지 마쳐야 비로소 완전하게 법의 보호를 받는 '법률혼'으로 인정되는 것이다. 이 혼인신고는 결혼식을 하든 안하든, 결혼식보다 먼저 하든 나중에 하든 아무런 상관이 없다.

우리 민법은 혼인의 개념에 관하여 별도로 정의하고 있지는 않고, 812조에서 '혼인은 신고함으로써 효력이 생긴다'고 규정하고 있을 뿐이다. 그런데 807조 이하에서 혼인적령, 동의가 필요한 혼인, 근친혼 등의 금지, 중혼의 금지라는 혼인의 유효요건 또는 혼인의 장애사유들을 규정하고 있고 혼인의 무효와 취소에 대한 규정들도 두고 있다. 따라서 위와 같은 규정들에 위반되지 않는 혼인이라야 법적인 의미에서 완전한 혼인으로 인정받을 수 있는 법률혼이 된다.

법률혼과 사실혼

법률혼까지 이르지 못한 –혼인신고를 하지 않은– 남녀의 결합을 어느 정도라도 법적으로 보호해 주기 위해 생겨난 개념이 바로 사실혼이다. 즉, 남녀가 생활공동체를 이루면 부부라는 사회적 실체는 있어 보이지만 민법이 요구하는 유일한 형식적 성립요건(혼인신고)을 갖추지 않은 경우에 그들의 결합을 사실혼이라고 하여 법률혼과 구별하고 있고, 법적인 취급에서 차이가 있다.

법률혼과 사실혼은 여러 법률관계에서 차이가 있기는 하지만 현대사회가 진행될수록 그 법적인 차이는 점점 좁혀지고 있다. 현행법상으로 주요한 차이는 자녀의 성과 본의 결정, 상속권의 유무 등에 관한 것이다. 사실혼의 경우 자녀의 성과 본이 아버지의 것을 따르는 것이 아니라 어머니의 것을 따르게 되고, 사실혼 배우자 사이에는 상속권이 인정되질 않는다. 최근에 들어와 사실혼 배우자에게도 상속권을 인정하자는 주장이 있긴 하지만 민법의 개정에까지 이르지는 못하고 있다. 그렇지만 사실혼 배우자도 법률혼 배우자에 버금가는 보호를 받는 경우가 많기 때문에 남녀 사이의 단순한 동거와는 구분해야 한다. 사실혼에 관해서는 뒤에서 보다 자세히 살펴본다.

02

혼인신고

혼인은 신고하여야 효력이 생긴다. 민법상 혼인을 한다는 것은 혼인신고를 한다는 의미이기도 하다. 그러므로 결혼식보다 중요한 것은 혼인신고를 하는 일이다.

등록법에 따른 신분관계의 공시

신분관계는 그것을 요건으로 다양한 법적 효과가 발생하기도 하고, 당사자인 본인뿐만 아니라 그와 법률행위를 하는 제3자의 이해관계에도 영향을 미친다. 따라서 법이 정한 절차에 따라 출생·혼인·사망 등 가족관계의 발생 및 변동사항의 신분관계를 공적 장부에 공시하고 증명하는 제도를 둘 필요가 있다.

이른바 호주제도는 호주에 대해 우월적 지위를 부여하고 호주를 정점으로 가(家)라는 집합체를 구성하여 이와 같은 가(家)를 직계비속남자에게 승계시키는 제도로 요약할 수 있다(헌재 2001헌가9 등). 1958년 제정된 우리 민법은 호주제를 우리 가족제도의 기본원칙으로 하고, 1960년 호적법을 제정하여 호주를 기준으로 개인의 신분관계를 가(家)별로 편제하는 '호적부'에 개인의 신분변동에 관한 사항을 기록하는 방식을 취했다. 그런데 호적부의 바탕이 되는 호주제에 대해 헌법재판소에서 헌법불합치 결정을 하게 됨에 따라[1] 가족관계의 등록 등에 관한 법률(이하 본문에서는 '등록법'이라고 함)이 새로 제정되었고, 현재는 옛 호적법상 호적부가 아닌 다양한 가족관계등록부에 개인별로 구분하여 작성하는 방식으로 개인의 신분관계를 공시·공인하고 있다.

혼인신고하기

혼인신고는 남녀가 결혼한 사실을 시(구)·읍·면의 장에게 신고하는 것으로 결혼한 당사자가 신고(직접 또는 대리)하여야 한다. 특별히 정해진 신고기간은 없고 신고장소에도 큰 제한은 없다. 신고 당사자의 등록기준지 또는 주소지나 현재지를 관할하는 시(구)·읍·면의 사무소에 하면 된다(등록법 20①). 살고 있는 동네 근처의 주민센터에서는 혼인신고를 할 수 없고 인터넷을 통한 혼인신고도 불가능하다. 다만, 혼인신고서 양식은 정부24 홈페이지(https://www.gov.kr)에서 다운로드 할 수 있다. 그러므로 위 사무소를 방문하거나 우편을 통해 신고하여야 한다. 혼인신고를 위해서는 혼인신고서에 다음의 사항을 써야 한다(민법 812 및 등록법 71).

- 당사자의 성명·본·출생연월일·주민등록번호 및 등록기준지(당사자가 외국인인 경우 그 성명·출생연월일·국적 및 외국인 등록번호)
- 당사자의 부모와 양부모의 성명·등록기준지 및 주민등록번호
- 자녀의 성과 본을 모의 성·본을 따르기로 하는 협의가 있는 경우 그 사실*
- 8촌 이내 혈족 사이의 혼인이 아니라는 사실**
- 성년자인 증인 2인이 같이 서명할 것

* 자녀의 성·본이 모의 성·본을 따르기 위해서는 혼인신고할 때에 협의해야 하므로(민법 781①) 이러한 협의의 유무를 표시해야 한다. 혼인신고서의 항목에는 '자녀의 성·본을 모의 성·본으로 하는 협의를 하였습니까?'라는 문항이 있으며, 협의를 한 경우에는 혼인당사자의 협의서를 첨부해야 한다(등록법 71).

** 8촌 이내 혈족 사이의 혼인은 무효이다. 그러므로 근친혼에 해당하는지의 여부도 표시하도록 하고 있다. 별도로 적어야 하는 것은 아니고, 혼인신고서의 항목에 '혼인 당사자들이 8촌 이내의 혈족 사이에 해당됩니까?'라는 문항이 있으므로 여기에 해당 여부를 표시하면 된다.

Q 혼인신고는 부부가 같이 가서 해야 합니까? 증인도 같이 가야 합니까?

A 그렇지 않습니다. 혼인신고는 신고를 하려는 부부가 모두 출석해야 하는 것은 아니고, 부부 중 한쪽이 신고인 모두의 신분증명서 및 도장을 지참하고 가면 됩니다. 증인이 같이 갈 필요도 없습니다. 혼인신고서에 증인 2명이 서명하거나 도장을 찍은 신고서만 제출하면 됩니다.

특수한 경우의 혼인신고

Q 외국에 거주하는 경우 혼인신고는 어디에서 합니까?

A 대한민국 국민이 외국에 거주하거나 체류하는 경우에는 재외국민 가족관계등록사무소라는 곳에서 혼인신고를 할 수 있습니다(등록법 20①).

Q 한쪽이 사망한 경우의 혼인신고는 어떻게 됩니까?

A 혼인 당사자가 생존 중 작성해서 우송한 신고서는 민법 제정 당시부터 당사자 한쪽이 사망한 후에 도달하여도 유효하다고 명시적으로 규정하고 있습니다(등록법 41조). 그런데 민법 제정 이후 관련 법규정이 여러 차례 바뀌는 과정을 볼 때 혼인신고의 효력이 생기지 않는 것으로 개정하는 것이 바람직하다고 생각됩니다.

Q 재판에 의한 혼인신고(사실혼의 신고)는 어떻게 합니까?

A 사실상 혼인관계 존재확인의 소송을 통해 사실상 혼인관계가 있다는 것이 확정된 경우에는 상대방의 동의가 없더라도 강제로 혼인신고를 할 수 있습니다. 이때 소송을 제기한 사람은 재판의 확정일부터 1개월 이내에 재판서의 등본 및 확정증명서를 첨부하여 혼인신고를 해야 합니다(등록법 72).

혼인신고의 심사와 수리

혼인신고를 담당하는 가족관계등록공무원은 신고에 대한 형식적인 심사권만을 가지고 있다. 그러므로 신고인이 제출하는 첨부서류가 법에서 정하고 있는 요건을 모두 갖추고 있는지, 절차에 부합하는지 등을 형식적으로만 심사하면 되고, 신고의 내용이 실체적 진실에 부합하는지까지 심사할 수 있는 권한이나 의무는 없다(대법 87다카1164). 따라서 가족관계등록공무원은 뒤에서 다룰 혼인장애사유가 없는지와 혼인신고서가 법령이 정한 대로 작성되었는지를 심사할 뿐이다. 여기에 별 문제가 없다면 혼인신고를 수리해야 하고(민법 813) 신고가 수리됨으로써 그 혼인은 성립(효력발생)되는 것이다.

민법 제812조(혼인의 성립)

① 혼인은 「가족관계의 등록 등에 관한 법률」에 정한 바에 의하여 신고함으로써 그 효력이 생긴다.

② 전항의 신고는 당사자 쌍방과 성년자인 증인 2인의 연서한 서면으로 하여야 한다.

민법 제814조(외국에서의 혼인신고)

① 외국에 있는 본국민 사이의 혼인은 그 외국에 주재하는 대사, 공사 또는 영사에게 신고할 수 있다.

② 제1항의 신고를 수리한 대사, 공사 또는 영사는 지체 없이 그 신고서류를 본국의 재외국민 가족관계등록사무소에 송부하여야 한다.

03

결혼하려면 필요한 것: 혼인의 합의

유효한 혼인이 되기 위해서는 실질적인 부부가 되겠다는 당사자 사이의 '혼인의 합의'가 필요하며, 이러한 합의가 없는 혼인은 무효이다.

혼인성립의 필수요건, '혼인의 합의'

혼인의 합의란 법률상 유효한 혼인을 성립시키고자 하는 의사를 말하는 것이고, 남녀 사이의 정신적·육체적 관계를 맺는 의사가 있다는 것만으로 혼인의 합의가 있다고 할 수는 없다(대법 83므22). 혼인은 남녀가 상대방과 생활공동체를 형성하고, 배우자로서의 법적인 의무를 다하겠다는 의사를 바탕으로 이루어져야 하는 것이다. 민법 815조는 당사자 사이에 혼인의 합의가 없는 때에는 그 혼인은 무효라고 규정하고 있다. 따라서 '혼인의 합의'는 혼인성립의 필수요건이 된다.

만일 혼인의 합의가 없었음에도 불구하고 혼인신고가 되었다면 그 혼인관계는 무효이므로 이를 없던 것으로 바로잡아야 하는데, 이혼이 아니라 혼인무효소송을 통해야 한다. 혼인무효판결을 받게 되면 혼인하기 전의 상황으로 돌아가게 되고 가족관계등록부는 혼인관계가 원래 없었던 것으로 정정된다. 따라서 당연히 혼인한 이력도 남지 않는다.

혼인의 합의가 없는 때

A는 외국인인 B와 국제결혼을 하였다. 그런데 혼인신고 후 B와 연락이 되질 않게 되었다. 그 후 A는 B가 한국에 입국해서 취업을 하려고 본인과의 혼인신고가 필요했다는 사실을 알게 되었다. 바로 이와 같은 결혼(가장혼인)이 당사자 사이에 혼인의 합의가 없는 대표적인 경우에 해당한다.

또한 동성애자인 C가 오로지 자신의 성적 취향을 감추기 위해 D와 결혼하고, 결혼 후에 D와의 성관계는 거부하면서 동성애인과의 관계를 지속한다거나, 혼인의사 없이 동거만 하던 남녀 가운데 한 명이 상대방의 재산을 상속할 목적으로 혼인신고를 한 경우, 연인관계일 때 장난으로 작성해 둔 혼인신고서를 가지고 한쪽이 신고한 경우에 한쪽 또는 양쪽의 혼인의사가 없다는 것이 문제될 수 있다. 혼인의 합의가 있었는지를 법원에서는 어떻게 판단하고 있을까. 다음의 실제 사례를 통해 살펴보자.

미성년인 A가 B와 성관계를 하여 임신을 하였는데, 이를 안 A의 어머니가 B로부터 'A와 B가 혼인신고하기로 약정하고, 이를 불이행할 경우 2억 원을 지급한다'는 약정서를 받은 후 A가 임신중절수술을 받은 사안이다.

약혼이 성립하려면 A와 B 사이에 장차 혼인하겠다는 진실한 합의가 있어야 하는데, 이 사안에서 A는 고등학생 신분으로서 가출 상태에서 B와 성관계를 하였을 뿐이고, A와 B 사이에 결혼 이야기는 전혀 없었던 점, A와 B 양쪽에 혼인할 의사가 있었다면 임신중절수술을 할 필요가 없었음에도 B는 A가 임신중절수술을 받아야 한다고 주장하였고, A의 어머니는 B로부터 약정서를 받은 후에야 A가 임신중절수술을 받도록 한 점 등에 비추어 볼 때, A와 B 사이에는 혼인하겠다는 진실한 합의가 없었다고 보았다(부산 2013드합2057).

이처럼 혼인의 합의가 없는 때란, 당사자 사이에 사회관념상 부부라고 인정할 만한 정신적·육체적 결합을 할 의사를 가지고 있지 않은 경우를 가리킨다. 당사자들이 비록 혼인신고는 하였더라도 그것이 단지 다른 목적을 달성하기 위한 방편에 불과한 것으로서 그들 사이에 참다운 부부관계를 맺겠다는 효과의사가 없었다면 그 혼인은 무효가 되는 것이다(대법 2014도11533). 또한 한쪽에게만 참다운 부부관계의 설정을 바라는 의사가 있고 다른 한쪽에게는 그러한 의사가 없었다면 비록 당사자 사이에 혼인신고 자체에 관하여는 의사의 합치가 있었다고 하더라도 그 혼인은 혼인의 합의가 없는 것이어서 무효로 된다(대법 2010므574).

〈혼인의사에 관한 학설과 판례의 입장〉

신분관계를 발생시키려는 의사에 대한 법적인 평가는 두 가지로 나뉜다. 하나는 실질의사설이고, 다른 하나는 형식의사설이다. 어느 입장을 따를 것인지는 입법정책적인 문제이므로 나라마다 입장이 다를 수 있다.

• 실질의사설(우리나라 학설과 판례의 입장)

형식적인 요건인 혼인신고는 물론이고, 부부라고 볼 수 있을 정도의 생활공동체를 실제로 이루려는 것이어야 한다. 이 입장에 의하면 가장혼인은 무효이다.

• 형식의사설

부부로서의 생활공동체를 실제로 이루지는 않고, 단지 형식적으로 혼인신고만 하려는 것이라도 유효한 혼인이다. 이에 따르면 가장혼인도 유효하다.

• 실제 사례

부부관계를 이룰 의사 없이 중국 내 조선족 여자들의 국내 취업을 위한 입국을 목적으로 형식상 혼인신고를 한 경우 피고인들과 조선족 여자들 사이에는 혼인신고에 관한 의사의 합치는 있었으나 참다운 부부관계의 설정을 바라는 효과의사는 없었다고 인정된다. 그러므로 피고인들의 혼인은 우리나라의 법에 따른 혼인으로서의 실질적 성립요건을 갖추지 못하여 무효이다(대법 96도2049).

혼인의 합의와 혼인신고

그렇다면 혼인의 합의는 언제 있어야 할까. 혼인의사는 혼인신고서를 작성할 때에도 있어야 하고 혼인신고할 때에도 있어야 한다. 혼인의사가 신고할 때에도 있어야 한다는 것은 혼인신고서를 제출하고 수리되기까지 계속적으로 혼인의사가 있어야 한다는 것이다. 따라서 혼인할 의사로 혼인신고서를 작성했다 하더라도 당사자의 한쪽 또는 양쪽이 혼인신고가 수리되기 이전에 혼인의사를 철회했다면 혼인의 합의가 있었다고 인정되지 않는다.

또한 한쪽 당사자가 의사능력을 상실했을 때 이루어진 혼인신고에 대해서는 혼인의 합의가 있었다고 인정되지 않는다. 예를 들어 결혼식을 올린 남녀가 사실혼관계에 있다가 한쪽이 뇌졸중으로 혼수상태에 빠져 있는 사이 상대방이 혼인신고를 했다면 특별한 사정이 없는 한 그러한 혼인신고는 무효이다(대법 94므1089).

이처럼 혼인의사는 당사자 모두에게 있어야 하므로 일방적인 혼인신고는 당연히 무효이다. A가 B와 합의 없이 B의 도장을 위조하여 B명의의 혼인신고서를 작성해서 한 혼인신고는 당사자 사이에 혼인의 합의가 없는 때에 해당되어 그 혼인은 무효이다(대법 83므22).

Q 3년 전에 결혼식을 올렸는데 남편이 혼인신고를 안 하려고 합니다. 혼자서 혼인신고를 해도 됩니까?

A 혼인의 의사는 신고를 할 때에도 있어야 하므로 혼자서 일방적으로 혼인신고를 할 수는 없습니다. 그런데 이와 같은 경우에는 가정법원에 사실상 혼인관계 존재확인의 청구를 하여 승소판결을 받은 후 그 판결문에 근거하여 혼인신고를 할 수 있습니다(가사 2①a나류1). 다만, 사실혼관계는 당사자 한쪽만의 의사로 파기할 수도 있는 것이므로 소송진행 중에 남편이 사실혼관계를 해소하겠다는 의사를 표시하면 결과적으로 과거의 사실혼관계의 존재확인을 구하게 되는 것이어서 소송을 통해 얻을 이익이 없다는 이유로 확인청구가 각하될 수 있습니다.

Q 결혼식을 올리고 3개월 정도 함께 살다가 혼인신고를 하기 전에 헤어지기로 합의했습니다. 그런데 헤어진 이후에 남편이 혼인신고를 했다면, 이 혼인신고를 무효로 할 수 있습니까?

A 결혼식을 올리고 부부로 생활했더라도 혼인신고를 하지 않았다면 사실혼에 불과합니다(민법 812, 815). 결혼식을 올린 다음 동거까지 하였으나 성격의 불일치 등으로 계속 부부싸움을 하던 끝에 사실혼관계를 해소하기로 합의하고 별거하는 상황에서 당사자 한쪽이 다른 쪽의 승낙 없이 자기 마음대로 혼인신고를 하였다면 그 혼인은 무효입니다(대법 86므41).

04

남자끼리, 여자끼리 결혼?

남성으로 동성(同性)인 A와 B가 혼인신고를 하면 어떻게 될까. 결론적으로, 이러한 혼인신고는 혼인의 합의가 없음을 이유로 수리되지 않는다. 그런데 우리 민법이 '결혼은 반드시 남자와 여자가 하여야 한다'고 규정하고 있는 것은 아니다. 우리나라 법 어디에도 그런 규정은 없다.

동성혼은 안돼?

동성끼리의 혼인을 금지한다는 명문의 규정이 없음에도 불구하고 법원에서는 혼인의 합의가 없다는 것을 이유로 남성끼리 또는 여성끼리의 혼인을 인정하지 않고 있다. 혼인제도가 역사의 흐름에 따라 다양하게 바뀌어 왔지만 '혼인은 기본적으로 남녀의 결합관계'라는 본질에는 변화가 없었고, 아직까지 대다수 일반 국민의 인식도 이와 다르지 않은 점 등의 여러 사정을 종합하면, 헌법, 민법 및 등록법에 규정되어 있는 '혼인'은 '남녀의 애정을 바탕으로 일생의 공동생활을 목적으로 하는 도덕적·풍속적으로 정당시되는 결합'을 가리키는 것이라고 한다. 따라서 이를 넘어 '당사자의 성별을 불문하고 두 사람의 애정을 바탕으로 일생의 공동생활을 목적으로 하는 결합'으로 확장하여 해석할 수는 없다는 입장이다. 그러므로 현행법의 통상적인 해석으로는 동성인 사람들 사이에서 결혼하자고 한 합의는 유효한 혼인의 합의로 인정되기 어렵다. 따라서 그에 따른 혼인신고 역시 적법하지 않다는 것이 판례의 입장이다(서서 2014호파1842).

동성혼이 가능한 나라도 있다

우리나라에서는 동성혼이 허용되지 않지만 동성혼이 가능한 나라도 많다. 이 밖에도 동성커플을 혼인의 형식이 아닌 시민결합 또는 시민연대계약 등으로 불리는 법적 동거제도로 보호하는 경우도 있다. 이와 같은 방식을 인정하는 국가들은 동성커플뿐만 아니라 이성커플의 동거를 법으로 보호하는 제도를 별도로 두고 있는 경우가 대부분이다. 아래에서는 동성결혼을 중심으로 살펴본다.

2000년 네덜란드가 처음으로 동성결혼을 인정한 이래, 동성애자들의 인권과 다양한 삶의 방식을 존중해야 한다는 의식에서 동성혼인을 합법화하려는 움직임은 세계 각국에서 나타나고 있다. 동성혼 금지에 대한 헌법재판을 통해서, 또는 동성혼 허용에 대한 국민투표를 통해서 동성혼을 승인하고 있으며, 2010년까지 벨기에,

스페인, 캐나다, 남아프리카공화국, 노르웨이, 스웨덴, 포르투갈, 아르헨티나, 아이슬란드 등 10여 개 국가가 동성혼을 합법화했고, 이후 2020년까지 덴마크, 뉴질랜드, 우루과이, 프랑스, 영국, 대만, 태국 등을 비롯한 20여 개 국가들이 동성혼인을 완전히 승인했다.

동성혼인을 제도화한 방식은 국가별로 다른데, 동성혼을 위한 별도의 법률을 제정하기도 하고 종래 민법상 혼인을 재정의함으로써 동성혼을 허용하기도 한다. 예를 들어, 프랑스의 경우에는 우리나라와 마찬가지로 민법이 혼인을 정의하고 있지 않았는데, '동성 커플의 혼인 허용에 관한 2013년 5월 17일 법률(Loi n° 2013-404 du 17 mai 2013 ouvrant le mariage aux couples de personnes de même sexe)'을 통해 프랑스 민법 143조를 신설하여 '혼인은 성별이 다르거나 같은 두 사람에 의해 이루어진다'고 규정함으로써 동성혼을 인정하고 있다.

아시아의 경우에는 처음으로 대만에서 2019년에 동성결합을 합법화하는 특별법이 제정되어 시행되고 있다.[2] 이 법은 2조에서 '서로 같은 성별의 2인은 공동생활을 영위할 목적으로 친밀성과 배타성을 갖춘 영구적인 결합관계를 성립할 수 있다(相同性別之二人, 得為經營共同生活之目的, 成立具有親密性及排他性之永久結合關係)'라고 규정하고 있다. 다만, 민법에서 규정하지 않고 특별법으로 규정한 것으로 볼 때 이 동성결합을 '동성결혼'으로 봐야 할지는 구체적인 검토가 필요할 것이다.

판례탐구

결혼과 성별정정의 제한: 성(性)의 전환

남성인 A는 여성인 B와 결혼하여 미성년인 자녀 C가 있다. 그런데 A는 심한 성정체성 장애 때문에 수차례 정신과 치료를 받아오다가 결국 성전환수술을 받았고, 성별정정을 신청했지만 법원은 A의 청구를 받아들이지 않았다. 법원이 A의 성별정정을 허락하지 않은 것은 A가 결혼한 사람이고 미성년인 자녀 C가 있었기 때문이다. [대법 2009스117 전합] 판결을 통해 보다 자세히 살펴보겠다.

다수의견

성전환수술에 의해 출생할 때의 성과는 다른 성으로 성전환이 이루어졌고, 의학적 측면에서도 자신의 성을 전환된 성으로 인식하고 있다면, 전환된 성으로 개인적 행동과 사회적 활동을 하는 데까지 법이 관여할 방법은 없다. 그러나 성전환자가 혼인중에 있거나 미성년 자녀가 있는 경우에는, 가족관계등록부에 기재된 성별을 정정하여 배우자나 미성년인 자녀의 법적 지위와 그에 대한 사회적 인식에 곤란을 초래하는 것까지 허용할 수는 없다. 그러므로 현재 혼인중에 있거나 미성년 자녀를 둔 성전환자의 성별정정은 허용되지 않는다.

반대의견

미성년 자녀가 있다는 사정은 그 자녀의 연령과 취학 여부, 부모의 성별정정에 대한 자녀의 이해나 동의 여부, 자녀에 대한 보호·교양·부양의 모습과 정도, 기타 가정환경 등 제반사정과 함께 그 성전환자가 사회통념상 전환된 성을 가진 자로서 인식될 수 있는지 여부를 결정하는 여러 가지 요소들의 일부로 포섭하여 법원이 구체적 사안에 따라 성별정정의 허가 여부를 결정하면 충분하고, 미성년인 자녀가 있다는 사정을 성별정정의 독자적인 소극적 요건(허락하지 않는 요건)으로 설정할 것이 아니다(여기에서 소극적 요건이라는 의미는 당사자가 이 요건에 해당하지 않아야 법원이 그 청구를 받아들일 수 있다는 뜻이다. 즉, 부정적인 의미에서 당사자의 청구를 거절하는 이유가 되는 것이다. 그리고 독자적 소극요건이라는 의미는 이 요건 하나에 해당되면 다른 기타 사정을 살피지 않더라도 당사자의 청구를 허가해 줄 수 없다는 뜻이다). 따라서 미성년 자녀가 있는 성전환자의 경우에 성별정정을 허용할 것인지는 입법정책의 문제에 속하는 것이고, 부모의 전환된 성에 따라 이미 자연스러운 가족관계가 형성된 경우 등에서는 성별정정을 허용하지 않는 것이 오히려 미성년 자녀의 복리에 장애가 될 수 있다.

반면에 다수의견이 과거의 혼인사실을 이유로 성별정정이 제한되는 것은 아니라고 본 점에 대하여는 견해를 같이 하나, 현재 혼인중에 있다는 사정을 성별정정의 독자적인 소극적 요건으로 보는 데에는 찬성할 수 없다. 혼인중에 있다고 하더라도, 성별정정신청 당시 그 혼인관계의 실질적 해소 여부와 그 사유, 혼인관계의 실질적 해소로부터 경과한 기간, 실질적으로 해소된 혼인관계의 부활 가능성 등 제반사정을 종합적으로 고려하여 가족관계등록부상의 성별란을 정정하는 것이 신분관계에 혼란을 줄 염려가 있는지를 가리고 그에 따라 성별정정 여부를 결정하면 충분하다.

05

몇 살부터 결혼할 수 있을까

우리 민법은 19세가 되면 성년으로 보고 있다(민법 4). 그렇지만 성년연령에 이르기 전이라고 해서 절대 결혼할 수 없는 것은 아니다. 18세(=혼인적령☜민법 807)가 되면 법적으로 혼인을 할 수는 있지만 몇 가지 요건을 더 갖추어야 한다.

결혼할 수 있는 나이, 혼인적령

혼인적령이란 법적으로 결혼할 수 있는 최저 나이를 말하는데 육체적으로나 정신적으로 성숙하지 못한 사람의 혼인은 허용하지 않겠다는 취지이다. 우리 민법에서는 18세(우리나라는 생활 속에서 나이를 세는 방법이 여러 가지이다. 그렇지만 법에서는 18세나 만 18세나 같은 의미로 해석되는 것이 일반적이다)가 되면 남녀를 불문하고 혼인할 자격이 생긴다. 혼인적령을 위반하여 한 혼인신고는 받아주지 않지만 잘못 수리된 경우에는 취소할 수 있다(민법 816a). 2007년 민법 개정 전까지 혼인적령은 남자 18세, 여자 16세로 달리 규정되어 있었으나 이러한 '2살의 차이는 불합리한 남녀차별'이라는 이유로 헌법상 양성평등의 원칙을 구현하기 위해 남녀의 혼인적령을 18세로 통일한 것이다.

미성년자의 결혼에 대한 제한, 부모의 동의

19세 이상의 성년자라면 혼인적령을 충족할 뿐만 아니라 성년자로서 자유로운 의사에 따라 배우자를 선택하고 자유로이 혼인할 수 있다. 그러므로 부모나 다른 사람이 자기 맘에 들지 않는다고 해서 19세 이상인 사람의 혼인을 법적으로 막을 방법은 없다. 문제가 되는 경우는 18세인 사람(미성년자)이 혼인하는 때이다. 18세이면 혼인할 수 있는 나이에는 이르렀지만 자기 마음대로 혼인할 수 있는 것은 아니고 민법에서 정하고 있는 누군가(부모 또는 미성년후견인 등)의 협력이 있어야 한다. 즉, 혼인적령에 이른 미성년자라고 하더라도 혼자 결정으로 한 혼인은 바로 법적으로 완전히 유효한 혼인으로 되는 것이 아니라 부모나 다른 누군가의 협력행위(동의)가 있어야 한다.

부모가 모두 있고 동의권을 행사할 수 있는 경우라면 부모 양쪽이 모두 동의하여야 한다. 다만, 사망, 실종선고, 정신이상, 후견개시 등으로 인해 어느 한쪽이 동의권을 행사할 수 없을 때에는 다른 쪽의 동의만 얻으면 되고, 부모 모두 동의권을 행사할 수 없는 경우에는 미성년후견인의 동의를 얻어야 한다(민법 808①). 부모 등의 동의가 없는 미성년자의 혼인은 당사자 또는 그 법정대리인이 취소를 청구할 수 있지만(민법 817) 당사자가 성년이 되거나 혼인중에 임신한 경우에는 그 취소청구권이 소멸하므로 취소할 수 없게 되어 유효한 혼인으로 확정된다(민법 819).

〈조선시대의 혼인: 조혼의 풍습〉

조선시대에는 조혼이 일반적이었다고 알고 있는 사람이 많겠지만 법령상 혼인 연령은 그렇게 낮지 않았다. 경국대전(經國大典) 예전(禮典) 혼가조(婚嫁條)에서는 혼인적령을 남자 15세, 여자 14세로 규정하고, 13세가 되면 혼인을 의논할 수 있었다. 다만, 부모가 병중이거나 50세 이상이고, 당사자가 12세가 넘으면 관청에 알리고 혼인할 수 있었다. 그러나 이러한 연령은 하나의 기준이었을 뿐이고 실제로는 조혼(早婚)의 관행이 심해서 당시에 많은 폐단을 낳았다는 내용이 조선왕조실록 여러 곳에 기록되어 있다.

근대화 시기에 들어와 조혼을 폐지하기 위한 입법이 등장하면서 혼인적령을 개정하였는데 1897년 무렵에는 남자 20세, 여자 16세로 높였다가, 1915년 무렵에는 남자 17세, 여자 15세로 다시 낮추었다. 그 후 제정 민법에서 남자 18세, 여자 16세로 규정하였고, 다시 현행 민법에서 남녀 모두 18세로 바꾼 것이다.

06

성년의제

우리 민법은 '미성년자가 혼인을 한 때에는 성년자로 본다'라고 규정하고 있다(민법 826의2). 이를 성년의제라고 하며, 19세 미만이더라도 결혼한 경우에는 법률상으로는 성년으로 대우해 주는 것이다. 그리고 성년으로 대우한다는 것은 법정대리인의 동의가 없더라도 혼자서 재산상의 법률행위를 할 수 있게 된다는 뜻이다.

성년의제가 필요한 이유

우리 민법에서 성년의제를 규정한 이유는 결혼생활의 자주성과 독립성을 보장하기 위한 것이다. 결혼한 후에도 계속 미성년자로 남아 있게 되면 가정생활에 필요한 계약을 체결할 때에 일일이 그 법정대리인(과거의 경우 시아버지)의 동의를 받아야 하기 때문이다. 또한 자녀에 대한 친권은 당연히 그 부모가 행사해야 함에도 불구하고 부모가 미성년인 경우에는 그렇지 못하고 미성년인 부모의 법정대리인(자녀의 조부모)이 친권을 대리하여 행사하게 된다. 그런데

1977년 민법 개정에서 성년의제제도가 도입됨으로써 미성년자가 결혼하게 되면 성년으로 의제되어 스스로 자기 자녀에 대한 친권을 행사할 수 있게 되었다. 이 밖에도 성년의제가 된 미성년자는 다른 사람의 후견인이 되거나 유언의 증인 또는 집행자가 될 수 있고, 소송능력도 인정된다. 물론 성년의제가 되는 혼인은 당연히 법률혼(혼인신고까지 마친)을 의미하고, 사실혼인 경우에는 성년의제가 인정되지 않는다.

여기에서 주의할 것은 성년의제의 효과가 사법상(私法上) 법률관계에 한정되어 발생한다는 것이다. 민법 외의 다른 법에서는 그 입법취지에 따라 적용 여부가 결정되는데, 공직선거법, 근로기준법, 조세법, 청소년보호법 등에서는 여전히 미성년자로 취급된다는 점에 유의하여야 한다. 쉽게 말해서 혼인한 미성년자라고 해도 선거권이 인정되지 않고, 술이나 담배가 허용되지 않는다는 것이다.

성년의제제도의 실효성

이 제도는 1977년 민법 개정에서 신설된 것이다. 당시만 하더라도 성년이 되는 나이가 20세였고, 혼인연령은 남자 18세, 여자 16세였다. 그래서 여성의 경우 성년연령과 혼인연령의 차이가 최고 4년이나 되었기 때문에 이 제도의 필요성이 컸을 것이다. 그런데 현행 민법은 성년 연령을 19세로 낮추고 혼인연령은 오히려 18세로 통일하면서 여성의 경우 혼인연령이 높아지는 결과가 되었다. 이처럼 성년연령과 혼인연령의 차이가 1년에 불과하게 됨으로써 성년의제제도의 기능이 신설 당시보다는 상당히 약해졌다고 하겠다. 그만큼 이 제도가 적용될 수 있는 미성년 부부의 수는 줄어들고, 이 제도를 계속 유지할 필요성도 적어진 셈이다. 그렇다고 이 제도의 기능이나 필요성이 아주 없어진 것은 아니므로 제도를 없앨 수는 없다. 현대사회에 들어와 초혼연령이 점점 높아지는 만혼현상이 갈수록 심해지고는 있지만, 현재 18세인 남녀의 혼인연령을 과거 여성의 혼인연령이었던 16세로 낮추는 것이 타당하고, 성년의제제도의 입법취지도 살리는 길이라고 생각된다.

Q 혼인신고를 마친 18세입니다. 봉사활동을 하던 보육원에서 만난 아이를 입양하고 싶은데, 가능하겠습니까?

A 미성년자가 민법 826조의2에 의하여 성년으로 의제된 이상 민법상 법률관계에서는 성년으로 간주됩니다. 따라서 입양도 민법상 법률행위(계약)이므로 가능하다고 보는 것이 타당합니다.

Q 부모님의 동의를 받고 결혼한 18세입니다. 이혼을 하고 싶은데 이혼을 할 때에도 다시 부모님의 동의를 받아야 합니까?

A 미성년자가 일단 혼인을 하게 되면 민법상 성년자로 취급되기 때문에 부모의 동의는 필요하지 않습니다. 당연히 단독으로 이혼을 청구할 수 있습니다.

Q 18세가 된 직후에 혼인신고를 하였으나 3개월 만에 이혼하게 되었습니다. 신혼집을 처분하고 싶은데 부모님의 허락 없이 제 맘대로 결정해도 되는 겁니까?

A 이 문제에 대하여 의견이 통일되어 있지는 않지만, 당사자의 사망이나 이혼에 의해 미성년자의 혼인이 해소되더라도 성년의제의 효과는 소멸되지 않고 계속 유지되는 것으로 보는 것이 타당할 것입니다. 이를 부정하여 다시 미성년자로 취급하게 된다면 이들과 법률행위를 한 제3자의 이익을 침해할 수 있으며, 이것을 '거래의 안전'이라고 하는데 이혼한 것을 모르고 18세와 법률행위를 한 사람을 보호한다는 뜻입니다. 또한 이미 출생한 자녀가 있는 경우에는 친권의 행사와 관련해서도 이 제도가 신설되기 전의 과거와 같이 혼인의 자율성과 독립성이 침해되는 상황이 초래될 수 있기 때문입니다.

07

그 결혼은 안 돼: 무효혼

혼인합의가 없는 혼인이나 일정한 범위 내 친족 사이의 혼인은 무효이다. 혼인이 무효가 되면 처음부터 혼인관계가 없었던 것으로 된다.

혼인의 합의가 없는 혼인

혼인에 관해 합의된 내용이 사회통념으로 보아 부부관계의 본질을 갖추지 못하거나 다른 목적을 실현하기 위한 방편으로 행한 혼인 등은 혼인의 합의가 없는 혼인으로 무효이다. 동거하지 않겠다는 혼인, 동성혼, 가장혼인 등이 대표적인 무효혼이다. 이에 대해서는 [03]과 [04]에서 설명하고 있다.

8촌 이내 혈족 사이 혼인

우리나라를 비롯해서 대부분의 국가는 우생학적·윤리적 이유로 근친혼을 금지하고 있다. 우리나라의 경우 다른 국가에 비해 금혼

범위가 매우 넓어서 헌법이 보장하고 있는 혼인의 자유를 지나치게 제한한다는 비판이 있다. 민법 809조는 근친혼 등을 금지하고 있으며, 일정한 범위의 친족 또는 친족이었던 자들 사이에 혼인이 이루어지면 그 혼인은 무효가 되거나 취소할 수 있다. 특히 근친혼 가운데서도 8촌 이내 혈족 사이의 혼인은 무효이다. 여기에서 말하는 혈족에는 자연혈족과 당사자의 의사로 맺어진 법정혈족 -양가(養家)의 혈족- 이 모두 포함된다. 친양자인 경우에도 친양자 입양 전의 혈족이 포함되는데 친양자의 입양 전의 친족관계가 법적으로는 종료되지만 생리적인 혈족관계는 남아 있기 때문에 금혼의 범위에 포함시킨 것이다(친양자 입양은 입양제도의 현실을 반영하고 양자의 복리를 증진시키기 위해서, 양친과 양자를 친생자관계로 보아 종전의 친족관계를 종료시키고 양친과의 친족관계만을 인정하며 양친의 성과 본을 따르도록 하는 것이다).

8촌 이내 근친혼을 금지하는 민법 809조 1항, 815조 등은 혼인의 자유를 침해한다는 이유로 헌법소원심판(2018. 2. 19. 접수 2018헌바115 사건)이 청구되어 2021. 12. 1. 현재 아직도 심리 중에 있다. 이 사건에서 청구인 A는 B와 2016. 5.에 혼인신고를 하였는데, 이후 B가 A와 6촌 사이라는 이유로 혼인무효확인의 소를 제기하여 가정법원은 이 혼인을 무효라고 확인하였다. 그러나 A가 이 결과에 항소하여 항소심 계속 중에 위 헌법소원심판을 청구한 것이다. 헌법재판소의 결정에 따라 금혼에 관한 민법 규정이 변경될 여지도 있으므로 결정이 나올 때까지 지켜 볼 일이다.

직계인척관계에 있거나 있었던 사람들

직계혈족은 '할아버지 · 할머니-아버지-자녀' 또는 '외할아버지 · 외할머니-어머니-자녀' 사이와 같이 혈연관계가 수직으로 연결(1세대가 1촌인 사이)되는 사람들이다. 그리고 직계인척은 혼인과 직계혈족이 연결되는 개념의 친족관계로서 시아버지와 며느리, 장모와 사위, 계부와 딸 또는 계모와 아들 등이 직계인척관계에 있게 된다. 이들 사이 혼인은 이유를 묻지 않고 무효로 되며 직계인척관계를 발생하게 한 당사자가 사망하거나 재혼한 경우에도 마찬가지이다. 예를 들어, 부부였던 A(남성)와 B(여성)가 이혼했더라도 B는 A의 아버지나 A와 전 아내 사이의 아들과는 혼인할 수 없고, A는 B의 어머니나 B와 전 남편 사이의 딸과 혼인할 수 없다는 의미이다.

양부모계의 직계혈족관계가 있었던 사람들

양부모계의 직계혈족관계가 있었던 사람들 사이의 혼인 역시 무효로 된다. 양부와 양녀, 양모와 양자 사이는 직계법정혈족에 해당하기 때문에 파양으로 인해 이들 사이의 법정혈족관계가 소멸한 경우에도 혼인할 수 없다. 반면에 남매 사이, 삼촌 또는 사촌 사이 등은 직계혈족이 아닌 방계혈족관계에 해당하므로 이러한 경우에는 법정혈족관계가 소멸하였다면 이들 사이 혼인은 무효인 혼인이 아닌 취소할 수 있는 혼인이 되며, 이는 [08]에서 설명하고 있다.

무효혼의 추인: 무효인 혼인을 유효하게

일반적으로 추인(追認)이라고 하면 '사후의 동의'로서, 불완전하게 이루어진 법률행위에 대해 나중에 그 행위에 동의함으로써 확정적으로 유효하게 하는 의사표시를 말한다. 말하자면 취소권의 포기인 셈이다.

〈무효인 법률행위의 추인〉

추인에 관해 민법이 규정하는 것으로는 첫째, 무권대리행위의 추인, 둘째, 무효행위의 추인, 셋째, 취소할 수 있는 행위의 추인의 세 가지가 있다. 추인의 효과는 경우에 따라 다르지만, 일반적으로는 취소할 수 있는 법률행위를 취소하지 않겠다는 의사표시이며, 추인이 있게 되면 취소할 수 있는 행위는 확정적으로 유효하게 된다.

민법 139조는 '무효인 법률행위의 추인'에 관해 규정하고 있다. 무효행위의 추인은 법률행위로서의 효과가 확정적으로 발생하지 않은 무효행위를 나중에 유효하게 하는 의사표시를 말한다. 여기서 주의할 것은 무효행위의 추인이라는 것이 무효인 X행위 그 자체를 전체적으로 유효하게 하는 것이 아니라 X행위의 법률요건 중에서 유효한 일부만으로 새로운 Y행위를 유효하게 인정한다는 의미이다. 즉, 무효인 X행위를 사후에 유효한 X행위로 하는 것이 아니라 X행위의 일부인 새로운 Y행위를 유효한 행위로 하는 것이다. 따라서 X행위와 Y행위는 다른 행위이므로 무효인 법률행위는 추인을 하더라도 그 자체가 유효하게 될 여지는 없다. 그러므로 '무효행위의 추인'이라는 용어는 그 의미로 볼 때 적절한 표현이라고 보기 어려운 면이 있다.

무효인 행위는 추인하더라도 원칙적으로 소급효가 인정되지 않는다. 그런데 무효인 혼인에 대해서는 이와 다르게 취급하는 경우가 있다. 혼인의 합의가 없이 신고된 혼인은 무효이지만 '추인'으로 인정될 만한 사정이 있는 경우에는 그 무효인 혼인을 유효한 혼인으로 인정하면서 무효인 혼인이 성립한 때로 소급하여 혼인의 효력이 발생한다고 보기도 한다. 즉, 사실혼관계에 있는 당사자 한쪽이 모르는 사이에 혼인신고가 이루어진 후에 양쪽 당사자가 그 혼인에 만족하고 부부생활을 계속한 경우에는 유효한 혼인으로 본 오래된 판례가 있다(대법 65므61). 또한 협의이혼을 한 후에 배우자 한쪽이 일방적으로 혼인신고를 한 경우에 상대방이 그 사실을 알고도 혼인생활을 계속하였다면 혼인할 의사가 있었거나 무효인 혼인을 묵시적으로 추인한 것으로 본 사례도 있다(대법 95므731).

그러나 일방적으로 혼인신고를 한 후에 혼인의 실체가 없이 몇 차례의 육체관계에서 자녀를 출산한 경우에는 혼인의 추인으로 보지 않고 무효혼으로 보았다(대법 93므430). 이처럼 단순한 추인의 의사표시만으로는 무효인 혼인이 유효한 혼인으로 되지는 않는다. 또한 4촌 사이의 혼인과 같이 이미 설정된 신분관계로 인한 혼인의 제약은 의사표시로 변동될 수 있는 것이 아니다. 따라서 추인을 통해서 유효한 혼인이 되는 경우는 '혼인의 합의'가 없는 혼인의 경우가 유일하다고 할 것이다.

혼인무효소송

무효인 혼인은 반드시 혼인무효소송을 거치지 않더라도 당연히 무효이지만, 무효라는 것을 재판을 통해 확인하고 싶은 경우에는 당사자 및 법정대리인 또는 4촌 이내의 친족이 언제든지 혼인무효의 소를 통해 재판에서 다툴 수 있다(가사 23). 부부 가운데 한쪽이 소를 제기할 때에는 배우자를 상대방으로 하고, 부부 외 제3자가 소를 제기할 때에는 부부를 상대방으로 하며, 부부 가운데 한쪽이 사망한 때에는 생존해 있는 배우자를 상대방으로 소를 제기하면 된다. 상대방이 될 사람이 모두 사망한 때에는 검사를 상대방으로 할 수 있다(가사 24).

혼인무효소송은 이혼소송과는 달리 법원의 조정절차 －조정 전치주의(가사 50)－ 를 거치지 않아도 된다. 조정은 당사자의 의견을 들어보고 합의가 가능하면 법원이 결정을 내리기 전에 갈등을 보다 쉽게 해결할 수 있는 절차인데, 혼인이 무효인지 아닌지는 가정법원이 판단해야 할 사항이다. 그러므로 무효인 혼인에 대해서는 당사자의 의사가 영향을 미칠 여지가 없기 때문에 조정을 거칠 필요도 없는 것이다.

혼인무효로 인한 변화

혼인이 무효로 되면 처음부터 부부가 아니었던 것처럼 된다. 부부 사이에 출생한 자녀가 있다면 혼인 외의 자녀로 된다. 가정법원이 혼인무효의 청구를 받아들일 경우에는 부모로 하여금 자녀의 친권자로 지정될 사람, 양육 및 면접교섭에 관한 사항을 미리 협의하도록 권고하여야 한다(가사 25). 만일 협의가 어렵다면 가정법원이 직권으로 정하게 된다. 이 밖에 부부관계를 기초로 해서 이루어진 법률관계 역시 모두 무효로 된다. 일상가사대리를 이유로 발생한 채무가 있다면 그에 대한 책임 역시 소멸하게 되는 것이고 배우자로서 재산을 이미 상속했다면 상속재산도 반환해야 한다. 만약 혼인무효가 부부 가운데 어느 한쪽만의 잘못으로 비롯된 것이라면 그로 인한 재산상 손해와 정신상 고통에 대해 배상을 청구할 수 있다(민법 825☞806).

민법 제815조(혼인의 무효)

혼인은 다음 각 호의 어느 하나의 경우에는 무효로 한다.

1. 당사자간에 혼인의 합의가 없는 때
2. 혼인이 제809조 제1항의 규정을 위반한 때
3. 당사자간에 직계인척관계가 있거나 있었던 때
4. 당사자간에 양부모계의 직계혈족관계가 있었던 때

08

취소할 수 있는 혼인: 취소혼

혼인신고까지 마쳤더라도 혼인적령을 위반했거나 필요한 동의를 얻지 못한 혼인, 근친혼, 중혼 등 혼인장애사유가 있었던 경우에는 그 혼인은 취소될 수 있다.

18세 미만인 자의 혼인: 민법 807조 위반

민법에 의하면 18세가 되어야 혼인할 수 있다(민법 807). 혼인할 당사자가 혼인적령인 18세가 되지 못한 경우에는 당사자 또는 그 법정대리인이 그 취소를 청구할 수 있다(민법 817). 그런데 이와 같은 혼인이라도 당사자가 19세가 된 후 또는 혼인중에 임신한 경우에는 취소할 수 없다(민법 819). 이처럼 혼인취소 사유 중에는 성년이 되거나 임신을 한 경우에는 그 취소권을 행사할 수 없도록 하는 경우가 있다. 19세로 성년이 되면 그 혼인을 취소하더라도 얼마든지 다시 혼인할 수 있으므로 취소할 실익이 없기 때문이다. 그리고 임신의 경우에는 혼인의 취소로 얻는 이익보다는 태아의 생명과 보호가 더 중요하기 때문에 취소하지 못하도록 하고 있는 것이다.

제 맘대로 혼인: 민법 808조 위반

미성년자가 혼인하려면 부모 또는 미성년후견인 등의 동의를 얻어야 하고, 피성년후견인이 혼인하기 위해서는 부모나 성년후견인의 동의를 받아야 한다(민법 808). 위의 경우에서 필요한 동의를 얻지 못한 혼인은 당사자 또는 법정대리인이 취소를 청구할 수 있다(민법 817). 다만, 이러한 혼인은 당사자가 19세가 된 후 또는 성년후견종료의 심판이 있은 후 3개월이 지나거나 혼인중에 임신한 경우에는 그 취소를 청구하지 못한다(민법 819).

한편, 혼인으로 성년의제 되었다가 19세 전에 이혼하고 19세 전에 다시 혼인한 경우에 대해서 학설의 다툼이 있으나 취소할 수 없다고 보는 것이 다수설의 입장이다. 한번 성년의제가 된 미성년자가 그 혼인이 해소되더라도 성년의제의 효과는 유지되므로 다시 혼인하기 위해서 부모의 동의를 받을 필요는 없다는 것이다.

친족 사이 혼인: 민법 809조 위반

민법 809조는 근친혼 등을 금지하고 있는데, 일정한 범위의 친족 또는 친족이었던 자들 사이에 혼인이 이루어지면 그 혼인은 무효가 되거나 취소할 수 있다. 무효혼을 제외하고 다음의 근친혼 등의 금지 규정에 위반한 경우에는 당사자, 그 직계존속 또는 4촌 이내의 방계혈족이 그 취소를 청구할 수 있다(민법 817). 그러나 당사자 사이에 혼인중 임신한 때에는 이 취소권을 행사하지 못한다(민법 820). 민법 809조에 규정된 금혼의 범위는 다음과 같다.

① 8촌 이내의 혈족(친양자의 입양 전의 혈족 포함) 사이
② 6촌 이내의 혈족의 배우자, 배우자의 6촌 이내의 혈족, 배우자의 4촌 이내의 혈족의 배우자인 인척이거나 이러한 인척이었던 자 사이
③ 6촌 이내의 양부모계(養父母系)의 혈족이었던 자와 4촌 이내의 양부모계의 인척이었던 자 사이

①은 혈연관계가 있는 사람들 사이 혼인에 관한 문제로, 8촌 이내의 혈족 사이 혼인은 살펴본 바와 같이 무효인 혼인이다. 민법 816조는 1호에서, 809조에 위반한 혼인 중에서 '815조의 규정에 의하여 혼인의 무효사유에 해당하는 경우를 제외한다'라고 규정하고 있기 때문이다.

②는 당사자 사이 혈연관계가 없는 사람들 사이 혼인에 관한 문제로, 혼인으로 인해 친족이 된 사람들, 즉 인척관계인 사람끼리의 혼인을 제한하는 규정이다. 여기의 금혼범위에 해당하는 사람들 가운데 직계인척이거나 직계인척이었던 자들 사이 혼인은 무효인 혼인이고 이 밖의 사람들 사이 혼인은 취소의 대상이 된다. 문제되는 가장 대표적인 사례는 시동생과 형수 사이, 처제와 형부 사이에

서의 혼인이다. 배우자가 생존해 있는 경우라면 이들 사이 혼인은 윤리적으로도 당연히 금지되어야 할 것이나 배우자가 이미 사망한 경우에는 어떨까. 남편의 사망 후 시동생이 형수와 조카들을 돌보거나, 아내가 사망한 후 그 여동생이 형부와 조카들과 동거하며 엄마 역할을 대신하는 경우들은 실제로도 있다. 그러나 우리 법은 이들 사이 혼인을 인정해 주지 않는다. 이들 사이는 2촌 인척 사이(민법 771)에 해당하여 혼인할 수 없는 것이다. 이와 같은 혼인은 무효였지만 2005년 민법 개정으로 지금은 취소할 수 있는 혼인이 되었다. 따라서 만약 혼인중에 당사자가 임신한 경우에는 취소권이 소멸되어 그 혼인은 유효하게 된다. 그런데 이러한 혼인이 사실혼으로 보호될 수도 있다. 처제와 형부의 혼인은 혼인법질서에 본질적으로 반할 정도로 반윤리적·반공익적이라고 할 수 없다는 점을 이유로, 이들의 사실혼관계를 인정하고, 사실혼관계의 해소에 따른 재산분할청구를 인용한 사례가 있다(서울 2012드합7526, 2011느합319).

③은 양자와 양가의 친족 사이 혼인이 가능한지의 문제이다. 이 가운데 직계혈족관계가 있었던 자들 사이의 혼인은 무효이며, 이 밖의 사람들 사이 혼인은 취소의 대상이 된다. 예를 들어, 양자인 남성 A가 양부모의 친생자인 여성 B를 사랑하게 되었다면 혼인할 수 있을까. 양자 역시 양가의 친족들과 법정혈족관계를 형성하므로 A와 B는 2촌인 혈족으로서 1항의 규정이 적용되어 무효혼이 된다. 양가에서 A를 파양하면 법정친족관계가 소멸하게 되므로 혼인이 가능할 것으로 생각할 수도 있겠지만, B는 3항에서 말하는 '6촌

이내 양부모계의 혈족이었던 자'에 해당하므로 이들은 여전히 혼인할 수가 없다. 그런데 위의 사례에서 A와 B가 혼인할 수 있는 경우도 있다. 입양이 무효가 되면 A와 B 사이 혈족관계는 아예 발생하지 않았던 것으로 된다. 따라서 양가에서 A를 파양하는 것이 아니라 입양무효소송을 통해 법정혈족관계를 종료시킬 경우에는 이들이 결혼하는 데에 아무런 문제도 없게 되는 것이다.

이중결혼: 민법 810조 위반

민법 810조는 이미 법률상 배우자가 있는 사람의 혼인을 금지하는 규정으로 이에 대해서는 [09]에서 살펴본다.

악질 기타 중대한 사유를 알지 못하고 한 혼인

혼인 당시에 당사자 한쪽에게 부부생활을 계속할 수 없는 악질 기타 중대한 사유가 있다는 사실을 모르고 한 혼인은 취소할 수 있다. 이 때에는 오직 혼인 당사자만이 혼인을 취소할 수 있고, 상대방이 그 사유가 있다는 것을 안 날부터 6개월을 경과한 때에는 취소할 수 없다(민법 822). 그런데 민법 816조 2호의 '부부생활을 계속할 수 없는 중대한 사유'는 재판상 이혼원인 가운데 하나인 '혼인을 계속하기 어려운 중대한 사유(민법 840f)'와는 달리, 엄격히 제한하여 해석함으로써 그 인정에 신중을 기하여야 한다는 것이 대법원의 입장이다. 설령 한쪽에게 성염색체 이상과 불임 등의 문제가 있다고 하더라도 특별한 사정이 없는 한 임신가능 여부는 부부생활을 계속할 수 없는 악질 기타 중대한 사유에 해당하지 않는다는 것이다(대법 2014므4734, 4741).

부부생활을 계속할 수 없는 악질 기타 중대한 사유를 이유로 실제 혼인이 취소된 사례로는, 혼인 당시 한쪽이 무고와 공갈 등 범죄사실로 수사를 받고 있던 중이었고 다른 남자의 아이를 임신하고 있었다면 이는 상대방과 부부생활을 계속할 수 없는 중대한 사유에 해당하고, 상대방이 이를 알지 못했다면 이는 민법 816조 2호의 혼인취소사유에 해당한다고 본 경우가 있다(부산 2018드단204363).

사기 또는 강박으로 인한 혼인

사기 또는 강박으로 인한 혼인 역시 취소할 수 있다. 다만, 사기를 안 날 또는 강박을 면한 날부터 3개월을 경과한 때에는 취소할 수 없다(민법 823). 의사표시가 유효하기 위해서는 그것이 스스로의 자유로운 결정에 따른 것이어야 한다. 다른 사람의 간섭이나 방해로 인한 의사표시에 대해 법률효과를 그대로 부여하는 것은 부당하기 때문에 우리 민법은 이와 같은 의사표시를 취소할 수 있는 것으로 하였다(민법 110). 혼인의 경우에도 다르지 않다. 상대방과 혼인하겠다고 결정하는 과정에 상대방이나 제3자의 사기 또는 강박이라는 위법행위가 존재했고 그로 인해 혼인을 하게 된 경우에는 이혼이 아닌 혼인취소로 혼인관계를 끝낼 수 있다.

사기는 고의로 상대방을 속여서 착오에 빠지게 하는 것인데, 민법 816조 3호가 규정하는 '사기'에는 혼인의 당사자 한쪽 또는 제3자가 적극적으로 허위의 사실을 고지한 경우뿐만 아니라 소극적으로 고지를 하지 않았거나 침묵한 경우도 포함된다(대법 2015므654, 661). 이와 관련해서는 본인의 이력 등을 과장하거나 숨기고 혼인하는 이른바 사기결혼의 취소 여부가 가장 문제된다. 혼인을 꼭 하기 위해 사실을 과장하거나 불리한 사실을 은폐하기도 하고 거짓 약속을 하는 경우는 종종 있을 수 있다. 그러므로 사기를 이유로 혼인을 취소하려면 혼인의 본질적 내용에 관한 기망이 있어야 한다. 통상 재산관계나 경제적 능력, 집안내력, 직업 등에 대한 기망은 혼인의 본질적 내용에 관한 것이 아니어서 혼인 후 허위가 발견되었더라도 그러한 혼인은 이혼에 의해 해소하는 것이 바람직하다는 것이 대법원의 입장이다. 그러나 하급심 판결에서 그러한 기망이 적극적인 허위사실의 고지 등 위법한 수단에 의한 것이고 일반인도 그와 같은 기망에 의한 착오가 없었더라면 혼인에 이르지 않았다고 보이는 경우에는 혼인의 취소가 허용되며, 사실혼 전력과 직업은 혼인의사를 결정함에 있어 매우 중요한 요소이고, 원고가 이를 알았더라면 혼인하지 않았을 것으로 판단하여 이를 민법 816조 3호가 규정하는 혼인취소사유에 해당한다고 본 사례가 있다(서울 2013드단83889). 또한 학력, 이혼경력, 출산경력 등에 대하여 거짓말을 하고 혼인한 경우 역시 민법 816조 3호에 해당하는 혼인취소 사유가 된다고 본 사례도 있다(서울 2005드합2103). 따라서 속아서 혼인한 경우에도 언제나 혼인을 취소할 수 있는 것은 아니고 그 정도가 상당한 수준에 이르러야 사기를 이유로 혼인을 취소할 수 있는 것이다.

강박은 고의로 해코지를 하겠다고 위협하여 공포심을 일으키게 하는 것이다. 혼인하지 않으면 상대방이나 그 가족을 죽인다는 등 협박하여 어쩔 수 없이 혼인신고에 동의했다면 그러한 혼인은 강박에 의한 의사표시를 이유로 취소할 수 있는 것이다.

Q 혼인취소소송을 제기한 이후에도 성관계를 맺었다면 취소혼을 추인한 것이 되어 취소권이 소멸합니까?

A 그렇지 않습니다. 혼인취소청구 이후 단순히 성관계를 맺었다는 것만으로는 취소할 수 있는 혼인이 유효한 혼인으로 추인이 되는 것은 아닙니다(서울 2002드단69092). 그러므로 취소권은 소멸하지 않고 이 혼인은 여전히 취소의 대상이 됩니다.

Q 상대방이 출산했던 경험을 속였다면 이 혼인을 취소할 수 있습니까?

A 그렇습니다. 당사자가 출산했던 경험을 속이고 한 혼인은 사기를 이유로 취소할 수 있습니다. 그런데 출산경력을 미리 알리지 않은 것이 언제나 혼인취소사유로 인정되는 것은 아닙니다. 성폭력에 의해 임신을 하고 출산까지 하였으나 그 후 자녀와의 관계가 단절되고 상당한 기간 동안 양육이나 교류 등이 전혀 이루어지지 않은 경우라면, 출산의 경력이나 경위는 개인의 내밀한 영역에 속하는 것으로서 당사자의 명예 또는 사생활 비밀의 본질적 부분에 해당하고, 나아가 사회통념상 당사자나 제3자에게 그에 대한

고지를 기대할 수 있다거나 이를 고지하지 아니한 것이 신의성실 의무에 비추어 비난받을 정도라고 단정할 수도 없습니다. 그러므로 단순히 출산의 경력을 고지하지 않았다고 하여 그것이 곧바로 혼인취소사유에 해당하는 것은 아닙니다(대법 2015므654, 661).

민법 제816조(혼인취소의 사유)

혼인은 다음 각 호의 어느 하나의 경우에는 법원에 그 취소를 청구할 수 있다.

1. 혼인이 제807조 내지 제809조(제815조의 규정에 의하여 혼인의 무효사유에 해당하는 경우를 제외한다. 이하 제817조 및 제820조에서 같다) 또는 제810조의 규정에 위반한 때
2. 혼인당시 당사자 일방에 부부생활을 계속할 수 없는 악질 기타 중대사유 있음을 알지 못한 때
3. 사기 또는 강박으로 인하여 혼인의 의사표시를 한 때

09

이중결혼

남성이든 여성이든 한 사람이 동시에 법적으로 두 명의 배우자를 두는 것은 허용되지 않는다(민법 810).

중혼의 금지

중혼은 법률상 배우자가 있는 사람이 그 혼인관계가 해소되기 전에 다시 혼인하는 것을 말한다. 우리 민법은 일부일처제를 원칙으로 하고 있기 때문에 중혼은 허용되지 않는다. 그런데 중혼은 법률상의 혼인이 이중으로 성립한다는 의미이기 때문에 법률혼을 한 사람이 다른 사람과 사실혼 관계를 유지하는 경우는 중혼에 해당하지 않는다. 즉, 중혼은 〈법률혼+법률혼〉인 경우만이고, 〈법률혼+사실혼〉과 〈사실혼+사실혼〉은 민법상 중혼이 아니다. 중혼은 법률상 무효는 아니며 취소할 수 있을 뿐이다. 다른 나라들의 입법례의 경우, 중혼에 대한 위법성을 무효로 보기도 하고, 취소사유로 보기도 한다.[3]

배우자가 있는 사람과 제3자와의 혼인신고는 수리될 수 없기 때문에 중혼이 문제되는 경우는 많지 않으나 다음과 같은 경우에는 중혼이 발생할 수 있다. 협의이혼 후 재혼하였으나 앞선 이혼이 무효가 된 경우(대법 63다770), 배우자 한쪽에 대하여 실종선고가 내려지고 사망으로 간주되기 전에(혼인이 해소되기 전에) 상대방이 다른 사람과 혼인한 경우(춘지 91가단486), 국외에서 혼인한 자가 다시 국내에서 다른 사람과 혼인한 경우(대법 91므344) 등이 있다.

중혼을 허용하지 않는 이유

중혼을 허용하지 않는 이유에 대해 헌법재판소는 다음과 같이 설명한다.

중혼을 금지하는 것은 인간의 존엄과 양성평등의 가족생활의 보장, 나아가 혼인과 가족생활의 구체적인 제도보장인 일부일처(一夫一妻)제도의 공익적 이익으로부터 비롯된 것이다. 그러나 한편으로 중혼은 그로 인해 또 하나의 혼인배우자, 출생된 자녀의 신분관계를 발생시키고, 그러한 신분관계는 비록 중혼이 취소되더라도 사실상 완전히 원상회복될 수 없는 한계가 존재하며, 특히 자녀의 경우에 그 신분관계를 보호할 사회적 이익도 있다. 또한 중혼은 혼인적령위반 등 다른 혼인취소사유와 달리, ① 특별히 검사를 취소청구권자의 하나로 둔 점, ② 취소청구권의 소멸기간에 대한 규정이 없는 점 등 비록 취소할 수 있는 혼인이라고 하여도 반사회성·반윤리성이 다른 혼인취소사유에 비해 무거운 것으로 평가된다(헌재 2009헌가8).

가장이혼과 중혼

실제 생활에서 문제가 될 만한 것은 가장이혼과 중혼의 문제이다. 가장이혼은 실제로는 이혼할 의사가 없지만 다른 목적을 달성하기 위해서 다른 사람들에게 마치 이혼한 것처럼 보이게 하는 이혼이다. 예를 들어, 배우자가 사업실패로 상당한 빚을 지게 된 상황에서 가족의 재산을 보전하기 위한 목적으로 가장이혼을 제안하였고 이에 동의하여 협의이혼을 하였다. 그런데 상대방이 다른 사람과 혼인했다면 나중에 한 혼인이 중혼에 해당한다는 이유로 취소할 수 있을까. 가장이혼이 유효하다면 종국적으로 이혼한 것이 되어 다른 사람과 한 혼인은 유효할 것이고, 가장이혼이 무효라면 이후 다른 사람과 한 혼인은 중혼에 해당하게 된다. 즉, 먼저의 이혼이 무효가 되므로 혼인관계가 유지되고, 이후 다른 사람과의 혼인은 중혼이 되어서 취소할 수 있는 것이다.

앞서 살펴본 바와 같이 위장결혼이 무효이므로 가장이혼도 당연히 무효라고 생각될 수 있겠지만 여러 유형의 가장이혼 가운데 실제 이혼 의사가 없는 것으로 판단하여 이를 무효로 본 사례는 드물다. 따라서 가장이혼이라고 의심되지만 실제 이혼한 것으로 인정되는 경우에는 중혼을 이유로 새로운 혼인을 취소할 수 없게 된다. 그러므로 그 목적이 무엇이든 간에 실제 이혼할 의사가 없다면 가장이혼에 대한 결정은 매우 신중해야 한다. 가장이혼에 대해서는 [30]에서 다시 다룬다.

동시에 여러 사람과 혼인

우리 민법은 동시에 여러 명의 배우자와 결혼(법률혼+법률혼)하는 것에 대해서는 규정하고 있지 않아서 논란이 될 수 있다. 당연히 무효라고 주장하는 사람도 있겠지만, 우리 민법상 중혼은 무효사유가 아니라 취소사유에 불과하며, 형법상으로 범죄가 되지도 않는다. 그러므로 나중의 혼인이 취소되는 것이 원칙이다. 그런데 동시에 한 경우에는 어느 혼인을 취소하여야 할지를 정할 수가 없다. 따라서 동시에 하는 것은 현행 민법이 의미하는 중혼은 아니라고 보는 것이 타당하다고 할 것이다. 반면에 우리나라 형법에서는 중혼을 범죄로 규정하고 있지 않지만 범죄로 규정하고 있는 나라(일본, 대만, 중국 등)에서는 모두 중혼을 무효사유로 규정하고 있으며, 동시에 하는 것도 중혼이라고 명시적으로 규정하고 있기도 하다. 중국은 혼인법 10조에서 중혼을 무효사유로 규정하고 있으며, 45조에서 중혼은 범죄이며 형사처벌을 한다고 명시적으로 규정하고 있다.

중혼의 취소권자

중혼이 발생하면 당사자 및 그 배우자, 직계혈족, 4촌 이내의 방계혈족 또는 검사가 그 혼인의 취소를 청구할 수 있다(민법 818). 민법 제정 당시에는 당사자의 직계비속에게는 취소권이 인정되지 않았고 8촌 이내의 방계혈족에 이르기까지 취소권이 매우 넓게 인정되었다. 그러다가 2005. 3. 31. 민법 개정을 통해 취소권자의 범위가 현행 민법의 4촌으로 줄어든 것이다. 그런데 중혼 당사자의 직계비속은 중혼 취소에 가장 실질적인 이해관계를 가지고 있음에도 불구하고 직계비속에게는 여전히 취소권이 인정되질 않고 있었다. 이에 대해 헌법재판소는, 직계비속을 제외하면서 직계존속만을 취소청구권자로 규정한 것은 첫째, 가부장적·종법(宗法)적인 사고에

민법 818조의 개정

1958. 2. 22. 제정	2005. 3. 31. 개정	2012. 2. 10. 개정
혼인이 제810조의 규정에 위반한 때에는 당사자 및 그 배우자, 직계존속, 8촌 이내의 방계혈족 또는 검사가 그 취소를 청구할 수 있고 제811조의 규정에 위반한 때에는 당사자 및 전배우자 또는 그 직계존속이 그 취소를 청구할 수 있다.	혼인이 제810조의 규정을 위반한 때에는 당사자 및 그 배우자, 직계존속, 4촌 이내의 방계혈족 또는 검사가 그 취소를 청구할 수 있다.	당사자 및 그 배우자, 직계혈족, 4촌 이내의 방계혈족 또는 검사는 제810조를 위반한 혼인의 취소를 청구할 수 있다.

바탕을 둔 것이고, 둘째, 직계비속이 상속권 등과 관련하여 중혼의 취소청구를 구할 법률적인 이해관계가 직계존속 및 4촌 이내의 방계혈족 못지 않게 크며, 셋째, 취소청구권자의 하나로 규정된 검사에게 취소청구를 구한다고 해도 검사로 하여금 직권발동을 촉구하는 것에 지나지 않는다는 점 등을 고려할 때, 합리적인 이유 없이 직계비속을 차별하는 것으로서 평등원칙에 위반된다고 하여 헌법불합치 결정을 내렸다(헌재 2009헌가8). 이에 따라 2012. 2. 10. 민법 개정을 통해 관련된 부분이 '직계존속'에서 '직계혈족'으로 변경되어 현행법상으로는 직계비속에게도 취소권이 인정되고 있다.

취소원인별 혼인취소의 청구권자 및 청구권의 소멸사유

혼인취소 사유	청구권자	청구권의 소멸	민법 규정
혼인연령위반	당사자, 법정대리인	• 성년연령 도달 • 혼인중 임신	817조 819조
필요한 동의를 얻지 못한 혼인	당사자, 법정대리인	• 성년연령 도달 • 성년후견종료의 심판 후 3개월 경과 • 혼인중 임신	817조 819조
중혼	당사자 및 그 배우자, 직계혈족, 4촌 이내 방계혈족, 검사	소멸기간에 대한 정함 없음	818조
근친 사이 혼인	당사자, 직계존속, 4촌 이내 방계혈족	혼인중 임신	817조 820조
악질 등 중대한 사유를 모르고 한 혼인	당사자	혼인취소 사유가 있음을 안 날부터 6개월 경과	822조
사기 또는 강박에 의한 혼인	당사자	사기를 안 날 또는 강박을 면한 날부터 3개월 경과	823조

10

혼인취소의 효과

혼인이 취소되면 발생했던 혼인관계가 없어진다는 점에서는 이혼하는 경우와 같다. 그런데 혼인한 때로 돌아가서 취소의 효력(이른바 소급효)이 생기는 것이 아니라 혼인이 취소된 날부터 효력을 잃는다는 점에서 재산행위의 취소와 다르며, 처음부터 효력이 생기지 않는 혼인의 무효와도 다르다(민법 824). 즉, 취소되기 전의 혼인관계는 유효한 것으로 인정되고, 취소된 이후의 혼인관계만이 효력을 잃게 되는 것이다.

혼인의 취소는 소급효가 없다.

혼인의 취소로 인한 손해배상 외에 재산분할청구, 미성년 자녀에 대한 양육책임(민법 824의2☞민법 837) · 면접교섭권(민법 824의2☞민법 837의2) · 친권자 지정(민법 909⑤) 등의 문제는 뒤에서 설명하는 이혼의 효과와 같으므로 여기에선 다루지 않는다. 상속의 경우도 마찬가지이다.

다만, 민법은 '혼인의 취소의 효력은 기왕에 소급하지 아니한다(민법 824)'고 규정하고 있다. 혼인취소의 효력이 혼인한 날로 거슬러 올라가서 생기는 것이 아니라 취소 판결이 확정된 날 이후부터 혼인의 효력이 없어진다는 의미이다. 장래를 향해서 그 효력이 상실된다는 점에서 혼인취소의 효과는 이혼의 효과와 같다고 할 수 있다.

〈취소와 철회, 해제와 해지〉

• 취소와 철회

보통의 취소(재산에 관한 법률행위인 경우)는 소급효가 있는 것이 원칙이지만, 혼인의 취소는 소급효가 없기 때문에 철회와 비슷한 면이 있다. 철회는 어떤 법률행위나 의사표시의 효과가 확정적으로 생기기 전에 그 효과가 발생하는 것을 원하지 않아 스스로 그 법률행위나 의사표시가 없었던 것으로 하는 일방적 행위이다. 즉, 철회는 아직 법률효과가 발생하고 있지 않은 법률행위의 효력을 발생하지 않게 하는 것이고, 취소는 일단 효력을 발생하고 있는 법률행위의 효력을 소멸하게 한다는 점에서 차이가 있다.

• 취소와 해제

해제는 일단 유효하게 성립한 계약의 효력을 당사자 가운데 한쪽의 의사표시로 계약이 없었던 것처럼 되돌리는 것이다. 법률행위의 효과를 소급적으로 소멸시킨다는 점에서 취소와 유사한데, 취소는 법률행위 일반에 적용되는 것이고 해제는 계약에 특유한 제도라는 점에서 차이가 있다.

• 해제와 해지

해제와 해지는 유효한 계약을 소멸시킨다는 점에서 비슷하기 때문에 일상생활에서는 이들을 구분 없이 사용하는 경우가 많다. 그러나 법률상으로는 구분되는 개념이다. 해제는 일시적 계약을 없었던 것으로 하는 것이고 해지는 계속적 계약관계(=계약이 일회성이 아니라 계속 반복되는 것. 고용계약, 주택임대차계약 등)에서 지나간 것은 유효한 것으로 보고 앞으로의 효력을 소멸시키는 것이다. 양자의 가장 큰 차이는 해제는 취소와 같이 그 계약을 처음부터 없었던 것으로 하는 것이고, 해지는 해지된 때부터 없는 것으로 하는 것이다.

혼인의 무효와 취소, 무엇이 다를까

무효혼과 취소혼은 그 법적인 효과와 취급이 다르므로 구분해야 한다. 혼인의 무효와 취소의 가장 큰 차이는 언제부터 혼인의 효력이 없어지는가에 있다. 무효는 처음부터 혼인의 효력이 사라지는 것이고, 취소는 혼인이 취소된 날부터 혼인의 효력이 없어지는 것이다.

무효혼의 경우 혼인 자체가 없었던 것이 되므로 혼인중 출생한 자녀는 혼외자가 되는 반면, 취소혼의 경우 장래를 향해서 혼인의 효력이 소멸하기 때문에 혼인중 출생한 자녀에 대한 친생추정이 그대로 유지된다. 또한 무효혼의 경우 배우자가 사망한 후에 그 혼인이 무효가 되면 상속권 역시 소멸하게 되지만 취소혼의 경우에는 다르다.

이에 대해 우리 대법원은 다음과 같이 설명하고 있다. 민법 824조는 '혼인의 취소의 효력은 기왕에 소급하지 아니한다'라고 규정하고 있을 뿐 재산상속 등에 관해 소급효를 인정할 별도의 규정이 없다. 따라서 혼인중에 배우자가 사망하여 상대방이 배우자로서 재산을 상속받은 후에 그 혼인이 취소되었다는 사정만으로 그 전에 이루어진 상속관계가 소급하여 무효라거나 또는 그 상속재산이 법률상 원인 없이 취득한 것이라고는 볼 수 없다(대법 95다48308). 따라서 배우자가 사망한 후에 혼인이 취소되더라도 배우자가 사망한 때에 생긴 상속권은 그대로 유지된다는 점에서 무효혼의 효력과는 차이가 있다.

무효와 취소

무효	취소
특정인의 주장을 필요로 하지 않으며 당연히 효력이 없다.	특정인(취소권자)의 주장(취소)이 있어야 비로소 효력이 없게 된다.
처음부터 효력이 없으므로 누구에게도 효력이 없는 것으로 된다.	취소하기 전에는 효력이 있는 것으로 된다.
시간의 경과에 의해 효력에 변동이 생기지 않는다.	일정한 시간이 경과하면 취소권이 소멸되어 유효하게 되지만, 취소되면 처음부터 효력이 없었던 것으로 된다.

혼인취소의 신고

혼인취소의 재판이 확정된 경우에는 재판인지에 관한 규정(등록법 58)을 준용[4]한다(등록법 73). 따라서 혼인취소의 재판이 확정된 경우에 소를 제기한 사람은 재판의 확정일부터 1개월 이내에 재판서의 등본 및 확정증명서를 첨부하여 그 취지를 신고하여야 한다. 혼인취소에 관한 신고는 이혼신고의 기재사항을 규정하고 있는 등록법 74조를 준용한다. 혼인취소 신고서에는 당사자의 성명·본·출생연월일·주민등록번호 및 등록기준지, 당사자의 부모의 성명·등록기준지 및 주민등록번호 등을 기재하여야 한다.

혼인의 취소와 손해배상

혼인취소와 관련해서 잘못이 있는 사람은 그의 잘못으로 인해 상대방에게 생긴 손해를 배상해야 한다. 따라서 혼인이 취소된 때에는 과실 있는 상대방에 대해 취소로 인해 발생한 손해의 배상을 청구할 수 있다. 손해에는 재산상 손해뿐만이 아니라 정신상 고통에 대한 손해도 포함된다. 다만, 정신상 고통에 대한 배상청구권(위자료)은 양도 또는 승계(상속 등)할 수 없다. 그러나 당사자 사이에 이미 그 배상에 관한 계약이 성립되거나 소송을 제기한 후에는 양도 또는 승계할 수 있다(민법 825☞806). 즉, 위자료는 고통을 당한 본인만이 청구할 수 있는 것이 원칙이며, 예외적으로 다른 사람이 청구할 수 있다는 뜻이다.

Q 혼인을 취소하려고 합니다. 손해배상청구를 동시에 진행하고 싶은데 결혼식 비용이나 생활비 등의 지출도 재산상 손해로 배상받을 수 있을까요?

A 사기를 당해 혼인의 의사표시를 한 당사자의 청구로 그 혼인을 취소하는 경우, 혼인취소의 효력은 소급하지 않습니다(민법 824). 따라서 당사자 사이에 있은 과거의 혼인생활은 그대로 유효하고, 과거의 혼인생활이 유효한 이상 당사자가 지출한 결혼식 비용이나 혼인생활 동안의 생활비 등은 유효한 혼인생활을 유지하기 위해 필요했던 비용으로 봐야 합니다. 그러므로 재산상 손해라고 볼 수 없다고 본 사례가 있습니다(서울 2005드합2103). 즉, 성립된 혼인에 취소할 수 있는 사유가 있다고 하더라도 취소되기 이전의 공동생활관계가 있었다고 인정되는 경우에는 그 공동생활에 들어간 비용은 손해배상의 대상이 아니라는 취지입니다. 또한 만일 공동생활에 필요한 비용이 아닌 공동생활에 필요한 정도 이상의 비용이 들어갔다면 그것은 손해배상의 대상이 될 수도 있다는 뜻입니다.

Q 남편이 이혼경력이 있을 뿐만 아니라 자식까지 두고 있다는 것을 결혼 후에야 알게 되었습니다. 혼인을 취소할 경우 남편뿐만 아니라 저를 속일 때 가담했던 그의 가족들에 대해서도 손해배상을 청구할 수 있습니까?

A 남편의 가족들이 남편의 학력, 혼인경력, 출산경력 등에 대해 허위의 사실을 이야기하거나 적어도 남편이 본인을 속이는 자리에 함께 참석하여 그 속임을 묵인하는 등으로 동조하거나 또는 아내가 이미 착오에 빠진 사정을 알면서도 남편에게 진실을 이야기 하도록 하지 않았다는 등 남편의 속임에 명백하게 가담하였다면 그 가족들에 대해서도 손해배상을 청구할 수 있습니다. 다만, 이를 인정할 증거가 없다면 손해배상책임이 인정되기는 어렵습니다(서울 2005드합2103).

Q 사기를 이유로 혼인을 취소해야 할 것을 협의로 이혼하였다면 손해배상을 청구할 수 없는 겁니까?

A 가능합니다. 혼인의사의 결정이 상대방 또는 제3자의 사기(또는 강박)로 인해 이루어졌다면 그것을 이유로 한 혼인의 취소를 구한다든가, 사기에 관한 사항이 이혼사유에 해당되면 그것을 이유로 재판상 이혼을 구한다든가 또는 당사자 협의에 의해 이혼을 한다든가 등 어떠한 방식을 취할 것인가는 오로지 당사자의 선택에 달려있는 것입니다. 따라서 혼인의 해소가 사기(또는 강박)에서 비롯된 이상 사기(또는 강박)로 인해 혼인을 하게 된 쪽은 그로 인해 받은 재산상 또는 정신상 손해배상청구를 하는데 있어서 반드시 어떠한 혼인해소의 방식에 구애되어 혼인취소 또는 이혼판결이 있어야만 하는 것은 아닙니다. 그러므로 질문과 같은 경우에는 손해배상을 청구할 수 있습니다(대법 76다2223).

아이의 아버지는 누구: 친생추정

아이의 어머니는 누구일까. 정답은 매우 간단하고 명료하다. 아이를 임신해서 출산한 여성이 아이의 어머니가 된다. 그렇다면 아이의 아버지는 누구일까.

친생추정제도

법률상의 모자관계는 여성의 출산이라는 자연적 사실로부터 당연히 인정되고 성립되는 반면, 아버지와 아이의 관계는 직접적인 부성확인이 어렵다는 이유로 추정이라는 방법을 통해 성립되어 왔다. 확실하진 않지만 아이 어머니의 남편을 우선 아이의 아버지로 인정해 주는 것이다. 따라서 혼인한 상태에서 아이를 임신했다면 이 아이는 일단 남편의 아이로 추정(친생추정)되는 것이고 우리 민법은 이 내용을 법으로 정하고 있다. 예를 들어, A(남성)와 혼인중인 B(여성)가 제3자인 C(남성)와의 사이에서 자녀를 출산했다 하더라도 친생추정제도로 인해 이 아이의 법률상 아버지는 당연히 A가 된다. 그리고 이 아이는 C의 아이로 출생신고조차 할 수 없다.

다만, 혼인신고를 하고 난 뒤에 (의학적으로) 최단 임신기간인 '200일'이 지나 태어난 아이가 '혼인중'에 임신된 아이일 것이므로 200일 전에 태어난 아이에 대해서는 A를 그 아버지로 추정하지 않는다. 또 이들 부부가 이혼을 하더라도 이후에 태어난 아이의 아버지는 여전히 A일 수 있다. 이혼 후 300일(최장 임신기간) 이내에 아이가 태어난다면 이 아이는 이들 부부의 이혼 전 '혼인중'에 임신되었을 가능성이 높기 때문이다. 따라서 우리 법은 이런 경우에도 우선 A를 아이 아버지로 추정하는 것이다.

요컨대, 친생추정은 혼인한 남녀 사이 출생한 모든 자녀에 대해 적용되는 것이 아니라 혼인중에 임신된 자녀에 대해 적용되는 것이고, 혼인이 성립한 날부터 '200일' 후에, 또한 혼인관계가 종료한 날부터 '300일' 이내라는 요건을 갖추어 태어난 아이를 혼인중에 임신된 아이로 보고, 남편(또는 전남편)의 아이로 추정하는 것이다.

〈혼인이 성립한 날/혼인관계가 종료된 날〉

'혼인이 성립한 날'이란 혼인관계가 시작된 날로서 혼인의 형식적 성립요건인 혼인신고를 한 날을 말한다. 그리고 '혼인관계가 종료된 날'이란 혼인관계가 끝난 날로서 혼인관계는 사망 또는 이혼으로 끝난다. 그러므로 부부 중 어느 한쪽이 사망했거나 이혼이 된 날을 말한다. 우리 민법은 이혼을 협의이혼과 재판이혼으로 나누고 있는데, '혼인관계가 종료된 날'은 협의이혼의 경우 이혼신고를 한 날이 되고, 재판이혼의 경우에는 판결이 확정된 날이 된다. 이혼의 종류에 따라 혼인관계가 끝나는 날이 다르다는 것을 기억해야 한다.

친생추정의 효과와 친생부인

법률상 부자관계는 혈연관계의 실질보다는 부부 사이 신뢰에 기초하여 아내가 출산한 아이는 통상 그 남편의 아이일 것이라는 법률상 추정이라는 방법으로 성립하는 것이다. 그렇기 때문에 실제에 있어서는 혼인중인 아이 어머니가 남편 아닌 다른 남성의 아이를 낳았을지도 모른다. 아이의 아버지가 따로 있는 것이 분명한 경우에는 부자관계를 바로 잡을 필요도 있을 것이다. 이러한 경우를 대비해서 우리 민법은 '친생부인'에 관한 규정(민법 846)을 두고 '친생부인의 소'를 통해 이미 성립한 친생자관계를 부정할 수 있도록 하고 있다.

이미 성립한 친생자관계를 소멸시키는 데에는 두 가지 방법이 있다. '친생부인의 소'를 통하거나 '친생자관계부존재확인의 소'를 제기하는 것이다. 이 가운데 '친생부인의 소'는 친생추정을 받는 아이만을 대상으로 한다. '친생부인의 소'는 2년이라는 단기의 제척기간(어떤 권리의 법률상 정해진 존속기간, 일정 기간 내에 행사하지 않으면 해당 권리는 소멸함)이 지나면 친생부인권이 소멸하여 반대사실이 존재한다 하더라도 이를 뒤집을 수가 없기 때문에 친생추정은 매우 강력한 힘을 발휘하는 것이다. 그리고 이 때문에 친생추정을 받는지의 여부가 중요한 의미를 가진다.

혼인중의 출생자란 법률혼 관계에 있는 부부, 즉, 혼인신고를 한 부부 사이에 태어난 아이를 가리키는 표현인데, 혼인중 출생자는 다시 친생추정을 받는 혼인중 출생자와 친생추정을 받지 않는 혼인중 출생자로 구분된다. 친생추정을 받는 아이는 앞서 설명한 민법 844조의 요건에 부합하여 출생한 아이, 즉, 혼인중 임신한 아이[5]로 혼인신고일부터 200일 후 또는 혼인 종료 후 300일 이내에 출생한 아이를 의미한다.

그리고 친생추정을 받는 아이는 원고적격과 제소기간 등의 제한이 매우 엄격한 친생부인의 소를 통해서만 친자관계를 부인할 수 있다. 아이가 부부의 혼인신고 후 100일 뒤에 태어났다면 이 아이는 혼인중 출생자라 하여도 친생추정을 받지는 못한다. '혼인이 성립한 날부터 200일 이내에 출생'해야 한다는 요건을 갖추지 못했기 때문이다. 이러한 경우에는 '친생자관계부존재확인의 소'를 통해 친자관계를 부인할 수 있다.

친생자관계부존재확인의 소

친생자관계부존재확인의 소는 어떤 사람들 사이에 법률상 친생자관계가 없음을 확인해 달라고 청구하는 소이다. 친생부인의 소에 비해 제소요건이 엄격하지 않다. 우선 원고적격자의 범위가 상당히 넓은데 자녀, 자녀의 직계비속이나 그 법정대리인, 생모, 남편, 남편의 직계 존·비속, 후견인, 유언집행자, 기타 이해관계인이 이 소를 제기할 수 있다(민법 865①). 자녀의 신분을 중심으로 부양이나 상속 등 가족법상 중대한 이해관계가 있는 거의 대부분의 사람들에 대해 제소권을 인정하고 있는 것이다. 또 소의 이익이 존재하면 언제라도 이 소를 제기할 수 있으므로 제소기간에도 제한이 없다. 다만, 당사자 중 한쪽이 사망한 경우에는 그 사망사실을 안 날부터 2년 내에 검사를 상대로 소를 제기해야 한다(민법 865②).

유의할 것은 친생부인의 소로 다투어야 할 것을 친생자관계부존재확인의 소로 다투는 것이 허용되지 않는다는 것이다. 친생자관계부존재확인의 소의 일반적인 제소사유는 혼인외의 자녀를 친생자로 출생신고한 경우, 사실혼 부부 사이 출생자의 경우, 친생추정을 받지 못하는 혼인중 출생자의 경우, 혼인중 출생자라 하더라도 친생추정을 할 수 없는 명백한 사정이 있는 경우 등이다.

'친생부인의 소'와 '친생부인의 허가청구'

앞서 설명한 대로, 친생추정을 받는 자녀는 친생부인의 소를 통해서 그 친자관계를 다투어야 한다. 그런데 우리 민법에는 예외가 있다. 혼인 종료 후 300일 내에 출생한 자녀에 대해서는 '친생부인의 소'가 아닌 '친생부인의 허가청구'로 전남편의 친생추정을 배제할 수 있는 것이다.

이혼 후 300일 내에 출생한 자녀는 원칙적으로 아이 어머니의 전남편의 자녀로 추정된다. 실제 아버지가 따로 있다고 하더라도 이 제도로 인해 생부는 이 아이를 인지할 수도, 자기 자녀로 출생신고를 할 수도 없다. 종전에는 이와 같이 출생한 자녀를 일단 전

남편의 자녀로 등록한 후 '친생부인의 소'를 제기하여 친자관계를 번복해야 가족관계등록부를 정정할 수 있었지만 해당규정에 대해서는 헌법재판소의 헌법불합치 결정(헌재 2013헌마623)이 있었다.

오늘날에는 이혼과 재혼이 크게 증가하였고 혼인파탄으로부터 법률상 이혼까지의 시간간격이 크게 늘어나게 됨에 따라 여성이 전남편 아닌 다른 남성의 아이를 임신하고 혼인 종료일로부터 300일 내에 그 아이를 출산하게 될 가능성이 많아졌고 유전자검사 등을 통해 친자관계를 증명하는 것도 매우 용이해졌다. 그런데 이와 같은 사정변경을 무시한 채 예외 없이 혼인 종료 후 300일 내에 출생한 자녀를 전남편의 친생자로 추정하고 그의 친생자로 등록하게 한 뒤, 친생부인의 소를 거치도록 강제하는 것은 불합리한 제한이라는 것이다.

현행법에 따르면 혼인종료 후 300일 내에 출생한 아이에 대해서는, 아이 어머니나 그 전남편은 친생부인 허가청구를 통해 이 아이가 전남편의 자녀가 아님을 주장할 수 있다(민법 854의2). 아이의 생부에 대해서도 아이를 인지할 수 있는 길이 열렸다. 혼인 종료 후 300일 내에 출생하여 친생추정을 받는 아이에 대해서는 생부가 가정법원에 인지의 허가를 청구할 수 있고(민법 855의2①) 이를 통해 자신의 친자임을 증명하고 자기아이로 출생신고를 할 수 있다. 다만, 이미 혼인중의 자녀로 출생신고가 된 경우에는 친생부인 허가청구나 인지의 허가청구를 할 수 없고 친생부인의 소를 통해서만 친생추정을 배제할 수 있으므로 유의해야 한다(민법 854의2① 단서 및

855의2① 단서).

친생부인 허가청구는 가사비송사건에 해당하기 때문에(가사 2①b 라류7의2) 소송절차가 아니라는 점에서 친생부인의 소와 가장 큰 차이가 있다. 즉, 상대방이 없는 재판인 것이다. 상대방과 다툴 필요가 없이 법원에 출생한 아이가 전남편과 혈연관계가 없음을 주장·증명하고 그 판단을 기다리면 된다. 청구가 있으면 가정법원은 혈액채취에 의한 혈액형 검사, 유전인자의 검사 등 과학적 방법에 따른 검사결과 또는 장기간의 별거 등 그 밖의 사정을 고려하여 허가 여부를 결정하게 된다(민법 854의2②).

친생추정의 배제

아내가 남편의 아이를 임신하는 것이 물리적으로 불가능한 경우에는 친생추정이 배제된다. 사례를 통해 살펴보자. 군대에 입대해서 제대하고 보니 가족관계등록부에 아내와 본인 사이 자녀가 한명 등록되었다. 이미 가정에 충실하지 않았던 아내와는 입대하기 전부터 협의이혼을 진행하려 했었는데 아내는 법원에 나타나지 않았다. 군대에 있는 동안에도 아내와는 얼굴 한번 본 적이 없었는데 아이가 생긴 것이다. 본인도 모르는 사이 아버지가 되어 버린 상황, 이런 경우에도 혼인중 임신된 것이므로 남편은 아이 아버지가 되어야 하는 것인가.

물론 이 아이는 혼인중 출생자에 해당하기 때문에 우선 남편의 아이로 출생신고 될 수밖에 없다. 다만, 우리 법은 그렇게 냉정하지 않다. 이 아이에 대해 친생추정이 미치는 것은 아니기 때문이다. 친생추정이 미치는지의 여부는 아버지가 자녀와의 친자관계를 어떠한 방식으로, 언제까지 부인해야 하는지를 결정하기 때문에 매우 중요한 의미를 가지는 것이다. 아내가 남편의 아이를 임신할 수 없는 것이 외관상 명백한 경우에는 그 추정이 미치지 않는다(대법 82므59 전합). 예를 들어, 부부의 한쪽이 장기간에 걸쳐 해외에 나가 있거나 사실상의 이혼으로 부부가 별거하고 있는 경우, 아내의 임신 당시 남편이 교도소에 수감 중이었던 경우 등에는 친생추정이 배제될 수 있는 것이다. 이와 같은 경우에 해당한다면 요건이 매우 엄격한 '친생부인의 소'가 아니라 '친생자관계부존재확인의 소'를 통해 신분관계를 바로잡을 수 있다.

민법 제844조(남편의 친생자 추정)

① 아내가 혼인 중에 임신한 자녀는 남편의 자녀로 추정한다.
② 혼인이 성립한 날부터 200일 후에 출생한 자녀는 혼인 중에 임신한 것으로 추정한다.
③ 혼인관계가 종료된 날부터 300일 이내에 출생한 자녀는 혼인 중에 임신한 것으로 추정한다.

민법 제846조(자의 친생부인)

부부의 일방은 제844조의 경우에 그 자가 친생자임을 부인하는 소를 제기할 수 있다.

민법 제847조(친생부인의 소)

① 친생부인(親生否認)의 소(訴)는 부(夫) 또는 처(妻)가 다른 일방 또는 자(子)를 상대로 하여 그 사유가 있음을 안 날부터 2년내에 이를 제기하여야 한다.

② 제1항의 경우에 상대방이 될 자가 모두 사망한 때에는 그 사망을 안 날부터 2년내에 검사를 상대로 하여 친생부인의 소를 제기할 수 있다.

민법 제854조의2(친생부인의 허가 청구)

① 어머니 또는 어머니의 전(前) 남편은 제844조 제3항의 경우에 가정법원에 친생부인의 허가를 청구할 수 있다. 다만, 혼인 중의 자녀로 출생신고가 된 경우에는 그러하지 아니하다.

② 제1항의 청구가 있는 경우에 가정법원은 혈액채취에 의한 혈액형 검사, 유전인자의 검사 등 과학적 방법에 따른 검사결과 또는 장기간의 별거 등 그 밖의 사정을 고려하여 허가 여부를 정한다.

③ 제1항 및 제2항에 따른 허가를 받은 경우에는 제844조 제1항 및 제3항의 추정이 미치지 아니한다.

민법 제865조(다른 사유를 원인으로 하는 친생자관계존부확인의 소)

① 제845조, 제846조, 제848조, 제850조, 제851조, 제862조와 제863조의 규정에 의하여 소를 제기할 수 있는 자는 다른 사유를 원인으로 하여 친생자관계존부의 확인의 소를 제기할 수 있다.

② 제1항의 경우에 당사자일방이 사망한 때에는 그 사망을 안 날부터 2년내에 검사를 상대로 하여 소를 제기할 수 있다.

11

혼인신고를 하지 않은 결혼: 사실혼

사실혼은 부부로서의 실체(부부공동생활)는 존재하지만 혼인신고를 하지 않은 경우로 부부로서의 법적인 신분관계가 형성되지 않은 경우를 말한다. 이러한 사실혼도 몇 가지 경우를 제외하고는 법률혼에 준하는 보호를 받는다.

사실혼에 해당하는 경우

사실혼이 성립하기 위해서는 주관적으로는 당사자 사이에 혼인의 의사가 있고, 객관적으로 사회관념상 가족질서적인 면에서 부부공동생활을 인정할 만한 혼인생활의 실체가 있어야 한다. 여기에서 혼인의 의사라 함은 사회적·실질적으로 부부로서의 공동생활을 영위할 의사를 말하고, 당사자 사이에 혼인의 의사가 있다는 것은 혼인 의사의 합치가 있음을 의미한다.

우리 판례는 동거와 사실혼을 법적으로는 명확하게 구분하고 있다. 사실혼은 동거를 전제한다고 하나 동거를 한다고 해서 당연히 사실혼에 해당하는 것은 아니다. 사실혼이란 당사자 사이에 혼인의 의사가 있고 사회적으로 정당시되는 실질적인 혼인생활을 공공연하게 영위하고 있으면서도 그 형식적 요건인 혼인신고를 하지 않았기 때문에 법률상 부부로 인정되지 아니하는 남녀의 결합관계라는 것이 대법원의 해석이다. 그러므로 사실혼이 성립하기 위해서는 주관적으로는 당사자 사이에 혼인의 의사가 합치되고, 객관적으로는 사회관념상 가족질서적인 면에서 부부공동생활이라고 인정할 만한 혼인생활의 실체가 존재해야 한다(대법 2000도4942). 즉, 혼인의사의 합치와 혼인생활의 실체라는 주관적·객관적인 구성요건을 모두 갖춘 경우에만 사실혼으로 인정되고 법률혼에 준하는 보호를 받을 수 있는 것이다. 혼인신고만 안했을 뿐 실제 부부와 거의 같아야 한다는 뜻이다.

10년 동안 동거했더라도 혼인의사가 있어야 하기 때문에(결혼식을 치른 경우에는 일반적으로 혼인의사가 있었다고 본다), 단순한 내연관계나 부첩관계 등은 사실혼으로 인정되기 어렵다. 또한 혼인생활의 실체가 존재해야 하는 것이므로 오랜 기간 동거했다는 사실만으로는 부족하고 혼인신고를 제외한 모든 면에서 실제 부부로 생활하고, 주변에서도 당사자들이 혼인한 것으로 알 정도라야 한다. 주민등록상 주소지가 다르고 각종 경조사에 배우자로서도 참여하지 않고, 각자의 재산과 수입을 따로따로 관리하고 있었다면 사실혼관계에 있었다고 인정되기 어려울 것이다. 이 밖에 남녀 사이에 자녀가 출생한 경우에도 다르지 않다. 대법원은 남녀 사이에 자식을 출산하고 그 출산을 전후한 약 2개월 동안 동거 또는 간헐적인 정교관계가 있은 경우 그것만으로는 사실상 혼인관계가 성립하지 않는다고 보았다(대법 2000도4942).

중혼적 사실혼

법률상 혼인을 한 부부가 별거하고 있는 상태에서 한쪽이 제3자와 혼인의 의사로 실질적인 부부생활을 하고 있다고 하더라도 특별한 사정이 없는 한 사실혼으로 인정할 수 없다. 그러므로 법률혼에 준하는 보호를 받을 수도 없다(대법 2000다52943).

그러나 중혼적 사실혼이 예외적으로 보호되는 경우도 있다. 즉, 법률상 배우자와의 혼인이 아직 해소되지 않은 상태에서 A와 혼인의 의사로 실질적인 혼인생활을 하고 있는 B를, A가 가입한 부부운전자한정운전 특별약관부 자동차 보험계약상의 '사실혼관계에 있는 배우자'에 해당한다고 본 사례가 있다.

이에 대하여 대법원은 '사실혼은 당사자 사이에 주관적으로 혼인의 의사가 있고, 객관적으로도 사회관념상 가족질서적인 면에서 부부공동생활을 인정할 만한 혼인생활의 실체가 있으면 일단 성립하는 것이고, 비록 우리 법제가 일부일처주의를 채택하여 중혼을 금지하는 규정을 두고 있다 하더라도 이를 위반한 때를 혼인무효의 사유로 규정하지 않고 단지 혼인취소의 사유로만 규정하고 있는 까닭에 중혼에 해당하는 혼인이라도 취소되기 전까지는 유효하게 존속하는 것이고, 이는 중혼적 사실혼이라 하여 달리 볼 것이 아니다. 또한 비록 중혼적 사실혼관계일지라도 법률혼인 전 혼인이 사실상 이혼상태에 있다는 등의 특별한 사정이 있다면 법률혼에 준하는 보호를 할 필요가 있을 수 있다(대법 2009다64161)'는 입장이다.

동성 사이의 사실혼

동성인 커플이 사실혼과 비슷한 동거관계를 유지해 온 경우에 그들에게 부부로서의 공동생활을 영위할 의사가 있었다고 보기는 어렵다. 또한 이러한 동거관계에 객관적으로 부부공동생활을 인정할 만한 혼인생활의 실체가 있다고 보기도 어려울 뿐만 아니라, 이는 사회관념상 가족질서적인 면에서도 용인될 수 없는 것이다. 즉, 동성 사이에 사실혼 유사의 동거관계를 사실혼으로 인정하여 법률혼에 준하는 보호를 할 수는 없다. 따라서 동성 사이의 사실혼과 비슷한 동거관계가 한쪽의 의사 또는 책임 있는 사유로 파탄되었다고 하더라도 상대방은 그에 대해 사실혼 부당파기로 인한 위자료 및 사실혼해소로 인한 재산분할을 청구할 수는 없다(인지 2003드합292).

12

사실혼도 결혼이다

남녀가 혼인신고 없이 사실혼 상태에 있더라도 부부공동생활을 전제로 하는 혼인의 일반적인 효과는 발생한다.

사실혼 배우자로서의 신분적 효과

사실혼 부부라도 법률혼 부부와 마찬가지로 서로 동거·부양·협조 및 정조의무를 지고 이를 위반하면 법적인 책임을 져야 한다. 사실혼 배우자도 부부로서 서로 협조하고 애정과 인내로써 상대방을 이해하며 보호하여 혼인생활의 유지를 위한 최선의 노력을 기울여야 하는 것이다. 따라서 정당한 이유 없이 서로 동거, 부양, 협조하여야 할 의무를 이행하지 않는 때에는 악의의 유기에 의해 사실혼을 부당하게 깨뜨린 것이 된다(대법 97므544, 551). 따라서 사실혼 부부에 대해서도 형법상 유기죄가 인정될 수 있다. 유기죄는 노유·질병 기타 사유로 부조를 요하는 자를 보호할 법률상·계약상 의무가 있는 사람이 그 의무를 이행하지 않고 내버려 두어 생명과 신체에 대한 위협을 일으키는 것이다. 유기죄에 관한 형법 271조 1항이 의미하는 '법률상 보호의무'에는 민법 826조 1항에 근거한 부부 사이 부양의무도 포함되며, 사실혼인 경우에도 법률상 보호의무의 존재는 긍정되고 있다(대법 2007도3952).

이 밖에 사실혼의 상대방이 혼인신고에 협력하지 않으면 가정법원에 사실상 혼인관계 존재확인 청구를 할 수 있다. 이에 대한 확정판결이 있으면 상대방이 동의하지 않더라도 단독으로 혼인신고를 할 수 있는 것이다(가사 2①a나류1 및 등록법 72). 이 경우에는 먼저 조정을 신청해야 하는데 조정이 성립되면 조정을 신청한 사람이, 재판이 확정된 경우에는 재판을 청구한 사람이 혼인신고를 해야 한다.

재산적 효과

사실혼을 유지하기 위한 공동생활비용은 특별한 약정이 없다면 사실혼 부부가 공동으로 부담해야 한다. 또한 부부 사이에 인정되는 일상가사대리권은 부부의 실질적인 공동생활을 전제로 인정되는 것이므로 사실혼 부부 서로에게도 법률혼과 마찬가지로 일상가사대리권이 인정되고, 일상가사로 인해 발생한 채무에 대해서는 연대책임을 진다(대법 80다2077). 따라서 일상가사대리권을 기본으로 하는 표현대리(표현대리에 관해서는 127쪽 참조)도 성립될 수 있다(대고 80나915).

이 밖의 재산에 관한 문제는 법률혼의 경우와 같이 취급된다. 혼인 전에 각자가 가지고 있던 고유한 재산, 혼인 후에 자신의 명의로 취득한 재산은 특유재산으로 인정되고, 누구의 것인지가 분명하지 않은 재산은 부부의 공유로 추정된다. 그리고 특유재산이 실질적으로 다른 한쪽 또는 양쪽이 그 재산의 대가를 부담해서 취득한 것이라고 증명된 때에는 특유재산의 추정을 번복해서 그 다른 한쪽의 소유이거나 양쪽의 공유로 본다(대법 93다52068).

한편, 민사집행법 190조는 채무자와 그 배우자의 공유로서 채무자가 점유하거나 그 배우자와 공동점유하고 있는 유체동산은 같은 법 189조의 규정에 따라 압류할 수 있다고 규정하고 있다. 이러한 규정은 부부공동생활의 실체를 갖추고 있으면서 혼인신고만을 하지 않은 사실혼 부부의 공유 유체동산에 대하여도 유추적용된다(대법 97다34273)[6]. 유체동산은 가전제품, 가구 등과 같이 등기할 수 없는 토지의 정착물로서 독립하여 거래할 수 있는 것, 토지에서 분리하기 전의 과실로서 1개월 이내에 수확할 수 있는 것, 유가증권으로 배서가 금지되지 않은 것을 말한다(민사집행법 189②).

부부의 재산을 청산한다는 의미를 가지는 재산분할에 관한 민법 규정 역시 부부의 생활공동체라는 실질에 비추어 인정되는 것이므로 사실혼이 해소되는 경우에도 준용 또는 유추적용된다(대법 94므1584).

Q 사실혼 배우자에 대해서도 재산분할청구권이 인정된다는데, 상대방에게 법률혼 배우자가 있는 경우에도 재산분할이 가능합니까?

A 그렇진 않습니다. 중혼적 사실혼이 해소되는 경우에 법률상 배우자가 있는 사람은 그 법률혼이 사실상 이혼상태라는 등 특별한 사정이 없는 한 사실혼 배우자에게 사실혼 해소를 이유로 하는 재산분할을 청구할 수는 없습니다(대법 94스30).

Q 사실혼 배우자가 사망하였는데, 그의 상속재산에 대한 권리가 없다고 합니다. 명의만 상대방 것이지 사실상 공동재산이나 다름없는데 상속권 대신 재산분할청구권을 행사할 수는 없습니까?

A 예, 그럴 순 없습니다. 사실혼이 한쪽 당사자의 사망으로 인해 종료되는 경우에는 그 상대방에게 재산분할청구권이 인정되지 않습니다. 사실혼 당사자가 생전에 사실혼을 끝내는 경우에는 재산분할청구권이 인정될 수 있지만, 법률혼이 배우자의 사망으로 인해 종료된 경우에도 생존 배우자에게는 재산분할청구권이 인정되지 않고 재산에 대한 상속권만이 인정된다는 점 등에 비추어 보면, 사실혼이 한쪽의 사망으로 인해 끝나는 경우에는 그 상대방에게 재산분할청구권이 인정될 수 없습니다(대법 2005두15595).

13

사실혼은 안 돼

사실혼 부부는 혼인신고를 하지 않은 부부이므로 혼인의 효과 중에서 혼인신고를 해야만 생기는 효과들은 사실혼 부부에게 인정되지 않는다.

법적 배우자로서의 신분

사실혼 부부에게는 서로가 배우자라는 신분적 지위가 생기지 않는다. 따라서 상대방의 혈족과의 사이에 친족관계도 발생하지 않는다. 민법은 중혼을 금지하고 있지만 중혼 여부는 접수된 혼인신고를 기준으로 판단하는 것인데 사실혼은 혼인신고가 되지 않은 상태이므로 사실혼 배우자가 다른 사람과 혼인하더라도 중혼에 해당하지 않는다.

친족 사이 범죄행위에 대해 형법은 특정범죄에 관해서는 처벌을 면해 주기도 하는데 사실혼 배우자에 대해서는 친족 사이 특례가 적용되지 않으므로 유의해야 한다. 예를 들면, 범인도피죄(형법 151)

나 증거인멸죄(형법 155)의 경우이다. 형법은 친족 또는 동거하는 가족이 본인을 위해 위의 죄를 범한 때에는 처벌하지 않는다고 규정하고 있는데, 사실혼 부부는 민법에서 규정한 친족이 아니다. 따라서 위의 규정에서 의미하는 친족에 해당하지 않으므로 처벌을 면하기가 어렵다(대법 2003도4533).

상속권

사실혼 부부의 경우 상대방이 사망하더라도 서로에 대한 상속권이 인정되지 않는다. 배우자는 어느 경우에서나 1순위의 상속권자이지만 이는 배우자라는 친족법상 지위에 기초해서 발생하는 것이기 때문이다. 다만, 특별연고자로서 상속재산에 대해 분할을 청구할 수 있는 경우가 있다.

1990. 1. 13. 민법 개정에 의해 특별연고자에 대한 상속재산분여제도가 신설되어, 상속인이 존재하지 않는 경우 가정법원은 피상속인과 생계를 같이 하고 있던 자, 피상속인의 요양간호를 한 자 기타 피상속인과 특별한 연고가 있던 자의 청구에 의하여 상속재산의 전부 또는 일부를 분여할 수 있다(민법 1057의2). 사실혼 배우자에 대해서 상속권은 인정되지 않지만 사실혼 배우자 역시 소정의 소명을 통해서 특별연고자로서 상속재산에 대한 분여권을 가질 수는 있다. 다만, 사망한 사실혼 배우자에게 상속인이 한 명이라도 있다면 특별연고자에 대한 상속재산 분여는 인정되지 않으므로 사

실혼 배우자가 위 규정에 따라 피상속인의 재산을 분할받기는 쉽지 않다.

사실혼 자녀의 법적 지위

사실혼 부부 사이에서 출생한 자녀는 혼인외의 출생자로 된다. 아버지가 이 자녀를 별도로 인지(認知)하지 않는 한 법적인 부자관계는 발생하지 않기 때문에 어머니가 단독 친권자가 되고, 자녀는 우선 어머니의 성과 본을 따른다(민법 781③). 아버지가 인지를 한 후에는 다시 아버지의 성과 본을 따르는 것이 원칙이나 어머니의 성과 본을 계속 사용할 수도 있다(민법 781① 및 ⑤).

Q 사실혼에서 태어난 아이의 법적인 아버지는 누구입니까?

A 민법에는 인지라는 제도가 있습니다. 법률혼이 아닌 부모 사이에서 태어난 자녀에게 법률상 당연히 아버지가 있는 것은 아닙니다. 이런 자녀에 대해 아버지가 자신의 아이임을 승인(민법 855=임의인지[7])하거나 아이가 아버지로 추정되는 사람을 상대로 소송을 제기하여 승소(민법 863=강제인지 또는 재판인지[8])하게 되면 그 사람이 법률상 아버지로 되는 것입니다. 이처럼 당연히 인정되지 않는 부자관계 또는 모자관계를 법률상 관계로 인정되게 하는 것이 인지제도입니다.

14

그만 살자: 사실혼의 해소

사실혼도 법률혼과 마찬가지로 당사자 한쪽이 사망하거나 당사자 사이 합의를 통해 끝낼 수 있다. 그런데 사실혼은 한쪽이 언제든지 자유롭게 관계를 끝낼 수도 있다. 이것이 법률혼과 가장 다른 점이다. 사실혼이 해소되면 어떻게 될까.

사망으로 인한 끝내기

한쪽이 사망하면 사실혼은 끝난다. 이러한 경우 신분상 변동은 없고 상속권은 인정되지 않으며 재산분할을 청구할 수도 없다. 그런데 이들 사이의 공동생활관계를 어느 정도 보호해 줄 필요는 있다. 그렇기 때문에 우리 법에는 한쪽이 사망한 때에 사실혼 배우자에 대해 법률혼과 동일한 권리를 인정하고 있는 법률이 있다.

먼저, 사실혼 배우자가 사망했을 때 다음의 경우에는 유족의 자격으로 보상금, 보험금, 연금 등을 받을 수 있다.

- 근로자로서 업무상 사망한 경우(근로기준법 82 및 동법 시행령 48①a)
- 산업재해로 사망한 경우(산업재해보상보험법 5c, 36①e, 39①)
- 국민연금에 가입한 경우(국민연금법 3②)
- 사립학교교직원 연금에 가입한 경우(사립학교교직원 연금법 2①b가)
- 군인연금에 가입한 경우(군인연금법 3①d가)
- 국가유공자 등인 경우(국가유공자 등 예우 및 지원에 관한 법률 5①a, 5②)
- 독립유공자인 경우(독립유공자예우에 관한 법률 5①a, 5②)

그런데 위와 같은 경우에도 사실혼 배우자 외에 법률상 배우자가 따로 있는 경우까지 보호되는 것은 아니다. 법률혼주의 및 중혼금지의 원칙을 대전제로 하고 있는 우리 가족법 체계를 고려해 보면, 군인연금법 3조 1항 4호가 '사실상 혼인관계에 있던 자'를 유족연금을 받을 수 있는 배우자에 포함하고 있는 취지는, 사실상 혼인생활을 하여 혼인의 실체는 갖추고 있으면서도 단지 혼인신고가 없기 때문에 법률상 혼인으로 인정되지 않는 경우에 그 사실혼 배우자를 보호하려는 것이지, 법률혼과 경합하는 사실상 동거관계까지 보호하려는 것은 아니다.

만약 사실혼 배우자 외에 법률상 배우자가 따로 있는 경우라면, 이혼의사의 합치가 있었는데도 형식상 절차의 미비 등으로 법률혼이 남아 있는 등의 예외적인 경우를 제외하고는, 그 사실혼 배우자와의 관계는 군인연금법상 '사실혼'에 해당한다고 볼 수 없다(대법

2006두18584).

또한 상대방 배우자의 명의로 주택을 임차해서 같이 살던 중 그 배우자가 상속인 없이 사망한 경우, 그 주택에서 공동생활을 하던 사실혼 배우자는 임차인으로서의 권리와 의무를 승계하게 된다(주택임대차보호법 9①). 이러한 경우에는 상속인이 있더라도 그 상속인이 주거를 달리하고 사실혼 배우자가 그 주택에서 공동생활을 해왔다면 그 사실혼 배우자와 임차인의 2촌 이내의 친족이 공동으로 임차인의 권리와 의무를 승계한다(주택임대차보호법 9②).

합의에 의한 끝내기

당사자가 합의로 사실혼을 해소하게 되면 재산분할을 비롯해서 자녀의 양육, 면접교섭에 관한 문제 등을 협의할 수 있다. 협의가 되지 않으면 재산분할청구를 하거나 양육권 및 면접교섭권에 관한 심판을 청구하여 가정법원을 통해 해결해야 한다. 이혼의 경우와 거의 같다고 생각하면 된다.

일방적인 끝내기

사실혼은 한쪽의 의사만으로도 해소될 수 있다(대법 2008스105). 이때 재산분할이나 자녀양육에 관한 문제는 합의로 사실혼을 끝내는 경우와 같이 하면 된다. 한쪽이 일방적으로 사실혼을 끝내고자 할 때 정당한 사유가 없는 경우에는 불법행위를 이유로 하는 손해배상책임을 져야 한다. 당연히 이 손해배상에는 재산상 손해뿐만 아니라, 정신적 고통에 대한 위자료가 모두 포함된다. 재산상 손해에는 사실혼의 성립유지와 인과관계가 있는 모든 손해가 포함되며(대법 88므146), 위자료는 유책행위에 이르게 된 경위와 정도, 파탄의 원인과 책임, 당사자의 연령·직업·가족상황과 재산상태 등 여러 가지 사정을 종합적으로 참작하여 경험칙에 반하지 않는 범위 내에서 가정법원이 직권으로 정한다(대법 97므544, 551). 사실혼 끝내기에 정당한 사유가 있는지 여부는 성기능 장애, 폭력, 부정행위, 악의의 유기 등 이혼에 준해서 생각하면 된다.

Q 사실혼 부부 중 한쪽이 의식불명이 된 상태에서 상대방이 사실혼의 해소를 주장하면서 재산분할청구를 할 수 있습니까?

A 질문의 경우 사실혼은 상대방의 의사에 의해 끝났으므로 그에 따라 재산분할청구를 할 수 있습니다(대법 2008스105).

Q 성기능 장애를 이유로 사실혼이 파탄에 이른 경우에 손해배상책임이 인정됩니까?

A 혼인신고를 마친 부부의 경우 남편이 기질적·기능적 장애가 아닌 심인성 음경발기부전 등 일시적인 발기불능, 삽입불능 상태에 있다 하더라도 부부가 합심하여 전문의의 치료와 조력을 받아 정상적인 성생활로 돌아갈 가능성이 있다면 단순히 그러한 성적 결함을 가진 남편에게 혼인 파탄의 책임을 지울 수는 없습니다. 그런데 혼인신고를 마치지 않은 사실혼 단계에

서 위와 같은 사유로 혼인이 파탄된 경우라면 그러한 정도의 성실의무를 아내에게 기대하기 어렵습니다. 또한 남편의 성기능 장애가 완치될 가능성이 10% 이하라면 아내에게 이를 참고 결혼생활을 계속하라고 요구할 수는 없을 것입니다. 그러므로 정신적·신체적 장애를 숨기고 정상적인 성생활이 불가능한 결혼을 감행한 남편은 사실혼이 파탄되어 아내가 입은 정신적 손해에 대한 배상책임을 져야 합니다(서울 94드16117).

Q 결혼식을 마치고 신혼여행에서 돌아온 직후 관계가 파탄되었는데 손해배상책임을 물을 수 있습니까?

A 이런 경우라면 결혼식만 올렸을 뿐 부부공동생활은 없었다고 보이므로 사실혼으로 보기는 어렵습니다. 그런데 우리 판례는 당사자가 결혼식을 올린 후 신혼여행까지 다녀온 단계에서의 남녀 사이의 결합의 정도는 약혼단계와는 확연히 구별되는 것으로서 사실혼에 이른 남녀 사이의 결합과 크게 다를 바가 없다고 보았습니다. 그러므로 이러한 단계에서 한쪽 당사자에게 책임 있는 사유로 파탄에 이른 경우라면 다른 당사자는 사실혼의 부당파기에 있어서와 마찬가지로 책임 있는 당사자에 대해 그로 인한 정신적인 손해의 배상을 청구할 수 있다고 보았습니다(대법 98므961). 그리고 한쪽의 잘못으로 결혼식 직후에 사실혼에 이르지 못하고 그 관계가 끝나서 그 결혼식이 무의미하게 되었다면 그 비용을 지출한 당사자는 사실혼관계 파탄의 유책당사자에게 그 배상을 청구할 수 있다고 합니다(대법 84므77).

Q 사실혼의 부당한 끝내기에 대한 손해배상청구는 언제까지 해야 합니까?

A 이 손해배상청구권의 소멸시효도 민법의 일반규정인 766조의 적용을 받는데 766조 1항은 '불법행위로 인한 손해배상의 청구권은 피해자나 그 법정대리인이 그 손해 및 가해자를 안 날부터 3년간 이를 행사하지 아니하면 시효로 인하여 소멸한다'고 규정하고 있습니다. 따라서 소멸시효의 시작을 언제로 볼 것이냐는 개별 사안별로 다르겠지만, 주민등록상 부부로 등재되어 혼인신고가 있었던 것으로 잘못 알고 있던 중 남편의 부정행위에 의해 사실혼이 끝나고, 아내가 사실상 혼인관계 존재확인의 소에서 패소한 경우, 아내의 위자료청구권은 남편의 부정행위가 있었던 때가 아니라 사실상 혼인관계 존재확인의 소의 패소판결이 선고된 때에 그 소멸시효가 시작됩니다(대법 97므18).

15

결혼하면 무슨 일이 생길까

혼인의 효과는 부부의 평등(곧 남녀의 평등)과 관련이 많은 부분이다. 현행 민법상으로는 거의 평등해졌다고 볼 수 있지만, 우리 민법에서 혼인법의 개정은 바로 가정 내에서 진정한 남녀평등을 구현해 나가는 과정이었다고 할 수 있다. 또한 부부평등의 길은 부모와 자녀 사이의 법률관계에 있어서 자녀의 법적 지위를 보장하고 향상시키는 과정이기도 하였다.

혼인을 하게 되면 그들의 신분관계와 재산관계에 어떤 변화가 생길 것인가.

친족관계의 발생

혼인을 하면 당사자 사이에는 배우자라는 친족관계(=혈족, 인척 그리고 배우자)가 생긴다. 또한 서로 상대방의 혈족 및 상대방의 혈족의 배우자와 사이에 인척이라는 친족관계도 발생한다. 며느리, 사위, 장인, 장모, 시아버지, 시어머니, 형부, 처제 등이 바로 인척이다.

부부의 성(姓)

우리나라는 성불변의 원칙에 따라 혼인 후에도 부부가 혼인하기 전의 성을 그대로 유지하는 부부별성주의를 취하고 있다. 다만, 2005. 3. 31. 민법이 개정되면서 자녀의 복리를 위해 자녀의 성과 본을 변경할 필요가 있을 때에는 법원의 허가를 받아 변경할 수 있게 되어 성불변의 원칙의 일부가 무너지긴 했다(민법 781⑥).

다른 나라의 경우 오늘날에도 남녀가 결혼하면 아내가 남편의 성을 따르는 것이 일반적이기는 하지만 부부가 어떤 성을 사용할 것인지의 문제는 원칙적으로 당사자의 자유로운 결정에 맡기도록 하는 입법례가 늘고 있다. 미국은 부부가 공동성을 사용하되 어떤 성을 사용할지는 협의하도록 하고 있고, 독일이나 덴마크, 노르웨이, 스웨덴 등 유럽 국가들은 부부가 협의를 통해 정한 공동의 성을 사용할 수도 있고 각자 혼인하기 전의 성을 유지할 수도 있다. 일본의 경우에는 부부가 같은 성을 써 오다가 최근에 들어와 혼인 후에도 각자의 성을 쓸 수 있도록 하는 민법 개정 논의가 몇 년째 진행 중이며, 2021. 8. 31. 현재까지 개정되지 않고 있다.

성년의제(成年擬制)

미성년자가 혼인을 하면 성년자로 본다는 것으로 민법 826조의2에서 규정하고 있다. 이 부분은 [06]에서 다루었으므로 생략한다.

동거·부양·협조의무

부부는 동거하며 서로 부양하고 협조하여야 한다(민법 826①). 부부 사이의 동거, 부양, 협조의무는 애정과 신뢰를 바탕으로 일생에 걸친 공동생활을 목적으로 하는 혼인의 본질이 요청하는 것으로서 부부 사이에 출생한 자식이 없거나 재혼한 부부 사이에서도 달라지지 않는다. 또한 재판상 이혼사유에 관한 평가 및 판단의 근거가 되기도 한다. 즉, 이러한 의무를 이행하지 않을 경우에는 재판상 이혼사유가 될 수 있다는 것이다(대법 97므612).

재산관계

혼인하면 부부의 재산관계는 부부가 계약에 의해 정할 수 있는데 이를 약정재산제라고 한다. 이러한 약정은 혼인하기 전에 당사자가 재산관계에 대해 계약을 하고 등기를 해야 완전한 법적인 효력을 가질 수 있다(민법 829①, ④). 그렇지만 실제로 약정을 하는 부부는 거의 없을 것으로 추정된다. 부부가 특별히 계약을 하지 않은 때에는 민법에서 정한 바에 따라 혼인하기 전의 고유의 재산과 혼인중 자신의 명의로 취득한 재산은 개별재산(특유재산)으로 인정되고, 부부 중 누구의 것인지 분명하지 않은 재산은 부부공유재산으로 추정된다(법정재산제, 민법 830 이하 참조).

16

결혼하면 가족이다

민법상 가족은 배우자와 직계혈족, 그리고 형제자매이다. 생계를 같이하는 경우라면 직계혈족의 배우자, 배우자의 직계혈족 및 배우자의 형제자매도 나의 가족이 된다.

민법상 가족

일반적으로 생각하는 가족은 혼인이나 혈연으로 맺어져 일상생활을 공유하는 사람들의 집단 자체(생활공동체)를 가리키거나 그 구성원을 의미한다. 우리 민법은 가족의 범위에 관한 규정을 두고 있는데 단순히 밥을 같이 먹는다거나 공동생활을 한다고 해서 민법상 가족으로 되는 것은 아니다. 민법은 배우자, 직계혈족 및 형제자매로 가족을 정의하고 있다(민법 779).

배우자는 혼인한 상대방이며, 혼인을 하게 되면 상대방과는 법적인 가족관계를 형성하게 된다. 우리나라는 법률혼주의를 택하고 있으므로 결혼식을 올리지 않았더라도 혼인신고를 마쳤다면 법률혼이 성립한 것이다. 여기에서 배우자는 혼인신고를 마친 법적인 배우자를 의미하기 때문에 사실혼 배우자나 동거하고 있는 남녀라면 법적인 배우자로서의 지위를 얻을 수 없고 민법이 말하는 가족에도 해당되지 않는다. 뒤에서 설명하는 법적인 친족관계도 발생하지 않는 것이 당연하다.

직계혈족은 부모-자녀 사이라든지 할아버지·할머니-손자녀 사이와 같이 수직으로 연결되는 혈연관계를 뜻한다. 혈족이라 하니 언뜻 자연적인 핏줄(자연혈족)만을 의미할 것 같지만 입양에 의해 발생하는 혈족관계를 자연혈족과 구분해서 법정혈족이라 하는데 이와 같은 법정혈족, 즉, 양부모와 양자 및 그 자녀들 사이도 직계혈족관계를 형성하는 것이다. 직계혈족과 구분되는 개념으로 방계혈족이 있는데 방계혈족 중에서는 형제자매가 가족의 범위에 포함된다.

'생계를 같이' 해야 가족

직계혈족의 배우자(사위나 며느리, 계부나 계모), 배우자의 직계혈족(시부모, 장인과 장모, 재혼한 배우자의 전처 또는 전남편 사이의 자녀), 배우자의 형제자매(시숙, 시누이, 처남, 처제, 처형)도 가족의 범위에 포함될 수 있다. 법적으로는 혼인을 매개로 친족관계가 생기는 1촌이나 2촌인 인척관계에 해당하는 사람들이다. 다만, 이러한 경우에는 생계를 같이 해야만 민법상 가족이 될 수 있다.

생계를 같이 한다는 것은 동일한 주소 또는 거소에서 함께 생활한다는 의미이다. 함께 생활한다는 것은 특히 일상생활을 동일한 생활자금으로 하고 있다는 뜻으로 해석되고 있다. 따라서 같은 주소에서 거주한다 하더라도 공간이 구분되어 있고 개별적인 경제활동을 하고 있는 상황이라면 생계를 같이하는 것으로 볼 수 없을 것이다. 다만, 동거는 하지 않더라도 생활공동체적인 관계에 있는 때에는 생계를 같이 하는 경우로 볼 수 있다. 예를 들어, 학교 기숙사에 들어가 살거나 고시원 등 일시적인 거소에 살고 있는 여동생이 언니 부부에게 학비와 생활비를 지원받고 있다면 생계를 같이 하는 경우에 해당할 수 있다. 반대로 결혼한 언니 부부가 그 여동생과 함께 거주하고 있지만 각각 독립적이고 안정된 소득이 있는 상황이라면 이들은 생계를 같이 하는 경우에 해당하지 않는다.

민법상 '가족'의 의미

민법상 가족인지 아닌지 그 자체만으로 특정한 법적 효과를 발생하게 하지는 않는다. 즉, 민법상 가족의 범위에 포함된다고 해서 그 사람들 사이에 어떤 특별한 권리의무가 발생하는 것은 아니다. 친족 사이의 부양의무(민법 974)나 상속권(민법 1000) 등에 대해서는 따로 규정을 두고 있기 때문에 가족의 범위에 관한 민법상 규정이 법률상 큰 의미를 가진다고 보기는 어렵다. 실제로 민법을 개정할 때에 가(家)제도를 폐지하면서 민법상 가족의 범위에 관한 규정도 없애려다가, 가족이 해체되어 가족 사이의 전통적 유대가 소멸되고 사회적인 고립감이 증대되는 현실을 우려하여 상징적 의미로서 남겨 둔 것일 뿐 특별한 법적 효력을 가지도록 하려는 것은 아니었다고 한다. 우리 민법은 친족의 정의와 범위, 권리와 의무 등을 규정하고 있고, 친족의 범위에 가족이 포함될 뿐만 아니라, 가족구성원 사이 실체적 법률관계가 생기는 것도 아니므로 별도로 가족의 범위를 규정할 이유가 없어 보인다. 또한 가족의 형태가 다양해진 현대사회에서 혼인 및 혈연만을 기준으로 가족의 범위를 정하는 것은 바람직하지 못한 측면이 있다.

우리 법체계에서는 가족의 개념이 필요한 다른 법률에서 가족의 범위를 규정한 민법 779조를 준용하는 경우도 있고, 개별법이 가족의 범위를 별도로 정의하고 있는 경우도 있다. 예를 들어, 재난 및 안전관리기본법 21조 3항은 '해외재난국민의 가족 등은 외교부장관에게 해외재난국민의 생사확인 등 안전 여부 확인을 요청할 수 있다. 이 경우 외교부장관은 특별한 사유가 없으면 그 요청에 따라야 한다'고 규정하고 있으며, 같은법 시행령 25조 2항은 '법 제21조 제3항에 따라 안전 여부 확인을 요청할 수 있는 가족의 범위는 민법 제779조에 따른다'고 규정하고 있다. 반면에 국가유공자 등 예우 및 지원에 관한 법률 5조 1항은 그 법에 따라 보상을 받는 국가유공자의 유족이나 가족으로 ① 배우자, ② 자녀, ③ 부모, ④ 성년인 직계비속이 없는 조부모, ⑤ 60세 미만의 직계존속과 성년인 형제자매가 없는 미성년 제매(弟妹)를 규정하고 있다. 여기에서 배우자에는 민법과 달리 사실혼 배우자도 포함하고 있다(5②). 이 밖에도 가족이 관련된 규정을 두고 있는 법률은 셀 수 없이 많고 가족의 개념이나 범위는 법률마다 서로 다르기 때문에 본인이 맞닥뜨린 상황에 맞게 적용되는 법률과 기준이 무엇인지를 그때그때 꼼꼼하게 확인할 필요가 있다.

민법 제779조(가족의 범위)

① 다음의 자는 가족으로 한다.

1. 배우자, 직계혈족 및 형제자매
2. 직계혈족의 배우자, 배우자의 직계혈족 및 배우자의 형제자매

② 제1항 제2호의 경우에는 생계를 같이 하는 경우에 한한다.

17

배우자의 가족도 내 가족

친족은 민법상 가족보다 넓은 개념으로 배우자, 혈족과 인척 세 가지가 있다. 인척은 장모-사위, 시아버지-며느리 등 혼인을 매개로 생기는 친족관계를 말한다. 그리고 민법상 나의 친족은 배우자, 8촌 이내의 혈족과 4촌 이내의 인척이다.

친족과 가족

친족은 가족을 포함해서 통상 친척이라 불리는 사람들을 법률상 부르는 용어라고 생각하면 된다. 민법이 정한 친족의 범위에 가족은 모두 해당하기 때문에 가족이면 모두 친족에 포함되지만 친족이라 하여도 모두 가족인 것은 아니다.

설명한 대로, 가족에 대한 민법규정은 상징적인 의미가 크지만 친족의 경우는 이와 다르다. 일정한 범위 내의 친족 사이에서는 상속권(민법 1000)이 발생하고 친족 사이에는 민법상 부양의무(민법 974)도 발생하기 때문이다.

친족의 법적 의미

친족관계에서 비롯되는 법률상 효과는 사안에 따라 개별적으로 인정되는 경우가 대부분이다. 앞서 설명한 대로, 민법은 친족 사이에 또는 친족이었던 사람 사이에 혼인을 금지하는 규정을 두고 있다. 그런데 위의 규정이 정한 범위 내에 속하는 모든 친족 사이의 혼인이 금지되는 것은 아니다. 예를 들어, 8촌 이내의 혈족 사이의 혼인은 금지되며, 이들 사이의 혼인은 무효의 사유가 된다(민법 809① 및 815b). 인척의 경우에는 6촌 이내의 혈족의 배우자, 배우자의 6촌 이내의 혈족, 배우자의 4촌 이내의 혈족의 배우자인 인척이거나 이러한 인척이었던 자 사이의 혼인이 금지되며, 이들 사이의 혼인은 취소의 사유가 된다(민법 809②, ③ 및 816a). 이처럼 친족의 범위와 금혼의 범위가 같은 것은 아니다. 물론 친족의 범위에 관한 규정이 금혼의 범위를 설정하는 기준으로서 영향을 미쳤을 수 있겠으나 위의 규정을 직접 근거로 해서 혼인이 금지되지는 않는다는 뜻이다.

친족의 범위에 관한 규정을 근거로, 친족에게 획일적으로 권리 의무가 인정되는 경우는 많지 않다. 친권의 상실이나 제한, 실권회복을 위한 청구권 등(민법 924, 924의2, 926)이 아이의 친족에게 인정된다. 이 밖에 후견인 또는 후견감독인의 선임이나 변경에 관한 청구권(민법 932, 936, 940, 940의3, 940의4, 959의5, 959의10), 생계를 같이 하는 기타 친족 사이의 부양의무(민법 974), 상속인 없는 재산에 대한 관리인선임청구권(민법 1053) 등이 민법 777조에 따른 친족에게 일반적으로 인정되는 권리와 의무이다.

인척의 의미

인척은 혼인을 매개로 발생하는 친족관계를 말한다. 혈연관계는 없지만 통상 가족으로 인식되는 사람들로서 혈족의 배우자(며느리나 사위, 언니의 남편, 남동생의 아내, 이모의 남편 등), 배우자의 혈족(남편의 여동생, 시부모나 장인·장모 등), 배우자의 혈족의 배우자(남편 동생의 아내, 아내 여동생의 남편 등)가 포함된다(민법 769). 예를 들어, 남녀가 혼인하기 전까지 예비 며느리와 예비 시부모는 사실 남남인데, 혼인을 하는 순간부터 며느리는 배우자의 혈족인 시부모와 친족관계가 생기는 것이다. 반면에 부부가 이혼하게 되면 인척관계는 당연히 소멸한다. 따라서 전 남편의 가족과는 다시 남남이 되는 것이다. 그런데 인척관계는 혈족관계와는 달리 부부 중 한쪽이 사망하더라도 없어지지 않는다. 남편이 사망하더라도 며느리는 여전히 며느리이고, 아내가 사망하더라도 남편은 처가의 사위라는 신분을 유지한다. 부부 중 한쪽이 사망한 때에는 생존한 배우자가 재혼을 해야 비로소 인척관계가 끝난다(민법 775②).

한편, 제정 민법 당시에는 '혈족의 배우자의 혈족'이 인척에 포함되어 있었지만 1990년 민법 개정으로 '혈족의 배우자의 혈족'은 인척의 범위에서 제외되었다. 예를 들어, 남편의 남동생과 아내의 여동생은 여전히 남남과 다름없다는 것이다. 법률적으로 겹사돈이 허용되는 이유가 여기에 있다. 우리 민법은 가까운 인척과는 혼인을 금지하고 있기 때문에 1990년 민법 개정 전에 겹사돈을 맺는 것은 법률상으로 불가능한 일이었다. 현재에는 형수(혈족의 배우자)의 여동생(혈족)과 결혼하는 문제에 법률상 제약은 없다. 뿐만 아니라, 친오빠·동생처럼 지내왔다 할지라도 새엄마(혈족의 배우자)의 딸(혈족)과 결혼하는 문제도 마찬가지이다.

인척의 촌수

인척의 촌수는 배우자의 그 혈족에 대한 촌수를 따른다. 그러므로 그 인척관계를 발생하게 한 당사자와 혈족 사이의 촌수와 같다. 나와 2촌의 방계혈족인 언니의 남편은 나와 2촌 인척이 된다.

장인·장모는 아내(배우자)의 혈족이고 시부모는 남편(배우자)의 혈족이다. '배우자의 그 혈족에 대한 촌수를 따른다'는 것은 사위의 입장에서 보면 장인·장모와 아내의 촌수가 곧 사위의 촌수가 된다는 의미이다. 장인·장모와 아내는 1촌 혈족이므로 장인·장모와 사위도 1촌 인척이 되는 것이다. 시부모와 며느리의 관계도 이와 같다. 마찬가지로 혈족의 배우자도 그 혈족의 촌수가 곧 인척의 촌수가 된다. 언니와 여동생은 2촌 혈족에 해당하므로 언니의 입장에서 여동생(혈족)의 남편(배우자)은 2촌 인척이 되는 것이다. 아이와 큰어머니는 3촌 인척에 해당한다. 아이와 큰아버지가 3촌 혈족이므로 큰아버지(혈족)의 아내(배우자)인 큰어머니와도 3촌 인척이 되는 것이다. 어느 경우든 인척 사이의 촌수에서 중요한 것은 혈족 사이의 촌수이다. 혈족 사이의 촌수가 곧 인척 사이의 촌수를 결정하기 때문이다.

민법 제767조(친족의 정의)

배우자, 혈족 및 인척을 친족으로 한다.

민법 제771조(인척의 촌수의 계산)

인척은 배우자의 혈족에 대하여는 배우자의 그 혈족에 대한 촌수에 따르고, 혈족의 배우자에 대하여는 그 혈족에 대한 촌수에 따른다.

민법 제777조(친족의 범위)

친족관계로 인한 법률상 효력은 이 법 또는 다른 법률에 특별한 규정이 없는 한 다음 각호에 해당하는 자에 미친다.

1. 8촌 이내의 혈족
2. 4촌 이내의 인척
3. 배우자

판례탐구

직계인척 사이 부양의무

민법 974조에 따르면 직계혈족 및 그 배우자 사이, 그리고 생계를 같이 하는 경우에 한해 기타 친족 사이에 부양의무가 발생한다. 따라서 혼인을 하면 배우자뿐만 아니라, 그 직계혈족 또는 인척에 대한 부양의무도 부담해야 하는 것이다. 이 가운데 특히 논란이 되는 것은 계모 또는 계부와 자녀 사이 부양의무에 관한 문제이다.

계모 A가 남편과 전 아내 사이의 자녀인 B에게 부양료를 청구할 수 있을까? 결론적으로 A가 B에게 부양료를 청구하기 위해서는 A가 B의 친아버지와 부부공동생활을 하거나 적어도 그 친아버지가 생존해 있어야 하고, 친아버지가 사망한 경우에는 B와 생계를 같이 하는 경우에 한해 B에게 부양료를 청구할 수 있다. 이 문제를 [서울 2007브28] 판결을 통해 자세히 살펴보자.

계모 또는 계부(직계혈족의 배우자)와 자녀 사이 부양의무

민법 974조에 의하면 계모 또는 계부와 자녀 사이에도 직계혈족 및 그 배우자 사이로서 부양의무가 존재한다. 민법이 직계혈족의 배우자와의 관계에 있어서도 직계혈족과 마찬가지로 기타 친족에 비해 보다 넓은 범위에서 부양의무를 인정하는 것은 직계혈족의 배우자의 경우 직계혈족과 부부공동생활을 한다는 점에 기인한 것이다(예를 들어, 자녀인 C는 그 친모인 A에 대해 부양의무가 있다. 그런데 A가 B와 재혼한 때에는 이들은 부부공동생활을 하게 되므로 직계혈족인 A에 대한 부양의무만을 인정하는 것은 무의미하기 때문이다). 따라서 민법 974조 1호에 규정된 직계혈족의 배우자는 직계혈족과 부부공동생활을 하는 배우자로 제한하여 해석해야 한다. 설령 민법 974조 1호를 위와 같이 제한적으로 해석할 수 없다고 하더라도 적어도 직계혈족이 사망한 경우 그 직계혈족의 생존배우자와의 관계는 민법 974조 1호에 해당한다고 볼 수 없다. 왜냐하면 민법 974조 1호는 '직계혈족 및 그 배우자 사이'라고 규정하고 있으므로 배우자관계는 혼인의 성립에 의해 발생하며, 당사자 한쪽의 사망 또는 혼인의 무효·취소, 이혼으로 인해 소멸하는 것이므로 직계혈족이 사망함으로써 직계혈족과의 배우자관계는 소멸하기 때문이다.

인척관계를 발생하게 한 당사자의 사망과 부양의무의 전환

부부의 한쪽이 사망하더라도 인척관계가 바로 끝나는 것이 아니라 생존 배우자가 재혼하는 경우에 종료한다(민법 775①). 따라서 배우자가 사망하더라도 그 배우자의 직계혈족과의 친족관계는 그대로 유지된다. 그런데 이때의 부양의무는 직계혈족의 배우자의 지위로부터 발생하는 부양의무가 아니라, 민법 974조 3호에 따른 생계를 같이 하는 경우에 한해 인정되는 부양의무로 전환되는 것이다.

민법은 '직계혈족 및 직계인척 사이'라고 규정하지 않고 '직계혈족 및 그 배우자 사이'라고 규정함으로써 직계혈족의 배우자와의 관계에 있어, 직계혈족이 생존해 있다면 부양의무자와 부양권리자가 생계를 같이 하는지와 관계없이 부양의무를 인정한다. 그러나 직계혈족이 사망하면 부양의무자와 부양권리자가 생계를 같이 하는 경우에 한해서만 부양의무를 인정하며, 생존배우자가 재혼함으로써 인척관계가 종료하면 부양의무를 부담시키지 않는 것이다.

민법 제974조(부양의무)

다음 각호의 친족은 서로 부양의 의무가 있다.

1. 직계혈족 및 그 배우자간
2. 삭제 〈1990.1.13.〉
3. 기타 친족간(생계를 같이 하는 경우에 한한다.)

18

동거의무

부부는 동거하여야 하는 것이 원칙이다. 이는 도의적 의무가 아니라 법적인 의무이다.

민법상 동거의무

특별한 사정이 없는 한 부부는 동거하여야 한다. 혼인은 부부의 정신적·육체적·경제적 및 사회적 결합이고, 동거의무는 혼인의 본질상 요건이다. 그러므로 당사자가 원하는 경우라도 무기한적인 별거합의는 무효로 보아야 한다. 다만, 부부가 상대방을 폭행하거나 학대하는 경우, 이혼소송을 제기한 경우나 부정한 행위를 하고 있는 경우까지 동거의무가 있는 것은 아니며, 이 밖의 정당한 이유로 일시적으로 동거하지 않는 경우에는 서로 받아들여야 한다(민법 826①).

일시적으로 동거하지 않아도 되는 정당한 사유로는 어떤 것이 있을까? 판례에 나타난 것으로는, 배우자의 해외유학 또는 해외근무와 같은 직업상 필요, 정신병·악질 등 정신적·육체적인 일시적

장애, 자녀교육상 필요, 그 밖에 일시적으로 별거하는 것이 합리적인 부부공동생활을 위해 바람직한 경우나 성격불화로 인해 냉각기가 필요한 경우 등이 정당한 이유로 인정되고 있다. 반면에 다른 가족과의 불화를 이유로 동거를 거절하는 것은 정당한 이유로 인정되지 않는다. 이에 대해서는 다음에서 실제 사례를 통해 살펴본다.

남편이 전처와 사별 후 재혼하였다가 이혼한 후, 이혼하였던 처와 다시 혼인을 하였는데, 남편은 당시 이미 65세가 넘은 노인으로서 이혼 후 전처소생의 장남 가족과 함께 생활해 왔고 처에게 자신의 주소에서 동거하자고 요구하고 있었다. 이들 부부의 나이 및 가족관계 등과 다시 혼인을 할 당시 시행되던 민법 826조 2항(1990. 1. 13. 법률 제4199호로 개정되기 전의 것)과, 노부부를 자식이 모시고 봉양하는 것이 우리나라의 전통적인 미풍양속인 점 등을 종합하여 참작하면, 이는 동거청구권의 남용에 해당하지 않는다고 본 판례가 있다(대법 91므245). 즉, 처가 부의 동거요구를 거절할 수 있는 정당한 이유가 있었다고 보지 않는 것이다.

동거는 어디에서

동거의 장소는 부부의 협의로 정하고 부부의 협의가 이루어지지 않는 경우에는 당사자의 청구에 의해 가정법원이 정한다(민법 826②). 부부의 동거장소에 대해 민법은 1990. 1. 13. 개정되기 전까지는 826조 2항에서 '부부의 동거는 부(夫)의 주소나 거소에서 한다. 그러나 제3항 단서의 경우에는 처의 주소나 거소에서 한다'라고 규정하고 있었다. 그 당시만 해도 가정생활이 남편 중심이었고, 아내의 입장에서는 이른바 시집살이를 하는 것이 일반적이었던 현실을 감안한 규정이었다. 그러한 민법의 태도가 1990년 호주제도의 폐지와 함께 부부평등(남녀평등)을 구현하는 방향으로 바뀌게 된 것이다.

동거장소에 대해 부부의 협의가 이루어지지 않는 때에 할 수 있는 동거청구는 가사소송법 2조 1항의 마류 가사비송사건으로서 이른바 '조정 전치주의(가사 50)'의 적용대상이며, 조정이 성립하지 않은 때에는 심판으로 진행된다. 심판을 맡은 가정법원(가사사건의 관할에 대해 일부 법조항에서는 아직도 가정법원이라고 하지 않고 '법원'이라고만 하지만 가사소송법의 규정으로 볼 때 가정법원으로 해석해야 하는 경우가 있다)은 이혼의사의 유무, 혼인 파탄의 원인과 정도, 동거명령을 할 경우 이행가능성, 부부와 자녀의 관계 등 모든 사정을 종합적으로 고려하여 동거의 장소와 시기, 동거의 구체적인 모습 등을 결정하게 된다. 이 동거에 관한 심판은 동거의무의 존재를 전제로 하여 동거장소, 동거의무의 구체적인 내용을 정하는 형성처분[9]이다.

동거의무의 강제

배우자가 동거의무를 이행하지 않으면 법원에 동거에 관한 심판을 청구할 수 있고(가사 2①b나류1), 악의(惡意)를 가지고 상대방을 유기(遺棄)하였다는 이유로 이혼을 청구할 수도 있다(민법 840b).

그런데 동거의무자가 가정법원의 처분에 응하지 않더라도 동거의무의 성질로 볼 때 직접강제는 물론 간접강제도 할 수 없다. 다만,

동거명령을 위반하여 계속 별거할 경우 재판상 이혼사유의 하나인 악의의 유기(민법 840b)에 해당되면 이혼청구를 당할 수 있다. 또한 부부의 한쪽이 정당한 이유 없이 동거를 거부함으로써 자신의 협력의무를 스스로 저버리고 있다면, 상대방의 동거청구가 권리의 남용에 해당하는 등의 특별한 사정이 없는 한, 상대방에게 부양료의 지급을 청구할 수 없다(대법 91므245). 즉, 동거의무를 이행하지 않는 배우자는 상대방에 대해 부양의무의 이행을 청구할 수 없는 것이다.

〈직접강제와 간접강제〉

직접강제는 민법상 강제이행의 방법으로서 집행기관이 하는 집행행위에 의해 직접(채무자 또는 제3자의 행위에 의하지 않고) 채권의 만족을 얻게 하는 것을 말한다. 예를 들어, 금전채무나 물건의 인도채무 등에 대해 집행기관이 직접 채권의 만족을 얻게 하는 것이다.

간접강제는 임의로 채무를 이행하지 않는 자에 대해 법원이 일정기간 내에 채무를 이행하지 않으면 손해배상을 과할 것을 명령하여 채무자를 심리적으로 강제함으로써 채무를 이행하게 하는 방법이다. 타인이 대신해서 할 수 없는 의무(비대체적 작위의무=다른 사람이 대신할 수 없는 적극적인 의무)에 대해 인정된다. 채무자가 스스로 이행하지 않는 경우 법원이 채권자의 신청에 따라 상당한 기간을 정해 그 기간 내에 이행하지 않는 때에는 그 지연기간에 따라 일정한 배상을 명함으로써 간접적으로 강제하는 것이다.

동거의무와 손해배상

부부 사이에 동거의무가 있지만 그 이행을 강제하기는 어렵다. 그러나 부부 사이의 동거의무도 엄연히 법적인 의무이므로 이를 위반하면 제재할 수 있어야 한다. 동거의무의 위반은 이혼사유가 될 수 있지만 상대방과 이혼하지 않더라도 동거의무의 불이행을 이유로 손해배상을 청구할 수도 있다(대법 2009다32454). 그 이유는 다음과 같다.

'서로 협력할 법적 의무의 본질적 부분을 상대방이 유책하게 위반하였다면, 부부의 한쪽은 바로 그 의무의 불이행을 들어 그로 인해 통상 발생하는 비재산적 손해의 배상을 청구할 수 있고, 이혼의 청구가 전제되어야 할 필요는 없다. 비록 부부의 동거의무는 그 실현에 관해 강제집행을 해서는 안 되고, 손해배상이 현실적으로 동거의 강제로 이끄는 측면이 있다 하더라도, 동거의무 위반에 대한 손해배상까지 금지되는 것은 아니다. 또한 부부의 동거의무 위반에 대한 제재의 내용을 혼인관계의 소멸이라는 과격한 효과를 가지는 이혼에 한정하는 것은 오늘날 복잡해진 부부관계의 양상에 언제나 적절한 것도 아니며, 1회적인 위자료의 지급을 명하는 것이 인격을 해친다거나 부부관계의 본질상 허용되지 않는 것도 아니기 때문이다'

19

부양의무

부부는 서로 부양하여야 한다. 부양의무는 부부라는 공동체를 재산적인 면에서 규정한 것으로 부부는 서로 상대방에 대해 상대방과 동일한 수준의 생활(제1차적 부양)을 보장해 달라고 요구할 수 있다.

부부 사이 부양의무

민법 826조의 부부 사이의 부양은 부부가 서로 자기의 생활을 유지하는 것과 같은 수준으로 상대방의 생활을 유지시켜 주는 것을 의미한다. 이러한 부양의무를 이행하여 자녀의 양육을 포함하는 공동생활로서의 혼인생활을 유지하기 위해서는 부부 사이에 생활비용의 분담이 필요한데, 833조에서 그 기준을 정하고 있다.

부양의무는 부부공동생활에 있어서 필수불가결적인 것이다. 그러므로 부양의무를 면제한다는 계약은 무효이다. 정당한 이유 없이 상대방이 부양을 거절한 경우에는 가정법원에 부양청구심판을 청구할 수 있다(가사 2①b마류1). 그리고 부양의무의 위반이 재판상 이혼사유인 악의의 유기로 인정되면 이혼청구의 사유로도 될 수 있다(민법 840b).

〈제1차적 부양의무와 제2차적 부양의무〉

- 제1차적 부양=생활유지적 부양의무. 빵 한 조각이라도 나눠 먹어야 한다는 정도의 부양으로서 부부 사이(민법 826①), 미성년 자녀에 대한 부모의 부양의무(민법 913)가 여기에 해당한다.
- 제2차적 부양=생활부조적 부양의무(민법 974). 요부양자의 부양의 필요성과 부양의무자의 부양의 가능성(경제력)을 요건으로 하여 부양의무 유무를 판단한다. 즉, 내가 먹을 빵을 확보하고 남는 것이 있을 때 나눠 주어야 한다는 정도의 부양이다. 성년인 자녀의 부모에 대한 부양의무, 생계를 같이 하는 기타 친족 사이의 부양의무가 여기에 해당한다.

Q 별거중인 배우자에게 경제력이 있는 경우에도 다른 배우자가 별거기간 동안의 부양료를 지급해야 합니까?

A 별거한다고 해서 부부 사이의 부양의무가 없어지는 것은 아닙니다. 그러므로 생활비용의 부담자는 상대방 배우자에 대해 생활에 필요한 비용을 주어야 합니다. 그러나 한쪽이 자력과 수입이 있어서 생활에 필요한 비용의 조달이 가능한 경우에는 다른 한쪽이 생활에 필요한 비용을 지급할 의무가 없다고 본 사례가 있습니다(서울 2005드합6952, 2006드합7891).

Q 별거중인 상황에서 상대방이 미성년 자녀를 양육하고 있습니다. 이 경우에 자녀뿐만 아니라 별거하는 배우자도 부양해야 합니까?

A 부부는 동거하며 서로 부양하고 협조할 의무가 있다는 것은 부부가 동일한 장소에서 서로 협력하여 미성년 자녀를 양육하는 등의 가정공동생활을 하면서 자기 생활을 유지하는 것과 동일한 수준으로 상대방의 생활을 유지해 주는 것을 의미합니다. 그러므로 부부는 가정공동생활에 필요한 비용을 공동으로 부담할 의무가 있다는 이유로 상대방에 대해 별거의 해소 또는 그 혼인관계의 종료 때까지 상대방의 생활과 동일한 수준으로 생활을 유지할 수 있는 부양료를 청구할 수 있습니다(서울 99드단38784·76311. 대법 86므28, 대법 91므177·184, 대법 96므998, 대법 97므155, 대법 98므15·22, 대법 99므1213 등 참조).

부양의무의 강제

부양이 필요한데도 배우자가 부양의무를 이행하지 않으면 법원에 부양에 관한 심판을 청구하거나(가사 2①b마류7), 악의로 상대방을 유기했다는 이유로 이혼을 청구할 수도 있다(민법 840b). 또한 부양의무는 재산적인 내용이므로 동거의무나 협조의무와는 달리 부양의무의 이행을 청구할 수도 있고 강제집행을 할 수도 있다(가사 64 참조).

Q 부양의무자는 요부양자로부터 부양의무의 이행을 청구받기 이전의 부양료도 지급해야 합니까?

A 민법 826조 1항에 규정된 부부 사이의 상호부양의무는 부부의 한쪽에게 부양을 받을 필요가 생겼을 때 당연히 발생하는 것입니다. 그렇지만 과거의 부양료는 특별한 사정이 없는 한, 부양의무자가 부양의무를 이행하지 않음으로써 이행지체에 빠진 이후의 것에 대해서만 청구할 수 있을 뿐이고, 부양의무자가 부양의무의 이행을 청구받기 이전의 것은 청구할 수 없다고 보는 것이 부양의무의 성질이나 형평의 관념에 합치되는 것입니다. 그러므로 부양료지급을 청구받기 이전의 부양료는 지급하지 않아도 됩니다(대법 2014스26).

공동생활비용의 부담

부부의 공동생활에 필요한 비용은 특약이 있으면 특약의 내용대로 하고, 특약이 없으면 부부가 공동으로 부담한다(민법 833). 민법은 1990. 1. 13. 개정 전까지는 '부부의 공동생활에 필요한 비용의 부담은 당사자 사이에 특별한 약정이 없으면 부(夫)가 이를 부담한다' 고 규정하고 있었다. 그 당시에는 경제활동을 하는 사람이 주로 남편이었으므로 주로 남편이 생활비용을 댈 수 있는 능력이 있을 것이라고 보았기 때문이다. 오늘날에도 특히 자녀가 있는 부부의 경우에는 한쪽이 가사노동을 전담하는 경우가 많다. 그 덕분에 다른 한쪽이 경제활동을 할 수 있는 것이므로 가사노동 역시 공동생활비를 부담하는 방식의 하나에 포함되는 것으로 해석되고 있다.

민법 826조 1항은 부부 사이의 부양의무의 근거를, 833조는 위 부양의무 이행의 구체적인 기준을 제시한 조항이다. 가사소송법도 2조 1항 2호 가사비송사건 마류사건 1호로 '민법 제826조 및 제833조에 따른 부부의 동거·부양·협조 또는 생활비용의 부담에 관한 처분'을 두어 위 826조에 따른 처분과 833조에 따른 처분을 같은 심판사항으로 규정하고 있다. 따라서 833조에 의한 생활비용청구는 826조와 관계된 청구원인에 기한 청구로 본다(대법 2014스26).

부양의무와 동거의무의 관계

배우자가 정당한 이유 없이 자신의 동거의무의 이행을 거부하면서 상대방에게 부양을 청구하는 경우에도 상대방은 부양의무를 이행해야 하는가. 민법 826조 1항이 규정하고 있는 부부 사이의 동거·부양·협조의무는 정상적이고 원만한 부부관계의 유지를 위한 광범위한 협력의무를 구체적으로 표현한 것으로서 서로 독립된 별개의 의무가 아니다. 부부의 한쪽이 정당한 이유 없이 동거를 거부함으로써 자신의 협력의무를 스스로 저버리고 있다면, 상대방의 동거청구가 권리의 남용에 해당하는 등의 특별한 사정이 없는 한, 상대방에게 부양료의 지급을 청구할 수 없다(대법 91므245).

20

협조의무

부부는 서로 협조하여야 한다. 협조의무는 부부라는 공동체를 인격적인 면에서 규정한 것으로서 이념적 색채가 강한 의무이며, 부부관계를 원만하게 유지하기 위한 필수불가결의 요소이다.

한마음 한뜻으로

협조의무 역시 배우자 사이에 지켜져야 할 법적 의무의 하나이므로 상대방이 협조의무를 이행하지 않을 경우에는 가정법원에 이행을 청구할 수 있어야 한다. 그런데 협조의 구체적인 내용이나 모습은 부부에 따라 다를 수밖에 없다. 현실적으로 어떤 특정한 행위를 청구하는 것이 쉽지 않고, 법적으로 강제(직접강제든 간접강제든)하는 것도 불가능하다.

이 협조의무는 동거의무와 마찬가지로 직접강제는 물론 간접강제도 할 수 없다. 다만, 의무이행의 가능성이 높지 않고, 협조가 계속 되지 않을 때에는 재판상 이혼사유인 '혼인을 계속하기 어려운 중대한 사유'에 해당되어 이혼청구를 당할 수 있다(민법 840).

실제 사례를 보면, A와 B는 법률상 부부로서 2명의 자녀를 두었는데, A가 집을 나가 C와 동거하며 그 사이에 또 2명의 자녀를 두었다. 그리고 B와는 생활비 등 금전 지급을 위한 경우를 제외하고는 서로 별다른 연락이 없이 지내다가, A가 B를 상대로 이혼을 청구하고, B는 A를 상대로 예비적 반소로 재산분할 등을 청구한 경우이다. 이 사안에 대해 법원은 A와 B의 혼인에는 민법 840조 6호의 이혼원인이 존재하고, 별거 이후에 A 명의로 취득한 재산도 재산분할의 대상이 된다고 보았다(서고 2015르717, 724).

Q 병든 배우자를 제대로 간호하지 않은 경우 협조의무 위반이나 악의의 유기로 될 수 있습니까?

A 병상에 누워있는 식물인간 상태의 남편을 내버려 둔 채 친정으로 돌아가 버린 뒤 다른 남자와 간통을 한 행위는 이혼사유가 된다고 보았습니다(대법 2009므3652).

아내를 강간하다

성생활에 관해서도 부부는 당연히 협조해야 한다. 그런데 성생활에 관한 협조의무가 한쪽이 원한다고 하여 상대방의 의사와 관계없이 언제든지 성관계를 할 수 있다는 의미는 아니다.

그렇다면 부부 사이에도 강간죄가 성립될 수 있을까? 혼인관계가 실질적으로 유지되고 있더라도 남편이 반항을 불가능하게 하거나 현저히 곤란하게 할 정도의 폭행이나 협박을 가해서 아내를 간음한 경우에는 강간죄가 될 수 있다. 이에 대해 [대법 2012도14788 전합] 판결을 통해 살펴보자.

다수의견: 법률상 아내도 강간죄의 객체가 된다

강간죄를 규정하고 있는 현행 형법 297조는 2012. 12. 18.에 개정된 것이다. 개정되기 전 형법 297조는 '부녀를 강간한 자는 처벌한다'고 규정하고 있었는데, '부녀'란 성년이든 미성년이든, 기혼이든 미혼이든 불문하며 곧 여성을 가리키는 것으로 해석되었다. 즉, 형법 조문의 해석상으로는 법률상 아내가 강간죄의 객체에 포함된다고 새기는 것에 아무런 제한이 없다.

강간죄의 보호법익은 현재 또는 장래의 배우자인 남성을 전제로 한 관념으로 인식될 수 있는 '여성의 정조' 또는 '성적 순결'이 아니라, 자유롭고 독립된 개인으로서 여성이 가지는 성적 자기결정권이라 할 것이다. 그러므로 부부 사이에 민법상 동거의무가 인정된다고 하더라도 거기에 폭행, 협박에 의해 강요된 성관계까지 참아야 할 의무가 내포되어 있다고 할 수는 없다. 혼인이 개인의 성적 자기결정권에 대한 포기를 의미한다고 할 수도 없고, 성적으로 억압된 삶을 인내하는 과정일 수도 없기 때문이다.

결론적으로, 강간죄의 객체인 '부녀'에는 법률상 아내도 포함되고, 혼인관계가 실질적으로 유지되고 있는 경우에도 남편이 반항을 불가능하게 하거나 현저히 곤란하게 할 정도의 폭행이나 협박을 가해서 아내를 간음한 경우에는 강간죄가 성립한다고 보아야 한다. 다만, 남편의 아내에 대한 폭행 또는 협박이 피해자의 반항을 불가능하게 하거나 현저히 곤란하게 할 정도에 이른 것인지 여부는, 부부 사이의 성생활에 대한 국가의 개입은 가정의 유지라는 관점에서 최대한 자제하여야 한다는 전제에서, 그 폭행 또는 협박의 내용과 정도가 아내의 성적 자기결정권을 본질적으로 침해하는 정도에 이른 것인지 여부, 남편이 유형력을 행사하게 된 경위, 혼인생활의 형태와 부부의 평소 성행, 성교 당시와 그 후의 상황 등 모든 사정을 종합해 신중하게 판단할 필요가 있다.

21

정조의무

혼인한 사람은 그 배우자에 대해 정조를 지킬 의무가 있다.

부부 사이 정조의무의 내용

우리 민법은 부부의 정조의무에 대해 분명하게 규정하고 있지는 않다(민법 826① 참조). 그러나 부정한 행위를 재판상 이혼사유(민법 840a)로 규정하고 있는 것에 비추어 볼 때 '전혀 없다'고 보기도 어렵다. 다만, 정조의무를 넓은 의미의 협조의무로 볼 수도 있다.

정조의무가 명시적인 법적 의무는 아니라고 하더라도 위반한 때에는, 비록 간통죄가 위헌으로 결정되어 폐지(2015. 1. 6. 형법에서 삭제함)되었지만, 그 위반이 재판상 이혼원인으로 인정된다면 위자료를 청구할 수 있다. 이때 부정행위를 한 배우자의 상대방은 다른 배우자의 부부로서의 권리를 침해한 불법행위자로서 불법행위책임을 지게 된다. 제3자도 타인의 부부공동생활에 개입하여 부부공동생활의 파탄을 초래하는 등 그 혼인의 본질에 해당하는 부부공동생활을 방해해서는 안 된다. 따라서 제3자가 부부의 한쪽과 부정행위를 함으로써 혼인의 본질에 해당하는 부부공동생활을 침해하거나 유지를 방해하고 그에 대한 배우자로서의 권리를 침해하여 배우자에게 정신적 고통을 가하는 행위는 원칙적으로 불법행위를 구성한다(대법 2013므2441). 여기에서 부부의 일방과 제3자가 부담하는 불법행위책임은 공동불법행위책임으로서 이른바 부진정연대채무관계에 있다. 이처럼 상간남 또는 상간녀가 형사처벌을 받지는 않지만 민사상 손해배상책임마저 피할 수 있는 것은 아니다. 따라서 상대방이 배우자가 있다는 사실을 알면서도 수시로 연락하며 애정표현을 하고 성관계를 갖는 등의 부정행위를 했다면 이는 다른 사람의 혼인관계를 침해하거나 그 유지를 방해한 것이므로 위자료를 지급해야 한다(서중 2016가단5072798, 5231719).

정조의무 위반의 예외

혼인 당사자가 더 이상 혼인관계를 지속할 의사가 없고 이혼에 관해 양쪽의 의사가 명백하게 합치된 경우에는 비록 법률상 혼인관계가 아직 존속한다 하더라도 정조의무를 다할 필요가 없다. 즉, 이혼의 합의에 이른 후 혼인이 해소되기 전인 경우에는 정조의무가 없다고 보아야 한다. 부부 사이에 이혼의 합의가 성립했다면 그 합의 내용에는 합의 이후에 다른 이성과 정교를 맺어도 된다는 의사표시가 포함되어 있다고 보기 때문이다(대법 71도2259, 대법 77도2701).

Q 부부가 아직 이혼하지는 않았지만 실질적으로 부부공동생활이 파탄되어 회복할 수 없을 정도의 상태에 이른 경우에도, 부부 사이의 정조의무가 있는 겁니까?

A 그렇지 않습니다. 부부가 장기간 별거하는 등의 사유로 실질적으로 부부공동생활이 파탄되어 실체가 더 이상 존재하지 않게 되고 객관적으로 회복할 수 없는 정도에 이른 때에는 혼인의 본질에 해당하는 부부공동생활이 유지되고 있다고 볼 수 없습니다. 민법은 840조 6호에서 '혼인을 계속하기 어려운 중대한 사유가 있을 때'를 이혼사유로 삼고 있고, 그러므로 부부 사이의 애정과 신뢰가 바탕이 되어야 할 혼인의 본질에 해당하는 부부공동생활관계가 회복할 수 없을 정도로 파탄되고 혼인생활의 계속을 강제하는 것이 일방 배우자에게 참을 수 없는 고통이 되는 경우에는 재판상 이혼사유에 해당하는 것입니다.

따라서 비록 부부가 아직 이혼하지 않았지만 실질적으로 부부공동생활이 파탄되어 회복할 수 없을 정도의 상태에 이르렀다면, 제3자가 부부의 한쪽과 성적인 행위를 하더라도 이를 부부공동생활을 침해하거나 유지를 방해하는 행위라고 할 수 없습니다. 또한 그로 인해 배우자의 부부공동생활에 관한 권리가 침해되는 손해가 생긴다고 할 수도 없으므로 불법행위가 성립한다고 보기 어렵습니다. 이러한 법률관계는 재판상 이혼청구가 계속중에 있다거나 재판상 이혼이 청구되지 않은 상태라고 하더라도 마찬가지입니다(대법 2011므2997 전합의 다수의견. 대법 2010므1140 참조).

상간자는 더 이상 처벌받지 않는다

배우자 있는 자의 간통행위 및 그와의 상간행위를 2년 이하의 징역에 처하도록 규정한 형법 241조는 개인의 성적 자기결정권 및 사생활의 비밀과 자유를 침해하여 헌법에 위반된다는 이유로 2016. 1. 6. 형법 개정에서 삭제되었다. 이 내용을 [헌재 2009헌바17 등] 결정을 통해 탐색해 보자. 다만, 간통죄가 폐지된 지 상당한 시간이 흘렀으므로 다수의견만 간단히 소개한다.

위헌의견(다수): 성적 자기결정권 및 사생활의 자유 침해

사회 구조 및 결혼과 성에 관한 국민의 의식이 변화되고, 성적 자기결정권을 보다 중요시하는 인식이 확산됨에 따라 간통행위를 형벌로 다스리는 것에 대해 더 이상 국민의 인식이 일치한다고 보기 어렵고, 전세계적으로도 간통죄는 폐지되고 있다.

또한 간통죄의 보호법익인 혼인과 가정의 유지는 당사자의 자유로운 의지와 애정에 맡겨야지, 형벌을 통하여 타율적으로 강제될 수 없는 것이며, 현재 간통으로 처벌되는 비율이 매우 낮고, 간통행위에 대한 사회적 비난 역시 상당한 수준으로 낮아져 간통죄는 행위규제규범으로서 기능을 잃어가고, 형사정책상 일반예방 및 특별예방의 효과를 거두기도 어렵게 되었다. 부부 사이 정조의무 및 여성 배우자 보호는 간통한 배우자를 상대로 한 재판상 이혼청구, 손해배상청구 등 민사상의 제도에 의해 보다 효과적으로 달성될 수 있고, 오히려 간통죄가 유책의 정도가 훨씬 큰 배우자의 이혼수단으로 이용되거나 일시 탈선한 가정주부 등을 공갈하는 수단으로 악용되고 있기도 하다.

결국 심판대상조항은 과잉금지원칙에 위배하여 국민의 성적 자기결정권 및 사생활의 비밀과 자유를 침해하는 것으로서 헌법에 위반된다.

22

일상가사대리권

부부가 공동생활을 하는데 필요한 일상적인 법률행위는 서로가 대신 처리할 수 있다.

일상가사대리권의 의의

우리 민법에 의하면 혼인한 부부는 일상의 가사에 관해서 서로 대리권이 있다. 이것은 부부평등의 원칙에 입각하여 일상가사에 대해 부부 모두에게 상호 대리권을 인정하자는 취지로, 법률혼 부부뿐만이 아니라 사실혼 부부에게도 적용된다(대법 80다2077). 부부가 일상가사대리권에 대해 제한을 두더라도 선의의 제3자(제한을 두었는지를 알지 못하는 상대방)에게 대항할 수 없다. 또한 부부의 한쪽이 제3자와 일상가사에 관한 법률행위를 한 때에는 다른 쪽은 이로 인한 채무에 대해 연대책임이 있고(민법 832 본문), 이 연대책임은 부부가 동거를 하고 있든 동거를 하지 않고 있든 부담해야 하는 것이다. 다만, 이혼을 전제로 해서 부부가 별거중인 때에는 예외로 본다. 이러한 연대책임은 이미 존재하는 구체적인 책임이기 때문에 혼인이 해소된 후에도 없어지지 않는다. 그러나 이미 제3자에 대해 다른 쪽의 책임이 없다는 것을 명시한 때에는 연대책임을 지지 않아도 된다(민법 832 단서).

일상가사의 의미와 판단기준

일상의 가사에 관한 법률행위란 부부의 공동생활에 필요한 통상의 사무에 관한 법률행위를 말한다. 그러나 일상가사에 관한 법률행위가 법적으로 정해져 있는 것은 아니기 때문에 어떤 행위가 일상가사에 관한 법률행위인지는 각각의 사건별로 판단할 수밖에 없다. 그 구체적인 범위는 부부공동체의 사회적 지위·직업·재산·수입 능력 등 현실적 생활 상태뿐만 아니라 그 부부의 생활 장소인 지역 사회의 관습 등에 의해 정해진다. 뿐만 아니라, 그 법률행위를 한 부부공동체의 내부 사정이나 그 행위의 개별적인 목적만을 중시할 것이 아니라, 그 법률행위의 객관적인 종류나 성질 등도 충분히 고려해서 판단해야 한다(대법 97다31229).

일상가사 범위 내의 법률행위

일반적으로 공동생활에 필요한 쌀·소금 등의 식품이나 연료·옷을 구입하는 행위, 가옥의 임차, 집세 등의 지급, 세금의 납부, 자녀 교육비용을 지급하는 일은 일상가사에 속하는 법률행위로 보았다. 일상가사 범위 내의 법률행위가 무엇인지 판례를 통해 구체적으로 살펴보면 다음과 같다.

금전차용행위라도 금액, 차용 목적, 실제의 지출용도, 기타의 사정 등을 고려하여 부부의 공동생활에 필요한 자금조달을 목적으로 하는 것이라면 일상가사에 속한다고 볼 수 있다. 따라서 부부공동체 유지에 필수적인 주거 공간을 마련하기 위한 경우라면 일상가사에 속하는 것으로 볼 여지가 있다. 예를 들어, 아내가 남편 명의로 분양받은 45평형 아파트의 분양금을 납입하기 위해 돈을 빌려 분양금을 납입하였고, 그 아파트가 남편의 유일한 부동산으로서 가족들이 거주하고 있다면, 아내가 돈을 빌린 행위는 일상가사에 해당한다(대법 98다46877). 반면에, 주거 공간을 마련하기 위한 것이라도 그 주택 및 아파트의 매매대금이 거액에 이르는 대규모의 주택이나 아파트라면 그 구입은 일상가사에 속하는 것이라고 보기 어렵다(대법 97다31229).

또한 교회에의 건축 헌금, 가게의 인수대금, 장남의 교회 및 주택임대차보증금의 보조금, 거액의 대출금에 대한 이자 지급 등의 명목으로 돈을 빌린 행위는 일상가사에 속하지 않는다(대법 97다31229). 이 밖에 아내가 부담한 계금채무는 혼인공동체의 통상의 사무에 포함되는 일상가사로 인한 채무라기보다 아내 자신의 사업상 필요에 의한 채무에 해당한다(대법 2000다8267). 결론적으로, 일상적인 생활비로서 객관적으로 타당하다고 여기는 범위를 초과한 법률행위는 일상가사에 속하는 법률행위로 보지 않는다.

Q 중고자동차를 사는 것이 일상가사에 해당되겠습니까?

A 일률적으로 판단하기는 어렵고, 그 부부의 재산상황, 거주상황 등 실제 생활관계를 종합적으로 검토하여 판단할 문제입니다. 즉, 어떤 부부에게는 1천만 원짜리 중고자동차를 사는 것이 일상적인 것일 수도 있지만, 어떤 부부에게는 자동차라는 사실만으로도 매우 고가의 물건으로 느껴질 수도 있기 때문입니다.

사실혼 부부의 일상가사대리권

제3자의 입장에서는 상대방이 법률혼 부부인지 사실혼 부부인지를 알기가 쉽지 않다. 그러므로 사실상 부부관계를 맺고 실질적인 가정을 이루면서 대외적으로도 부부로 행세해 왔다면 그들 사이에도 일상가사에 관한 상호대리권이 있다고 본다(대법 80다2077).

민법 제827조(부부간의 가사대리권)

① 부부는 일상의 가사에 관하여 서로 대리권이 있다.

② 전항의 대리권에 가한 제한은 선의의 제삼자에게 대항하지 못한다.

한수 더!

일상가사대리권과 표현대리

부부 일방(대리인)이 상대방 배우자(본인)의 명의로 일상가사의 범위를 넘는 법률행위를 한 경우에도 본인에게 책임이 있을까.

대리와 표현대리

민법상 대리는 본인이 수여한 대리권에 기초하여 대리인이 수행한 법률행위의 효과(권리와 의무)를 본인에게 직접 귀속시키는 것으로, 대리권 없이 행해진 대리행위에 대해서는 본인에게 책임을 물을 수 없는 것이 원칙이다(민법 130). 그런데 예외적으로 법률행위의 상대방이 무권대리인과 본인 사이에 대리관계가 존재하는 것으로 생각할 만한 사정이 있었다면 본인에게 직접 책임을 물을 수도 있다. 실제 법률행위를 할 수 있는 완전한 대리권은 없지만 제3자에게는 마치 대리권이 전부 있는 것처럼 보인 경우, 이를 표현대리라고 한다. 우리 민법은 이러한 표현대리에 대해서 본인에게 책임을 지워 상대방을 보호하고 있다. 즉, 표현대리인과 법률행위를 한 상대방이 선의·무과실로 표현대리인에게 완전한 대리권이 없다는 것을 알지 못한 경우에는 그 법률행위의 효과가 무효로 되는 것이 아니라 본인에게 직접 법률행위의 효과(권리와 의무)가 발생하도록 하는 것이다.

〈민법이 인정하는 표현대리〉

- 타인에게 대리권을 수여했다고 제3자에게 말했으나 실제로는 대리권을 수여하지 않은 경우(민법 125)
- 대리권이 있기는 하지만 대리권 밖의 법률행위를 한 경우(민법 126)
- 대리권을 수여한 바 있으나 이 대리권이 소멸한 후에 대리행위를 한 경우(민법 129)

일상가사대리권과 표현대리

대리가 적법하게 성립하기 위해서는 대리행위를 한 자, 즉 대리인이 본인을 대리할 권한을 가지고 그 대리권의 범위 내에서 법률행위를 해야 한다. 그러므로 부부라도 배우자를 대리하여 일상의 가사가 아닌 법률행위를 하는 경우에는 별도로 대리권을 수여하는 수권행위가 필요한 것이지, 사회통념상 대리관계를 인정할 필요가 있다는 사정만으로 그 배우자가 당연히 모든 법률행위에 관하여 대리권을 갖는다고 볼 것은 아니다. 이는 부부의 한쪽이 의식불명의 상태에 있는 경우라도 마찬가지이다(대법 99다37856). 다만, 부부 사이에는 일상가사대리권이라는 기본대리권이 존재하기 때문에 배우자 한쪽이 다른 쪽의 이름으로 일상가사 범위 밖의 법률행위를 한 경우 표현대리에 관한 민법의 일반규정이 적용되는 지가 문제될 수 있다.

다수설과 판례는 일상가사대리에 관해서도 민법 126조의 권한을 넘는 표현대리의 성립을 긍정하지만 실제 사안에서 표현대리로 인정된 사례는 드물다. 일상가사대리권이 존재한다는 사실만으로 표현대리가 성립하는 것이 아니라 거래 상대방이 부부 사이에 해당 법률행위에 관한 대리의 권한이 주어져 있다고 믿을 만한 정당한 사유가 존재하여야 하기 때문이다.

예를 들면, 일상가사대리권 외에 별도의 기본대리권이 있는 처가 근저당권설정등기에 필요한 각종 서류를 소지하고 있었고 그 인감증명서가 본인인 남편이 발급받은 것이며, 남편 스스로 처에게 인감을 보냈음을 추단할 수 있는 문서와 남편의 무인이 찍힌 위임장 및 주민등록증을 제시하는 등 남편이 처에게 대리권을 수여하였다고 믿게 할 특별한 사정까지 있었다면 그 상대방으로서는 아내가 남편을 대리할 적법한 권한이 있었다고 믿은 데 정당한 이유가 있었다고 본다(대법 94다45098).

반면에, 타인의 채무에 대한 보증행위는 그 성질상 아무런 반대급부 없이 오직 일방적으로 불이익만을 입는 것인 점에 비추어 볼 때, 남편이 아내에게 타인의 채무를 보증함에 필요한 대리권을 수여한다는 것은 사회통념상 이례적인 일에 속한다. 그러므로 아내가 특별한 수권 없이 남편을 대리하여 위와 같은 행위를 하였을 경우, 그것이 민법 126조의 표현대리가 되려면 아내에게 일상가사대리권이 있었다는 것만이 아니라 상대방이, 아내에게 남편이 그 행위에 관한 대리의 권한을 주었다고 믿었음을 정당화할 만한 객관적인 사정이 있어야 한다. 따라서 아내가 임의로 남편의 인감도장과 용도란에 아무런 기재 없이 대리방식으로 발급받은 인감증명서를 소지하고 남편을 대리하여 친정 오빠의 채무를 연대보증한 경우에는 일상가사대리권으로 인한 남편의 표현대리 책임이 인정되지 않았다(대법 98다18988).

23

부부의 재산관리: 부부재산계약

법률상 혼인하려는 남녀는 혼인중 자신들의 재산을 어떻게 관리할 것인가를 자유롭게 정할 수 있다.

부부재산계약의 체결

부부재산계약은 부부가 혼인하기 전에 혼인중 재산의 관리와 처분에 대한 사항을 미리 약정하는 것으로, 혼인 후에는 마음대로 변경할 수 없다. 다만, 정당한 사유가 있는 때에는 법원의 허가를 얻어 변경할 수 있다. 여기서 혼인은 사실혼은 포함하지 않고 법률혼만을 의미하는 것으로 해석된다.

부부재산계약의 당사자는 혼인하려는 남녀이다. 계약의 체결방식은 특별히 규정하고 있지는 않고, 중요한 것은 계약을 체결하는 시기이다. 부부재산계약은 반드시 혼인하기 전에 체결하여야 한다. 그러나 부부재산계약을 혼인 전에 체결할 수 있다는 사실을 알고 있는 사람들도 많지 않고, 실제로 거의 이용되지 않고 있다.

부부재산계약의 등기

부부재산계약의 내용을 제3자에게 대항하기 위해서는 혼인신고를 할 때까지 등기해야 한다(민법 829④). 혼인신고 전에 당사자가 남편이 될 사람의 주소지를 관할하는 지방법원, 그 지원 또는 등기소에 등기를 신청하면 된다. 부부재산약정등기의 신청서에는 다음의 사항을 쓰고 신청인 또는 그 대리인이 기명날인 또는 서명을 해야 한다(부부재산약정등기규칙 2).

1. 등기의 목적
2. 등기원인과 그 연월일
3. 약정자의 성명, 주소 및 주민등록번호
   (주민등록번호가 없는 재외국민이나 외국인은 생년월일)
4. 부부재산약정의 내용
5. 대리인에 의해 등기를 신청하는 때에는 그 성명과 주소
6. 등기소의 표시
7. 신청연월일

부부재산계약의 변경

일단 체결한 부부재산계약은 변경할 수 없는 것이 원칙이다. 다만, 정당한 사유가 있는 때에는 가정법원의 허가를 얻어 변경할 수 있다(민법 829②). 또한 약정에 의해 부부의 한쪽이 다른 쪽의 재산을

관리하기로 한 경우에 적당하지 않은 관리로 인해서 그 재산을 위태롭게 한 때에는 다른 쪽은 자기가 관리할 것을 법원에 청구할 수도 있고, 그 재산이 부부의 공유인 때에는 분할을 청구할 수도 있다(민법 829③). 민법 829조의 규정이나 약정에 의해 재산관리자를 변경하거나 공유재산을 분할했을 때에는 그 내용을 등기해야 부부의 승계인 또는 제3자에게 대항할 수 있다(민법 829⑤).

부부재산계약의 내용

부부재산계약의 내용은 원칙적으로 자유롭다. 다만, 혼인의 본질적인 요소나 남녀평등 또는 사회질서에 반하는 약정은 효력이 생기지 않는다. 예를 들어, 아내의 재산행위능력을 제한하는 계약, 법률이 규정하고 있지 않는 물권을 설정하는 계약 등은 무효이다. 뿐만 아니라, 부부재산계약은 혼인중의 재산관계를 약정하는 것이므로 혼인하기 전이나 이혼할 때의 재산관계에 대해서는 등기하더라도 법적인 효력을 갖지 않는다.

부부재산계약의 시작과 끝

부부재산계약의 효력은 혼인이 성립한 때(혼인신고를 한 때)에 발생하고, 이혼 및 기타 사유로 혼인이 해소되는 경우에 종료한다. 혼인은 이혼뿐만 아니라 사망, 실종선고, 인정사망 등에 의해서도 해소될 수 있다.

25

내 돈은 내 것, 네 돈은 네 것

부부재산계약을 별도로 체결하지 않았다면 부부는 각자 별도로 재산을 소유하고 관리·사용·수익한다(민법 831).

법정재산제

부부가 혼인신고 전에 부부재산계약을 체결하지 않은 때에는 민법에 규정된 법정재산제를 따르게 된다. 우리나라의 법정재산제는 부부가 각자 별도로 재산을 소유, 관리하는 부부별산제이다. 근래에 부부재산제를 부부별산제에서 부부공산제로 바꿔야 한다는 주장이 나오고 있으나 적극적인 재산만이 아니라 소극적인 재산까지도 포함할 것이냐에 대해 의견이 일치하지 않아서 입법에 진척이 없는 상황이다. 우리나라 가계의 빚이 많은 것이 입법을 막고 있는 주요 요소 중 하나일 것으로 짐작된다.

우리나라는 부부별산제가 원칙이기 때문에 남편이 막대한 채무를 지고 있는 상황이라 하더라도 아내가 그것을 대신 갚아야 할 필요는 없다. 그런데 부부는 공동생활을 하는 것이 원칙이고 의식주에 관한 비용이나 자녀 양육비 등 공동생활에 필요한 비용은 특별한 약정이 없는 한 부부가 공동으로 부담해야 하는 것이다(민법 833). 그러므로 위의 채무가 공동생활을 유지하기 위해 비롯된 것이라면 아내도 이 채무에 대해 책임을 피할 수 없다.

특유재산이란

고유재산은 부부가 되기 전부터 각자 사용하며 소유한 재산으로, 부부의 한쪽이 혼인 전부터 가진 고유재산과 혼인중에 자기의 명의로 취득한 재산이 특유재산이 된다(민법 830①). 이 특유재산은 부부가 각자 관리, 사용, 수익한다. 이 규정이 있기 때문에 우리 민법은 부부공산제가 아닌 부부별산제를 택하고 있는 것으로 해석되는 것이다. 부부의 누구에게 속한 것인지 분명하지 않은 재산은 부부의 공유로 추정한다(민법 830②). 민법 830조 2항은 1958년 제정 민법 이후 한 차례 개정된 것인데, 개정되기 전에는 '부부의 누구에게 속한 것인지 분명하지 아니한 재산은 부의 특유재산으로 추정한다'라고 규정하고 있었다. 이 당시만 해도 경제활동을 하는 사람은 대부분 남편이었으므로 당시의 현실을 반영한 규정이었다고 하겠다.

혼인 전부터 갖고 있었던 동산이거나 혼인중 취득한 동산으로 그 취득경위가 증명된 때에는 단독소유가 되고, 그 후 권리가 이전되었다는 등의 사정이 증명되지 않는 이상 계속 권리를 보유하고 있는 것으로 추정된다. 사실혼 부부 중 한쪽이 혼인 전에 취득해서 사용한 물건을 사실혼 성립 후 사실혼 배우자와 함께 사용했다 하더라도 그 소유권이 한쪽의 단독소유에서 부부 공동소유로 변경되었다고 보기는 어렵다(헌재 2019헌마1254[10]).

특유재산의 추정과 번복

앞에서 보았듯이, 민법은 고유재산과 혼인중 자기의 명의로 취득한 재산은 부부 한쪽의 특유재산으로 한다고 정하고 있지만 우리 판례는 이를 특유재산으로 '추정'한다고 표현하고 있다. 따라서 혼인중 자기명의로 취득한 재산이라도 그에 대한 추정이 번복될 수 있다. 이에 대해 우리 대법원(대법 90다카5624)은 다음과 같이 설명하고 있다. '부부의 한쪽이 혼인중에 자기 명의로 취득한 재산은 그 명의자의 소유재산으로 추정되나 실질적으로 다른 한쪽 또는 양쪽이 그 재산의 대가를 부담하여 취득한 것이 증명된 때에는 소유재산의 추정은 번복되어 다른 한쪽의 소유이거나 양쪽의 공유라고 보아야 할 것이다'

다만, 재산을 취득함에 있어 상대방의 협력이 있었다거나 혼인생활에 있어 내조의 공이 있었다는 것만으로는 이 추정이 쉽게 번복되지는 않는다(대법 92다21982). 부부 각자가 대금의 절반 정도를 분담하였다는 실제적인 사유가 입증되거나(대법 94다42778), 부동산

매입자금의 원천이 남편의 수입에 있었다고 하더라도 아내가 남편과 18년 동안 결혼생활을 하면서 여러 차례 부동산을 매입하였다가 이익을 남기고 처분하는 등의 방법으로 증식한 재산으로 그 부동산을 매입하게 된 것이라면 해당 부동산은 부부의 공유재산으로 인정될 수 있다(대법 90다카5624).

Q 가정주부입니다. 남편이 자기 명의의 아파트를 마음대로 처분하려고 할 때 이 처분행위를 막을 방법이 있습니까?

A 막연히 재산취득에 상대방이 협력하였다거나 혼인생활에 내조의 공이 있었다는 사유만으로는 부부 한쪽의 특유재산의 추정이 번복되지는 않습니다(대법 98두15177). 따라서 남편의 명의로 된 이상 이를 처분하는 것을 막기는 어려울 것입니다. 다만, 실질적으로 본인이 그 재산의 대가를 부담하여 취득하였다거나 적극적인 재산증식의 노력이 있었던 경우에는 부부의 공유재산으로 볼 여지가 있습니다(대법 95다25695). 그러한 사실을 입증할 수 있다면 그 증거를 확보하고, 우선 해당 아파트에 대해 처분금지가처분을 해둘 필요가 있습니다. 그 후 공유지분권이전등기청구소송을 제기하여 승소한다면 승소부분에 한해서 남편의 처분을 막을 수 있을 것입니다.

• 미주

1. 호주제는 당사자의 의사나 복리와 무관하게 남계혈통 중심의 가(家)의 유지와 계승이라는 관념에 뿌리박은 특정한 가족관계의 형태를 일방적으로 규정·강요함으로써 개인을 가족 내에서 존엄한 인격체로 존중하는 것이 아니라 가의 유지와 계승을 위한 도구적 존재로 취급하고 있는데, 이는 혼인·가족생활을 어떻게 꾸려나갈 것인지에 관한 개인과 가족의 자율적 결정권을 존중하라는 헌법 제36조 제1항에 부합하지 않는다(헌재 2001헌가9 등).
2. 대만행정원에서 2019. 2. 12.에 발의한 사법원 해석 제748호 해석 시행법 초안(司法院釋字第七四八號解釋施行法草案)이 2019. 5. 17.에 대만입법원을 통과하였고, 2019. 5. 22.에 사법원 해석 제748호 해석 시행법(司法院釋字第七四八號解釋施行法)이 총통령으로 공포된 후 2019. 5. 24.부터 시행되고 있다. 이 특별법은 모두 27개의 조문으로 구성되어 있다.
3. 중혼을 무효사유로 볼 것인가, 아니면 취소사유로 볼 것인가, 나아가 취소사유로 보는 경우 취소청구권자를 어느 범위까지 인정할 것인가 하는 문제는 중혼의 반사회성·반윤리성과 혼인생활의 사실상 보호라는 공익과 사익을 어떻게 규율할 것인가의 문제로서 기본적으로 입법형성의 자유가 넓게 인정되는 영역이다(헌재 2009헌가8).
4. 준용(準用)은 법을 만드는 방법의 하나이다. 비슷한 사항에 관하여 법을 만들 때에 법률을 간결하게 할 목적으로 같은 법에 있는 규정을 적용하도록 하는 것이다. 유추적용(類推適用)하도록 규정하는 것이다. 유추적용(=유추해석)이란 X와 Y라는 두 가지 사실이 있는데 X에 관해서만 규정이 있는 경우에 Y에 관해서도 X와 마찬가지의 결과를 인정하는 것이 유추적용이고, 그렇게 해석하는 방법이 유추해석이다. 유추해석은 민사상 법률관계에서는 폭 넓게 인정되지만 형사상 법률관계에서는 엄격하게 제한된다.
5. 혼인중의 출생자의 인정에 대한 입법례로는 임신주의와 출생주의가 있는데 우리 민법은 임신주의를 택하고 있다(민법 844①).
6. 해당 대법원 판례는 사실혼 관계에도 '부부공유 유체동산의 압류'에 대한 민

사소송법 527조의2를 유추적용할 수 있는지를 판단한 것이다. 이후, 2002. 1. 26. 민사집행법이 제정되면서 강제집행절차에 관한 규정이 민사소송법에서 민사집행법으로 분리되어, 관련 내용은 민사집행법 190조에 규정되어 있으며, 판결의 취지는 현행법에도 동일하게 미친다.

7. 민법 855조(인지) ① 혼인외의 출생자는 그 생부나 생모가 이를 인지할 수 있다. 부모의 혼인이 무효인 때에는 출생자는 혼인외의 출생자로 본다.

8. 민법 863조(인지청구의 소) 자와 그 직계비속 또는 그 법정대리인은 부 또는 모를 상대로 하여 인지청구의 소를 제기할 수 있다.

9. 형성의 소(訴)란 법률관계의 변동(발생, 변경 및 소멸)을 청구하는 소송을 말한다. 예를 들면, '원고와 피고는 이혼한다'라는 판결을 청구하기 위해 제기하는 소송이다. 이 청구가 받아들여지면 현재의 부부관계가 이혼으로 해소(소멸)되는 새로운 법률효과가 발생하는 것이다.

10. 이 헌법재판소 결정은 사실혼 배우자와 함께 사용하던 밥통 등 가재도구를 부수어 망가뜨렸으나, 그 가재도구가 청구인과 사실혼 배우자의 공동소유에 속한다고 보기 어려움에도, 청구인에 대한 재물손괴 혐의를 인정한 피청구인의 기소유예처분이 청구인의 평등권과 행복추구권을 침해하였다고 본 사례이다(헌재 2019헌마1254).

2장

가지 않은 길

아무도 가르쳐 주지 않은 길
어제와 같은 길에 머물지
다른 길로 가야 할지
갈 길을 잃다
⋮
선택(選擇)

25

부부 공동생활이 끝나는 사유

이혼하지 않더라도 부부 중 한쪽이 사망하거나 실종선고를 받으면 혼인은 해소된다. 혼인이 해소된다는 것은 일단 유효하게 성립한 혼인이 나중에 발생한 원인으로 인해 장래를 향해 소멸하는 것이다.

사망

부부 중 한쪽이 사망한 때에 그들 사이의 혼인관계는 없어진다. 따라서 혼인으로 생긴 동거·부양 및 협조의무, 정조의무, 생활비용 부담의무, 일상가사채무의 연대책임 등은 모두 사망한 때부터 소멸한다. 이런 점에서 사망의 효과와 이혼의 효과는 같다.

그러나 혼인으로 인해 생긴 친족관계(인척관계)는 사망으로 인해 당연히 소멸하진 않고, 남은 배우자가 재혼을 해야 소멸한다. 이 점에서는 이혼의 효과와 다르다. 또한 혼인관계는 없어지지만 일정한 범위 내에 있는 인척이거나 인척이었던 사람과는 혼인이 금지된다(민법 808b 및 809②).

부부 중 한쪽이 사망하더라도 그들과 자녀와의 관계는 변함이 없으며, 남은 배우자와 자녀는 사망한 배우자의 재산을 상속하게 된다. 이때 배우자는 자녀의 1.5배를 상속하게 된다(민법 1009).

실종선고(失踪宣告)

부부 중 한쪽이 실종선고를 받으면 그 실종기간이 끝난 때에 사망한 것으로 의제한다(=본다).

실종선고는 어떤 사람이 일정기간 동안 소식이 끊겨서 사망했을 가능성이 상당히 큰 경우에 일정한 시기에 사망한 것으로 간주(의제)하는 제도이다. 여기서 주의할 것은 실종선고는 어디까지나 그 사람이 실종된 장소[1]를 중심으로 하는 법률관계에 있어서만 사망한 것으로 처리하는 것이지 실종자의 권리능력[2]을 완전히 소멸시키는 것은 아니다. 즉, 실종자가 정말로 죽은 것이 아니라 다른 곳에 살고 있다면 그는 법적으로 완전히 사망한 것으로 처리되는 것이 아니라 다른 장소(주소지)에서는 여전히 '살아' 있으며, 그곳에서 정상적인 법률행위를 할 수 있는 권리의 주체인 것이다. 실종선고된 사람이 살아서 돌아오더라도 바로 사망의 효과가 없어지는 게 아니라 실종선고 '취소'의 절차를 거쳐야 한다.

〈실종과 부재〉

우리 민법은 22조~30조에서 부재(不在)와 실종에 대해 규정하고 있다. 부재는 자신이 살던 장소(주소지)를 상당한 기간 동안 떠나 있는 것이고, 실종은 아예 연락이 끊겨 살아있는지 죽었는지가 분명하지 않은 것이다.

인정사망(認定死亡)

실제로 사망한 것이 아닌데 죽은 것처럼 처리하는 것으로 사망의 확증(사체의 발견·확인 등)은 없지만 사망한 것이 거의 확실하다고 생각되는 경우, 가령 삼풍백화점 붕괴 사건, 아시아나 비행기 추락 사건, 서해 여객선 침몰 사건, 세월호 침몰 사건 등에서 그것을 조사한 관공서의 사망신고에 의해 사망한 것으로 처리하는 제도이다(등록법 87③). 그러나 다른 시기에 사망한 또는 생존한 확증이 있으면, 인정사망의 '사망' 효과는 없어진다(즉, 사망의제의 효과가 없다)는 점에서 실종선고와 다르다.

한수 더!

상속제도: 배우자의 상속 순위와 상속분

우리 민법상 상속인이 될 수 있는 사람과 그 순서는 아래 박스에 있는 1000조의 규정과 같다. 이 규정에서 순위가 가지는 의미는 1순위 상속인이 있으면 2~4순위는 피상속인의 재산을 전혀 상속할 수 없다는 것이다. 1순위가 1명도 없으면 2순위가 상속재산을 전부 차지하는 것이 원칙이다. 1000조와 1003조를 같이 보면, 배우자는 항상 1순위의 상속인이 된다. 즉, 상속의 대원칙은 [직계비속(가까운 촌수부터 우선)&배우자] ⇒ [직계존속(가까운 촌수부터 우선)&배우자] ⇒ [배우자] ⇒ [형제자매(2촌)] ⇒ [3촌인 방계혈족] ⇒ [4촌인 방계혈족]의 순서로 상속인이 되는 것이다. 그런데 1001조의 대습상속은 상속의 대원칙의 예외에 해당하는 경우이다.

1순위 상속권자로 예상되던 직계비속(또는 형제자매) A가 장래에 피상속인으로 될 직계존속(또는 형제자매) B보다 먼저 사망(또는 상속결격)한 경우에 1순위로 상속인이 될 수 있는 사람은 B의 직계비속(가까운 촌수부터)인 D(1명이든 2명 이상이든 상관없음)이다. 물론 A의 배우자가 있으면 공동상속인이 된다. 이는 바로 앞에서 설명하고 있으므로 이해를 돕기 위해 직계비속만 예로 든다. 이때에 먼저 사망한 A의 직계비속 C(1명이든 2명 이상이든 상관 없음)가 있을 경우에 1000조의 규정에 의하면 D만이 상속인이 되고 촌수에서 밀리는 C는 상속인이 될 수 없는 것이 원칙이다. 그런데 1001조의 특별규정에 의하면 촌수가 앞선 D가 촌수가 밀리는 C와 공동으로 상속을 하게 된다. 이때 D의 촌수는 C의 직계존속인 A와 같다. 다만, 주의할 것은 C가 D와 공동상속인이 된다고 해서 상속재산을 똑같이 나누는 것은 아니다. 상속재산의 몫은 D와 A가 같은 것이고, C는 A의 몫을 세대를 건너뛰어 상속(그래서 대습상속이라고 함)하는 것이므로 C가 2인 이상이면 그 수만큼 A의 몫을 나눠가지게 된다. 예를 들어, B가 12억 원의 상속재산을 남겼는데, 두 자녀(또는 형제자매)인 A와 D 중 A가 B보다 먼저 사망(또는 상속결격)하였다면 A의 자녀가 C 1명이라면 D와 C가 공동상속인이 되어 12억 원 중에서 D가 6억 원을, C가 6억 원(A의 몫)을 차지하게 된다. 그런데 A의 자녀가 C1, C2, C3 세 명인 경우에는 D는 똑같이 6억 원을 차지하지만 A의 세 자녀는 6억 원을 셋으로 나눠 2억 원씩을 가지게 된다. 이처럼 공동상속인이라고 해서 상속분까지 똑같이 되는 것은 아닌 경우가 있을 수 있다.

〈동시사망의 추정〉

• 두 사람 이상이 동일한 위난(危難. 사고나 재난 등)으로 사망한 경우에 누가 먼저 사망하였는가를 확정하는 것은, 특히 상속문제에 있어 매우 중요한 것이다. 그러나 실제로 그것을 입증하는 것이 사실상 거의 불가

능한 경우가 많다. 그렇다고 해서 아무런 규정을 두지 않는다면 실제 법적인 권리가 없으면서 먼저 이익을 차지하는 사람이 보호를 받게 되는 불합리한 결과를 초래할 수 있다. 그래서 민법은 '동시에 사망한 것으로 추정한다'는 규정을 두고 있다(민법 30). 그런데 이 규정은 간주규정이 아니라 추정규정이므로, 반증이 있으면 그 동시사망의 추정은 뒤집어질 수 있다.

- 로마법과 프랑스 민법은 '생존의 추정'(연령이나 성별을 표준으로 하여 일정한 사람이 다른 사람보다 더 생존하였을 것으로 추정)을 하고, 독일 실종법, 스위스 민법은 '동시사망의 추정'을 한다.
- 동시사망으로 추정된다는 것의 의미는 상속과 관련이 있다. 즉, 우리 민법에서는 A와 B가 동시에 사망한 경우에는 그들 사이에서는 상속이 일어나지 않는 것으로 본다. 그러므로 부자관계인 A와 B가 동시사망으로 추정된다면 B는 A의 재산을 상속하지 않는 것이 된다. 따라서 A의 배우자인 C(법적으로 B의 어머니일 수도 있고, 아닐 수도 있으나 상속의 순위에 있어서는 아무 상관이 없음)가 A의 직계존속과 공동으로 A의 재산을 상속하게 된다.

Q 만일 사고로 A는 산에서 사망하고, B는 바다에서 사망하였으나, 어느 쪽이 먼저 사망하였는가를 증명할 수 없는 경우에 A와 B는 동시에 사망한 것으로 추정됩니까?

A 동시사망 추정에 관한 민법 30조를 엄격하게 해석한다면, 동일한 위난에 의하지 않은 경우에는 동시사망으로 추정되지 않아야 합니다. 그렇다면 이런 경우에는 동시사망으로 추정하는 규정이 없는 것과 같은 결과를 인정하게 되어 부당하다고 보이므로 동일한 위난에 의한 사망의 경우가 아니더라도, 30조를 유추적용하여 동시사망으로 추정하는 것이 타당할 것입니다.

민법 제1000조(상속의 순위)

① 상속에 있어서는 다음 순위로 상속인이 된다.

1. 피상속인의 직계비속
2. 피상속인의 직계존속
3. 피상속인의 형제자매
4. 피상속인의 4촌 이내의 방계혈족

② 전항의 경우에 동순위의 상속인이 수인인 때에는 최근친을 선순위로 하고 동친등의 상속인이 수인인 때에는 공동상속인이 된다.
③ 태아는 상속순위에 관하여는 이미 출생한 것으로 본다.

민법 제1001조(대습상속)

전조 제1항 제1호와 제3호의 규정에 의하여 상속인이 될 직계비속 또는 형제자매가 상속개시전에 사망하거나 결격자가 된 경우에 그 직계비속이 있는 때에는 그 직계비속이 사망하거나 결격된 자의 순위에 갈음하여 상속인이 된다.

민법 제1003조(배우자의 상속순위)

① 피상속인의 배우자는 제1000조 제1항 제1호와 제2호의 규정에 의한 상속인이 있는 경우에는 그 상속인과 동순위로 공동상속인이 되고 그 상속인이 없는 때에는 단독상속인이 된다.
② 제1001조의 경우에 상속개시 전에 사망 또는 결격된 자의 배우자는 동조의 규정에 의한 상속인과 동순위로 공동상속인이 되고 그 상속인이 없는 때에는 단독상속인이 된다.

26

우리 헤어지자: 협의이혼

이혼사유에 관계없이 부부가 헤어지기로 합의하면 이혼할 수 있다.

이혼의 자유=협의이혼

부부는 협의에 의하여 이혼할 수 있다(민법 834). 민법 834조는 1958. 2. 22.에 제정된 이후 한 번도 바뀐 적이 없다. 다만, 그 구체적인 절차는 여러 차례 개정되었다. 그런데 민법은 협의이혼의 자유를 규정하고 있을 뿐이고 이혼하려는 이유가 무엇인지, 이혼의 원인이 무엇인지에 대해서는 아무 것도 규정하고 있지 않다. 그러므로 부부가 합의만 하면 이혼을 할 수 있다는 얘기다. 뒤의 통계표를 보면 통계가 시작된 1993년 이래 수십 년 동안 전체 이혼 중에서 협의이혼이 약 75~85% 정도를 차지하고 있음을 알 수 있다(다만, 재판이혼의 비율이 조금씩 늘어나는 것이 현대 이혼의 추세이기는 하다).

협의이혼과 재판이혼의 비율

연도	협의이혼		재판이혼		합계(건수)*
	건수	구성비(%)	건수	구성비(%)	
1993	45,926	77.43	12,434	20.96	59,313
1994	51,547	79.29	12,936	19.90	65,015
1995	54,087	79.22	13,024	19.08	68,279
1996	64,402	80.61	14,815	18.54	79,895
1997	73,863	81.03	16,833	18.47	91,160
1998	97,231	83.61	19,028	16.36	116,294
1999	98,387	83.77	18,859	16.06	117,449
2000	99,797	75.2	19,213	24.8	119,455
2001	111,349	82.72	22,620	16.80	134,608
2002	121,508	83.85	22,693	15.66	144,910
2003	143,195	85.94	22,279	13.37	166,617
2004	117,268	84.41	20,984	15.10	138,932
2005	110,747	86.49	16,433	12.83	128,035
2006	107,897	86.65	16,405	13.17	124,524
2007	105,055	84.67	18,871	15.21	124,072
2008	90,752	77.88	25,766	22.11	116,535
2009	94,428	76.15	29,564	23.84	123,999
2010	87,834	75.16	29,018	24.83	116,858
2011	86,425	75.62	27,830	24.35	114,284
2012	86,920	76.04	27,373	23.95	114,316
2013	88,628	76.87	26,642	23.11	115,292
2014	89,745	77.70	25,750	22.29	115,510
2015	84,645	77.55	24,491	22.43	109,153
2016	84,008	78.27	23,295	21.71	107,328
2017	83,038	78.31	22,793	21.50	106,032
2018	85,618	78.78	22,995	21.16	108,684
2019	87,439	78.89	23,335	21.06	110,831
2020	83,700	78.59	22,800	21.41	106,500

* 협의이혼인지 재판이혼인지 분명하지 않은 경우를 포함하는 수치이다.

당연한 얘기지만 협의이혼을 하려면 당사자 사이에 부부관계를 영구적으로 해소하겠다는 이혼의사의 합치가 있어야 한다. 그런데 스웨덴의 경우에는 1987년에 '단의이혼(單意離婚)'제도를 채택했다고 한다. 이것은 부부 중 한쪽이 이혼을 하겠다고 하고, 6개월 정도 고려기간을 거친 후에 신청하면 이혼을 인정하는 것이다. 우리나라의 경우에도 이혼을 하고 싶으나 여러 가지 이유로 이혼을 하지 못하는 부부에게 이혼의 자유를 보장하기 위해서 이런 제도가 필요하다고 주장하는 사람도 있다.

당사자 사이 이혼의 합의는 다른 사람의 개입 없이 자유롭게 이루어져야 한다. 이것은 이혼할지 말지를 본인이 직접 결정해야 한다는 뜻이다. 그러므로 행위능력까지는 필요하지 않더라도 기본적인 의사능력은 있어야 한다. 만약 이혼을 하려는 남편 또는 아내가 피성년후견인인 경우에는 법정대리인인 부모나 성년후견인의 동의를 받아야 협의상 이혼을 할 수 있다(민법 835 및 808②). 그렇지만 행위능력이 없어도 되므로 이혼을 하려는 남편 또는 아내가 피한정후견인이나 피특정후견인인 경우에는 부모나 후견인의 동의 없이도 이혼할 수 있는 것이다.[4]

또한 이혼을 하겠다는 의사(意思)에는 조건이나 기한을 붙일 수 없다. 그러므로 이혼의사는 무조건·무기한이라야 한다.

〈조건과 기한〉

조건이란 법률행위(계약)의 효력의 발생 또는 소멸이 '장래에 발생 여부가 불확실한 사실'에 따라 결정되도록 하는 법률행위의 부관(附款)이다.

기한이란 법률행위(계약)의 효력의 발생이나 소멸 또는 채무의 이행 여부가 '장래에 발생하는 것이 확실한 사실'에 따라 결정되도록 하는 법률행위의 부관이다.

Q 이혼을 요구하는 상대방에게 이혼사유가 있다고 인정하는 것을 조건으로 이혼의 의사를 밝힌 경우에 부부 사이에 이혼의사의 합치가 있었다고 볼 수 있습니까?

A 아닙니다. 일률적으로 단정하기는 어렵지만 이혼의사의 합치로 인정되지 않는다고 본 사례가 있습니다(서울 2005드합6952, 2006드합7891).

27

협의이혼의 절차

이혼절차를 한 줄로 정리하면 [이혼의 합의(자녀양육협의 포함) ⇒ 협의이혼의사 확인신청 ⇒ 가정법원의 안내와 상담 ⇒ 숙려기간의 경과 ⇒ 가정법원의 승인 ⇒ 이혼 신고(3개월 이내) ⇒ 이혼]이다.

이혼의사의 확인 신청

가정법원의 확인이 없는 이혼신고는 무효이다. 그러므로 협의상 이혼을 하려면 등록기준지 또는 주소지를 관할하는 가정법원의 확인을 받아 신고해야 한다. 다만, 국내에 거주하지 아니하는 경우에는 서울가정법원을 관할법원으로 한다.

이혼의사의 확인은 이혼을 하려는 부부의 등록기준지 또는 주소지를 관할하는 가정법원에 부부가 함께 출석하여 신청한다. 만일 부부의 주소가 같지 않거나 등록기준지와 주소가 다른 경우에는 그 중 편리한 곳에 신청서를 제출하면 된다.

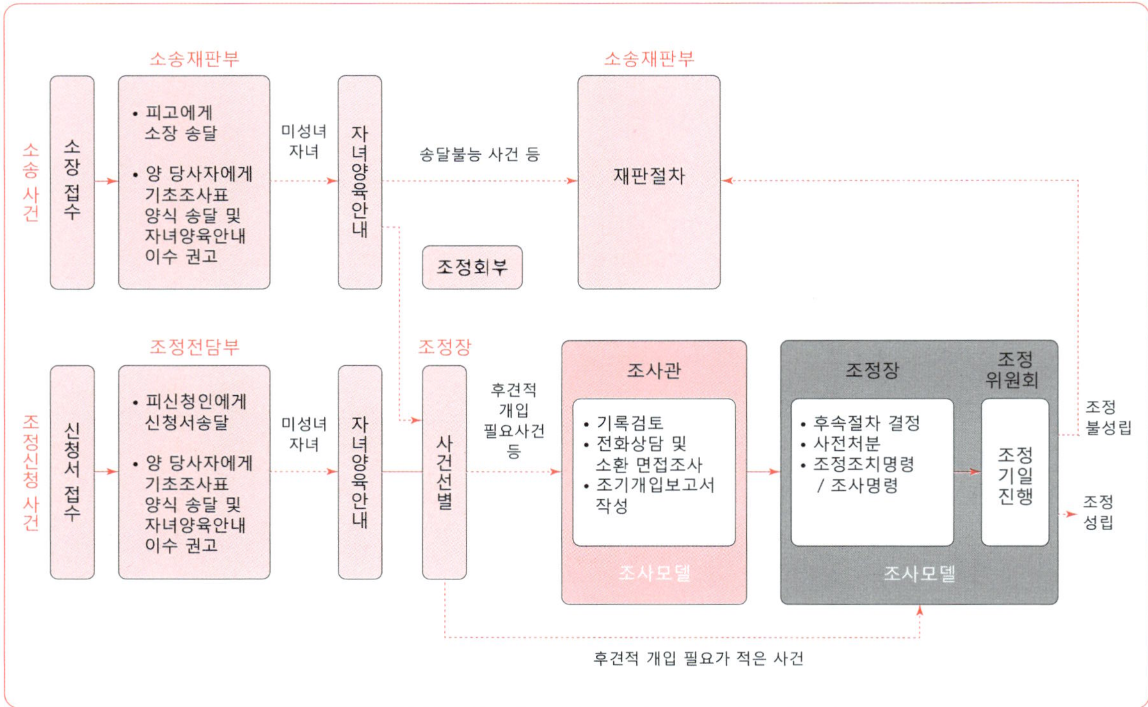

출처 : 서울가정 법원(2020.4), 가사조정의 이론과 실제 2020, 13면.

Q 이혼의사 확인신청을 남편이나 아내 혼자서도 할 수 있습니까?

A 부부가 함께 출석하는 것이 원칙이지만, 한쪽이 외국에 있거나 교도소에 수감 중인 경우에는 다른 한쪽이 혼자 출석해서 신청서를 제출할 수 있습니다.

〈협의이혼의사 확인신청 때 제출 서류〉

① 협의이혼의사 확인신청서 1통
- 부부가 함께 작성하며, 신청서 양식은 법원의 신청서 접수 창구에 있음
- 협의이혼의사 확인신청서에는 당사자의 성명·등록기준지(외국인은 국적)·주소 및 주민등록번호, 신청의 취지 및 연월일을 쓰고, 이혼하려는 부부가 공동으로 서명 또는 기명날인해야 함

② 부부 각자의 가족관계증명서, 혼인관계증명서 각 1통
- 시(구)·읍·면사무소 또는 주민센터에서 발급받을 수 있음

③ 주민등록등본 1통
- 주소지 관할 법원에 이혼의사 확인신청을 하는 때에만 필요함

④ 한쪽이 외국에 있으면 재외국민등록부등본 1통이, 교도소에 수감중이면 재감인증명서 1통이 필요하고, 송달료 2회분 납부해야 함

⑤ 미성년인 자녀(임신중인 자 포함. 법원이 정한 이혼숙려기간 이

내에 성년에 도달하는 자녀 제외)가 있는 부부는 이혼에 관한 안내를 받은 후 그 자녀의 양육과 친권자 결정에 관한 협의서 1통과 사본 2통 또는 가정법원의 심판정본 및 확정증명서 3통을 제출함

- 부부가 함께 출석해 신청하고, 이혼에 관한 안내를 받은 때에는 협의서는 확인기일 1개월 전까지 제출할 수 있고, 심판정본 및 확정증명서는 확인기일까지 제출할 수 있음
- 한쪽이 외국에 있거나 교도소에 수감중인 때에는 신청서 제출 당시에 제출해야 함

가정법원의 안내와 상담

협의이혼을 하려는 사람은 가정법원이 제공하는 이혼에 관한 안내를 받아야 하고, 가정법원은 필요한 때에는 이혼하려는 당사자에게 상담에 관해 전문적인 지식과 경험을 갖춘 전문상담인의 상담을 받을 것을 권고할 수 있다(민법 836의2①). 가정법원은 고등법원이 있는 지역마다 있는데 서울, 인천, 대전, 대구, 부산, 울산, 광주 및 수원에 설치되어 있고, 서울가정법원은 서초구 양재동에 행정법원과 같은 건물에 있다.

협의이혼과 숙려기간

가정법원에 이혼의사의 확인을 신청한 경우에 가정법원으로부터

이혼에 관한 안내를 받은 날부터 일정한 기간이 지나야 이혼의사의 확인을 받을 수 있다. 이 일정한 기간을 숙려(熟慮)기간이라고 하는데, 2007. 12. 21.에 민법이 개정되기 전에는 확인신청 후 바로 가정법원의 확인을 받을 수 있었으나 현재는 이른바 숙려기간을 지나야 확인을 받을 수 있게 되어 협의이혼에 걸리는 시간은 최소한 숙려기간만큼 더 길어진 셈이다.

양육해야 할 아이가 있는 경우(임신중인 경우를 포함)에는 3개월, 아이가 없는 경우에는 1개월의 숙려기간이 지나야 한다(민법 836의2②). 다만, 이혼해야 할 급박한 사정이 있는 때(가정폭력으로 인해 한쪽이 참을 수 없는 고통을 받을 것으로 예상되는 때)에는 가정법원이 숙려기간을 단축 또는 면제할 수 있다(민법 836의2③).

이혼의사 확인신청의 취하

이혼의사의 확인을 신청한 부부는 가족관계등록규칙에 따른 가정법원의 확인을 받기 전까지 확인신청을 취하할 수 있다(등록규칙 77①).

만일 양쪽 또는 한쪽이 출석통지를 받고도 2회에 걸쳐 출석하지 않으면 확인신청을 취하한 것으로 본다(등록규칙 77②). 또한 양쪽 또는 한쪽이 가족관계등록규칙에 따른 이혼의사 확인신청을 한 다음날부터 3개월 안에 이혼에 관한 안내를 받지 않은 때에도 확인신청을 취하한 것으로 본다(등록규칙 77③).

이혼의사의 확인

이혼의사 확인신청이 있는 때에는 가정법원은 양쪽이 이혼에 관한 안내를 받은 날부터 일정한 기간(법정된 숙려기간)이 지난 후에 양쪽을 출석시켜 그 진술을 듣는다. 이때 가정법원은 이혼의사의 유무 및 부부 사이에 미성년인 자녀가 있는지 여부와 미성년인 자녀가 있는 경우에는 그 자녀에 대한 양육과 친권자의 결정에 관한 협의서 또는 가정법원의 심판정본 및 확정증명서를 확인해야 한다(등록규칙 74①).

보통의 재판은 공개재판이 원칙이지만 협의이혼의사 확인의 기일은 이혼 당사자의 사생활을 보호하기 위해 공개하지 않는 것이 원칙이다. 다만, 법원이 공개하는 것이 적정하다고 인정하는 사람에게는 방청을 허가할 수 있다(등록규칙 74③).

만일 한쪽이 수감자로서 출석하기 어려워 다른 한쪽이 출석해서 신청한 경우에는 관할 교도소(구치소)의 장에게 이혼의사 등의 확인을 촉탁하여 그 회보서의 기재로써 그 당사자의 출석·진술을 갈음할 수 있다. 이때 가정법원은 수감자 쪽이 이혼에 관한 안내를 받은 날부터 일정한 기간(숙려기간)이 지난 후에 신청한 사람을 출석시켜 이혼의사 등을 확인해야 한다(등록규칙 74②).

〈협의이혼의사 확인절차〉

- 반드시 부부가 함께 본인의 신분증(주민등록증, 운전면허증, 여권 중 하나)과 도장을 가지고 통지받은 확인기일(시간)에 법원에 출석해야 함
- 한쪽이 외국 또는 교도소에 있는 때에는 법원에서 그 재외공관 또는 수감된 교도소로 이혼의사확인을 요청하는 촉탁서를 보내 이혼의사가 있다는 회신이 오면, 상대방을 법원에 출석하도록 하여 이혼의사확인을 함
- 첫번째 확인기일에 불출석한 때에는 두번째 확인기일에 출석하면 되지만, 두번째 확인기일에도 불출석한 때에는 확인신청을 취하한 것으로 봄
- 부부 모두 이혼의사가 있음이 확인되면 법원에서 부부에게 확인서등본 1통씩을 교부함

Q 협의이혼의사를 확인신청하면서 동시에 재산분할까지 확인받을 수 있습니까?

A 아닙니다. 이혼의사와 재산분할을 동시에 확인받을 수는 없습니다. 그러므로 재산분할에 대해서는 따로 합의해야 합니다.

Q 협의이혼의사의 확인이 재판상 이혼사유로 될 수 있습니까?

A 협의이혼의사의 확인이 있었다는 것만으로 곧 민법 840조의 재판상 이혼사유가 되는 것은 아닙니다(대법 83므11).

협의이혼의 신고와 이혼확정

협의이혼은 가정법원의 확인을 받아 가족관계등록법이 정한 절차에 따라 신고하면 이혼의 효력이 생긴다(민법 836①). 즉, 부부가 관할 가정법원에서 협의이혼의사의 확인을 받았다면 남편이든 아내든 누구라도 이혼신고를 해야 이혼의 효력이 생긴다. 이 신고는 이른바 창설적 신고(=신고를 해야 신고한 때에 효력이 생김)로서 협의이혼의 신고는 당사자 양쪽과 성년자인 증인 2인이 연서한 서면으로 해야 한다(민법 836②). 다만, 협의이혼신고서에 가정법원의 이혼의사확인서 등본을 첨부한 때에는 '증인 2인의 연서'가 있는 것으로 본다(등록법 76).

이혼의사의 확인을 받은 협의이혼의 신고는 가정법원으로부터 확인서 등본을 교부 또는 송달받은 날부터 3개월 이내에 그 등본을 첨부하여 관할 가족관계등록관서(시(구)·읍·면사무소)에 신고해야 한다. 3개월 이내에 신고하지 않으면 가정법원의 확인은 효력을 상실한다(등록법 75). 그러므로 협의이혼을 하려면 이혼의 합의부터 다시 시작해야 한다.

Q 이혼신고는 어디에서 합니까?

A 가족관계등록법에 따른 신고는 신고사건 본인의 등록기준지 또는 신고인의 주소지나 현재지 관할 시청·구청·읍사무소 또는 면사무소에서 할 수 있습니다. 동 주민센터 또는 인터넷상으로는 이혼신고가 불가능합니

다. 다만, 재외국민에 관한 신고는 재외국민 가족관계등록사무소에서도 할 수 있습니다(등록법 20①). 그리고 외국인에 관한 신고는 그 거주지 또는 신고인의 주소지나 현재지에서 할 수 있습니다(등록법 20②).

Q 신고는 서면으로만 가능합니까?

A 신고는 꼭 서면으로만 해야 하는 것은 아니고, 말로도 할 수 있습니다(등록법 23). 말로 신고하는 때에는 신고인이 시·읍·면의 사무소에 출석하여 신고서에 기재해야 할 사항을 진술해야 합니다(등록법 31①). 이때 시·읍·면의 장이 신고인의 진술 및 신고연월일을 기록해서 신고인에게 읽어주면 신고인은 그 서면에 서명하거나 기명날인해야 합니다(등록법 31②). 다만, 신고인이 질병 또는 그 밖의 사고로 출석할 수 없는 때에는 대리인이 출석하여 진술하고 신고할 수 있습니다(등록법 31③).

Q 협의이혼신고를 다른 사람이 대신 신청할 수도 있습니까?

A 안 됩니다. 변호사 또는 대리인이 신청할 수는 없으며, 남편 또는 아내가 직접 해야 합니다.

Q 협의이혼 신고의 효력은 언제 발생하는 것입니까?

A 재판이혼은 판결이 확정된 때에 이혼의 효력이 발생하지만 협의이혼은 이혼신고를 해야만 효력이 발생합니다. 만일 3개월 이내에 신고를 하지 않으면 확인의 효력이 없어지게 됩니다(대법 83므11).

Q 일시적으로 법률상 부부관계를 해소할 의사로 한 협의이혼의 신고도 효력이 있습니까?

A 협의이혼에 있어서 이혼의사는 법률상 부부관계를 해소하려는 의사를 말합니다. 따라서 일시적으로나마 법률상 부부관계를 해소하려는 당사자 사이의 합의에 따라 협의이혼의 신고가 된 이상 협의이혼에 다른 목적이 있더라도 이혼의사가 있었다고 볼 수 있습니다. 그러므로 그 협의이혼은 무효로 되지 않습니다(대법 93므171. 대법 76도107, 대법 80므77 참조).

협의이혼의 철회

협의이혼의사의 확인을 받고 난 후라도 부부관계가 개선되었다든지 이혼할 의사가 없어졌다면 어떻게 해야 할까. 부부가 협의로써 다시 이혼하지 않기로 결정했다면 협의이혼의사의 확인 후 이혼신고를 하지 않으면 된다. 협의이혼은 신고해야 효력이 생기고, 3개월이 지나면 가정법원의 확인의 효력도 사라지기 때문이다(등록법 75).

만일 이혼하지 않는다는 것에 의견 일치가 되지 않았다면, 자신의 등록기준지, 주소지 또는 현재지 시(구)·읍·면의 장에게 이혼의사확인서등본을 첨부한 이혼의사 철회서를 제출해야 한다(등록규칙 80①). 협의이혼신고서가 수리되기 전에 협의이혼의사의 철회신고서가 제출되면 협의이혼신고서는 수리할 수 없게 된다. 설사 등록공무원의 착오로 협의이혼의사 철회신고서가 제출된 사실을 간과한 나머지 그 후에 제출된 협의이혼신고서를 수리했다고 하더라도 협의상 이혼의 효력은 생길 수 없다(대법 93도2869). 다만, 상대방의 이혼신고서가 본인의 이혼의사철회서보다 먼저 접수되면 철회서를 제출했더라도 이혼의 효력은 발생한다(등록규칙 80②). 따라서 이혼을 원하지 않는다면 가능한 빨리 이혼의사 철회서를 제출하는 것이 좋다.

민법 제836조의2(이혼의 절차)

① 협의상 이혼을 하려는 자는 가정법원이 제공하는 이혼에 관한 안내를 받아야 하고, 가정법원은 필요한 경우 당사자에게 상담에 관하여 전문적인 지식과 경험을 갖춘 전문상담인의 상담을 받을 것을 권고할 수 있다.
② 가정법원에 이혼의사의 확인을 신청한 당사자는 제1항의 안내를 받은 날부터 다음 각 호의 기간이 지난 후에 이혼의사의 확인을 받을 수 있다.

1. 양육하여야 할 자(포태 중인 자를 포함한다. 이하 이 조에서 같다)가 있는 경우에는 3개월
2. 제1호에 해당하지 아니하는 경우에는 1개월

③ 가정법원은 폭력으로 인하여 당사자 일방에게 참을 수 없는 고통이 예상되는 등 이혼을 하여야 할 급박한 사정이 있는 경우에는 제2항의 기간을 단축 또는 면제할 수 있다.
④ 양육하여야 할 자가 있는 경우 당사자는 제837조에 따른 자(子)의 양육과 제909조제4항에 따른 자(子)의 친권자결정에 관한 협의서 또는 제837조 및 제909조제4항에 따른 가정법원의 심판정본을 제출하여야 한다.
⑤ 가정법원은 당사자가 협의한 양육비부담에 관한 내용을 확인하는 양육비부담조서를 작성하여야 한다. 이 경우 양육비부담조서의 효력에 대하여는 「가사소송법」 제41조를 준용한다.

28

재외국민의 협의이혼

외국에 거주하는 한국인 부부가 협의이혼을 하려면 반드시 한국에 입국해야 할까. 그렇지 않다는 것은 앞에서 보았다. 재외국민 이혼의사 확인신청에 대한 특례규정에 따라 그 거주지에서도 할 수 있다. 그 거주지를 관할하는 재외공관의 장에게 협의이혼의사 확인신청을 하면 된다. 재외공관의 장이 가정법원을 대신해서 부부의 이혼의사를 확인하고 서면을 작성해서 서울가정법원으로 보내면 서울가정법원이 서류를 통해 부부의 이혼의사를 확인하게 된다.

부부 모두 출석하기 어려운 경우

부부 양쪽이 모두 재외국민인 때에는 두 사람이 함께 그 거주지를 관할하는 재외공관의 장에게 이혼의사 확인신청을 할 수 있다. 해당 지역을 관할하는 재외공관이 없다면 인접하는 지역을 관할하는 재외공관의 장에게 이혼의사 확인신청을 하면 된다(등록규칙 75①). 필요한 서류를 작성해서 그 지역의 대사관이나 영사관에 출석하여

절차를 진행하면 되는 것이다. 재외국민으로부터 협의이혼의사 확인신청을 받은 재외공관의 장은 신청당사자(부부 양쪽 또는 신청서를 제출한 당사자)에게 이혼에 관한 안내 서면을 교부해야 한다. 그리고 이혼의사의 유무와 미성년인 자녀가 있는지 여부 및 미성년인 자녀가 있는 경우에 그 자녀에 대한 양육과 친권자결정에 관한 협의서 1통 또는 가정법원의 심판정본 및 확정증명서 3통을 제출받아 확인하고 그 요지를 기재한 서면(진술요지서)을 작성해야 한다. 그런 다음에 기명날인을 하고 신청서에 첨부하여 지체 없이 서울가정법원에 송부해야 한다(등록규칙 75④). 그 후의 과정은 다음과 같다.

재외공관의 장에게 협의이혼의사 확인신청(이혼 당사자) ⇒ 이혼의사를 확인한 서면을 서울가정법원으로 송부(재외공관의 장) ⇒ 협의이혼의사 확인(서울가정법원) ⇒ 재외공관으로 확인서 송부(서울가정법원) ⇒ 재외공관으로부터 확인서 수령(이혼 당사자) ⇒ 3개월 이내에 재외공관에 이혼신고(이혼 당사자)

부부가 모두 외국에 있지만 서로 다른 국가에 거주하고 있는 때에는 어느 한쪽이 그 거주지를 관할하는 재외공관의 장에게 협의이혼의사 확인신청을 할 수 있다. 거주지를 관할하는 재외공관이 없는 때에는 인접하는 지역을 관할하는 재외공관의 장에게 이혼의사 확인신청을 하면 된다(등록규칙 75③). 이러한 경우에는 서울가정법원이 이혼의사 확인신청 당사자가 아닌 상대방의 관할 재외공관에 촉탁해서 이혼사항을 확인하게 된다(등록규칙 76③).

그리하여 어느 한쪽이 협의이혼의사 확인서등본을 교부·송달받은 날부터 3개월 이내에 그 확인서등본을 첨부한 이혼신고서를 관할 재외공관에 제출하면 이혼의 효력이 발생한다(민법 836①, 등록법 34 및 75, 등록규칙 79).

한쪽이 출석하기 어려운 경우

한쪽만 외국에 있는 경우에는 국내에 있는 배우자가 가정법원에 협의이혼의사 확인신청을 해도 되고 외국에 살고 있는 배우자가 진행할 수도 있다.

국내 배우자는 관할 가정법원에 협의이혼의사 확인을 신청하면 된다. 한쪽이 재외국민이라서 출석하기 어려워 다른 한쪽이 출석해서 신청한 때에는 관할 재외공관의 장에게 이혼의사 등의 확인을 촉탁하여 그 회보서의 기재로써 그 당사자의 출석·진술을 갈음할 수 있다(등록규칙 74②). 즉, 신청자가 아닌 상대방에 대해서는 가정법원이 관할 재외공관에 촉탁해서 이혼사항을 확인하고 숙려기간을 거쳐 이혼의사를 확인하는 것이다. 이때 가정법원은 재외국민 쪽이 이혼에 관한 안내를 받은 날부터 숙려기간이 지난 후에 신청인을 출석시켜 이혼의사 등을 확인해야 한다(등록규칙 74②).

외국에서 신청하는 때에는 재외국민인 쪽이 그 거주지를 관할하는 재외공관의 장에게 협의이혼의사 확인신청을 할 수 있다(등록규칙 75②). 거주지를 관할하는 재외공관이 없는 경우에는 인접지역을 관할하는 재외공관의 장에게 이혼의사 확인신청을 하면 된다(등록규칙 75②☞①). 이때는 서울가정법원이 재외공관으로부터 서류를 받고, 국내에 있는 상대방을 출석시켜 이혼의사를 확인한다(등록규칙 76②).

가정법원으로부터 협의이혼의사 확인서 등본을 교부·송달받으면 3개월 내에 국내에 있는 배우자가 자신의 등록기준지 또는 주소지 관할 행정기관에 이혼신고서를 제출하거나, 외국에 있는 배우자가 관할 재외공관에 이혼신고서를 제출하면 이혼이 성립한다(민법 836①, 등록법 34 및 75, 등록규칙 79).

서울가정법원이 하는 일

거주지의 재외공관의 장은 가정법원과 당사자를 연결해 주는 역할을 하는 것이고 실제 의혼의사를 확인하는 것은 서울가정법원이다. 재외공관의 장으로부터 재외국민의 이혼의사 확인신청에 관한 서류를 송부받은 서울가정법원은 재외공관의 장이 작성한 진술요지서 및 첨부서류에 의해 신청당사자의 이혼의사 등을 확인할 수 있다(등록규칙 76①). 다만, 한쪽만이 재외국민이고 다른 쪽은 국내에 거주하고 있는 부부의 국내거주 배우자가 신청하는 때에는 국내 배우자의 주소지 관할 가정법원에 사건을 이송할 수 있다(등록규칙 76⑤).

만일 한쪽이 국내에 거주하는 경우에는 서류를 송부받은 서울가정법원이 당사자를 출석시켜 이혼에 관한 안내를 한 후에 출석한 당사자의 이혼의사 등을 확인해야 한다(등록규칙 76②).

서울가정법원이 신청당사자가 아닌 상대방의 이혼의사 등을 확인하는 때에는 그 상대방이 이혼에 관한 안내를 받은 날부터 일정한 기간(이른바 숙려기간)이 지난 후에 그 상대방을 출석시켜 이혼의사 등을 확인해야 한다(등록규칙 76③☞74②). 그런 다음에 서울가정법원은 부부 양쪽이 모두 이혼에 관한 안내를 받은 날부터 일정한 기간이 지난 후에 이혼의사 등을 확인해야 한다(등록규칙 76④).

29

이혼할 때 같이 해야 할 것

이혼을 하려면 이혼 자체뿐만 아니라 재산 문제와 자녀 문제(친권 행사, 자녀 양육 등)로 인해 다툼이 있을 수 있고, 재판이혼의 경우 소송이 길어질 수 있으므로 미리 준비하는 것이 좋다. 특히 협의이혼을 하려는 당사자에게 미성년 자녀가 있는 경우에는 그 자녀에 대한 친권과 양육에 관한 사항에 대해서 먼저 협의를 한 후에 이혼의사의 확인을 받아야 한다.

자녀 문제

과거에는 판사 앞에서 이혼의사의 확인만 받으면 쉽게 협의이혼을 할 수 있었으나 지금은 가정법원이 제공하는 이혼의 안내를 받아야 하는 등 협의이혼의 절차가 복잡해지고, 상당한 기간이 지나야 이혼의사의 확인을 받을 수 있다(민법 836조의2). 그것은 자녀의 교육환경이 부당하게 침해되는 것을 방지하고 자녀의 복리를 우선하기 위함이다.

친권과 양육권

친권은 자녀의 신분과 재산에 관한 사항을 결정할 수 있는 권리(의무적인 면도 함께 지님)를 의미하고, 양육권은 미성년인 자녀를 자신의 보호 아래 두고 키우고 가르치는 것, 즉, 양육에 필요한 사항을 결정하는 권리를 의미한다.

부부가 혼인중인 때에는 친권과 양육권을 공동으로 행사하지만 이혼하게 되면 양육자와 친권자를 한쪽 또는 양쪽으로 지정할 필요가 생긴다. 양육자와 친권자를 각각 달리 지정할 수도 있지만 친권과 양육권을 함께 가져가는 것이 보통이다. 양육권이 없다고 해서 부모와 자녀 사이에 권리나 의무의 변동이 생기지는 않는다. 그러므로 부모자녀의 혈족관계에도 변함이 없고 미성년 자녀의 혼인에 대한 동의권(민법 808①), 부양의무(민법 974a), 상속권(민법 1000①) 등은 그대로이다.

Q 친권자와 양육권자는 같은 사람으로 지정되는 겁니까?

A 그렇지는 않습니다. 민법 837조, 909조 4항, 가사소송법 2조 1항 2호 나류사건 3 및 5 등이 부부의 이혼 후 그 자의 친권자와 그 양육에 관한 사항을 다른 조항에서 규정하고 있는 점에 비추어 보면, 이혼 후 부모와 자녀의 관계에 있어서 친권과 양육권이 항상 같은 사람에게 돌아가야 하는 것은 아니며, 이혼 후 양육권은 어느 한쪽에, 친권은 다른 쪽에 또는 양쪽에 공동으로 있는 것으로 정하는 것은, 비록 신중한 판단이 필요하다고 하더라도, 일정한 기준을 충족하면 허용됩니다(대법 2011므4719).

친권자의 결정

협의이혼을 할 때에 양육해야 할 자녀가 있다면 그 자녀의 친권자에 대해서도 부부가 협의해야 한다. 협의할 수 없거나 협의가 이루어지지 않은 때에는 가정법원이 직권으로 또는 당사자의 청구에 따라 친권자를 지정하게 된다. 또한 부모의 협의가 자녀의 복리에 반하는 경우에는 가정법원은 보정을 명하거나 직권으로 친권자를 정한다.

한편, 가정법원이 미성년자인 자녀가 있는 부부의 재판상 이혼 청구를 심리할 때에는 그 청구가 인용될 경우를 대비하여 부모에게 미성년인 자녀의 친권자로 지정될 사람, 미성년인 자녀에 대한 양육과 면접교섭권에 관해 미리 협의하도록 권고해야 한다(가사 25①). 이러한 권고는 혼인의 취소의 청구를 심리할 때에도 마찬가지이다.

양육사항의 결정

협의이혼을 할 때에 양육해야 할 자녀가 있다면 양육에 관한 협의도 필요하다(민법 837① 및 836의2④). 자녀의 양육환경이 부당하게 침해되는 것을 방지하고 자녀의 복리를 우선하기 위함이다. 자녀의 양육사항과 친권자가 정해져 있지 않으면 가정법원이 협의이혼의사의 확인을 해 주지 않을 것이므로 이혼을 할 수 없다. 양육협의에는 양육자의 결정, 양육비용의 부담 및 면접교섭권의 행사 여부 및 그 방법을 포함해야 한다(민법 837②). 가정법원은 당사자가 협의한 양육비부담에 관한 내용을 확인하는 양육비부담조서를 작성하게 되는데, 이 양육비부담조서는 금전의 지급, 물건의 인도, 등기, 그 밖에 의무의 이행을 명하는 심판과 마찬가지의 집행권원으로 되는 효력이 있다(민법 836의2☞가사 41). 이혼 후 양육비가 미지급될 경우 그 양육비를 확보할 때에 조서의 쓰임이 있다는 뜻이다. 양육사항에 대해 합의하지 못한 경우에는 법원에 우선 그 결정을 청구해서 심판을 받은 다음 그 심판정본을 제출해야 한다(민법 837④ 및 836의2④). 재판상 이혼에 따른 자녀의 양육책임 등에 관해서는 민법 837조를 준용하므로 마찬가지로, 당사자가 협의하여 정한다. 양육사항에 관한 협의가 이루어지지 않거나 협의할 수 없는 때에는 가정법원이 직권으로 또는 당사자의 청구에 따라 결정한다.

양육비는 어느 정도가 적정할까. 자녀의 연령에 따라서, 당사자의 소득에 따라서 다르게 정해진다. 가정법원의 양육비 산정기준을 참고하면 적정비용을 협의하는 데 도움이 될 것이다. 이 책의 [45]에 관련된 설명이 있으므로 참조하기 바란다. 다만, 양육비의 산정기준은 바뀔 수 있으므로 이혼할 때 최신 기준인지를 확인할 필요가 있다.

〈친권자 지정 및 양육사항에 관한 협의권고〉

가정법원은 미성년자인 자녀가 있는 재판상 이혼의 청구를 심리할 때에는 그 청구가 인용될 경우를 대비하여 부모에게 ① 미성년자인 자녀의 친권자로 지정될 사람, ② 미성년자인 자녀에 대한 양육과 면접교섭권에 관하여 미리 협의하도록 권고해야 한다(가사 25①).

협의서의 제출

협의이혼의사 확인신청서를 제출할 때에 자녀의 양육 및 친권자 결정에 관한 협의서를 첨부해야 한다. 다만, 부부가 함께 출석해서 신청하고 이혼에 관한 안내를 받은 때에는 이 협의서를 확인기일 1개월 전까지 제출할 수 있다. 양육 및 친권자 결정에 대한 협의가 이루어지지 않아 가정법원이 개입하게 되면 가정법원의 심판정본을 제출해야 하는데, 이는 확인기일까지 제출하면 된다.

Q 재산문제에 대해서 합의하지 않은 상태로 협의이혼을 할 수 있습니까?

A 가능합니다. 협의이혼을 할 때에 재산에 관한 부부의 합의는 법원의 확인사항이 아닙니다. 그러므로 협의이혼을 할 때에 위자료나 재산분할에 관해 합의가 되지 않더라도 이혼할 수 있습니다. 이혼 후에 법원에 위자료청구소송(가사 2①a다류2)을 제기하거나 재산분할청구심판(가사 2①마류4)을 청구해서 재산문제를 다툴 수 있습니다. 다만, 위자료청구권은 그 손해

또는 가해자를 안 날부터 3년 이내에 행사해야 하며(민법 766①) 재산분할 청구권은 이혼한 날부터 2년을 경과하면 소멸하므로(민법 839의2③) 그 기간 내에 청구해야 합니다. 소송경제상으로는 두 가지를 함께 진행하는 것(가사 14①)이 좋습니다.[5]

재산 문제

이혼을 할 때에 재산적인 문제는 재산분할과 손해배상이다. 우리 민법은 부부별산제를 취하고 있지만, 명의에 불구하고 이혼할 때에 나누어야 할 재산이 있다. 그리고 이혼의 원인을 일으킨 사람은 상대방에 대해 손해배상책임을 져야 한다.

이혼에 따른 손해배상책임

민법은 재판상 이혼을 할 때에 책임이 있는 상대방과 제3자에 대한 손해배상에 관해 약혼에 관한 규정(민법 806)을 준용하고 있다(민법 843). 따라서 재판상 이혼을 할 경우 이혼에 책임있는 한쪽에 대해 다른쪽은 이혼으로 인한 손해의 배상을 청구할 수 있다. 반면, 민법은 협의이혼의 경우에는 손해배상책임에 관해 별도의 규정을 두고 있지 않다. 그러나 대법원은 협의이혼을 할 경우의 손해배상청구를 긍정하면서, 손해배상청구를 하는 데 있어 어떠한 혼인해소방식에 구애될 필요가 없음을 명확히 하고 있으므로(대법 76다2223), 협의이혼을 할 경우에도 재판상 이혼의 경우와 마찬가지로 책임 있는 상대방에 대해 배상을 청구할 수 있다. 손해배상책임에 관해서는 이 책의 [44]를 보면 된다.

이혼에 따른 재산분할청구권

협의상 이혼한 한쪽은 다른쪽에 대해 재산분할을 청구할 수 있다(민법 839의2①). 재산분할에 관하여 협의가 되지 않거나 협의할 수 없는 때에는 가정법원이 당사자의 청구에 의하여 당사자 쌍방의 협력으로 이룩한 재산의 액수 기타 사정을 참작하여 분할의 액수와 방법을 정한다(민법 839의2②). 재산분할청구권은 이혼한 날부터 2년이 지나면 소멸하는 권리이므로(민법 839의③) 유의해야 한다. 재판상 이혼에 따른 재산분할청구권에 관해서는 협의상 이혼에 관한 규정인 민법 839조의2를 준용하므로(민법 843) 양자에 차이는 없다. 재산분할청구에 관한 자세한 내용은 이 책의 [52]를 보면 된다.

재산분할청구권 보전을 위한 사해행위취소권

협의이혼을 할 경우, 부부 한쪽이 다른 한쪽의 재산분할청구권 행사를 해함을 알면서도 재산권을 목적으로 하는 법률행위를 한 때에는 다른 한쪽이 그 취소 및 원상회복을 가정법원에 청구할 수 있다(민법 839의3①). 사해행위취소권은 채권자가 취소원인을 안 날부터 1년, 법률행위가 있은 날부터 5년 내에 제기하여야 한다(민법 839의3②☞406②). 재판상 이혼에 따른 재산분할청구권 보전을 위한 사해행위취소권에 관해서는 민법 839조의3을 준용하므로(민법 843)

협의이혼의 경우와 같다. 사해행위취소권에 대한 보다 자세한 내용은 이 책의 [52]를 보면 된다.

30

협의이혼의 무효와 가짜이혼

어떻게 해서 협의이혼의 신고가 수리되었더라도 당사자 사이에 이혼의 합의가 없었다면 그 협의이혼은 무효이다. 그러나 다른 목적을 달성하기 위해 일시적으로 한 이혼신고라도 진정한 이혼의사가 있었다면 유효하다는 판례가 있다.

협의이혼이 무효로 되는 경우

협의이혼은 부부의 이혼의사가 합치하고 이혼신고를 함으로써 이혼의 효력이 생긴다. 그런데 이혼신고가 없다면 이혼 자체가 성립하지 않으므로 이혼무효를 주장할 필요도 없어진다. 따라서 이혼신고는 되었지만 부부의 이혼의사가 없었거나 일치하지 않은 때에만 이혼무효가 문제될 수 있다.

협의이혼에 대해 한쪽 또는 양쪽의 이혼의사가 없었다면 그 협의이혼은 무효이다. 예를 들어, 협의이혼을 신고하기 전에 협의이혼의사를 철회했지만 협의이혼의 신고가 수리되었거나(대법 93도

2869) 가정법원의 이혼의사확인서를 위조해서 이혼신고를 한 경우이다. 한쪽 또는 양쪽이 모르는 사이에 다른 사람이 한 이혼신고도 무효이다. 다만, 이혼의사확인제도가 신설된 후에는 협의이혼이 무효로 되는 경우가 많이 줄어든 것으로 보인다. 협의이혼신고의 무효를 주장하는 방법은 혼인의 무효와 같다.

가짜이혼

법률적인 표현으로는 가장이혼(假裝離婚)이라고 하는데, 부부는 협의에 의해서도 이혼할 수 있지만 협의이혼이 유효하기 위해서는 이혼에 관한 합의가 부부 사이에 진정으로 성립해야 한다. 가장이혼은 진실로 부부공동생활관계를 끝낼 의사가 없으면서 이혼하는 것처럼 하는 것으로 앞에서 다룬 위장혼인에 상대되는 개념이다. 진정한 이혼의 합의가 없는 가장이혼이라면 그 협의이혼은 무효라 할 것이다.[6]

법률적 의미에서 가장이혼은 부부가 공동생활을 해소할 의사는 없으면서 이혼합의를 하여 신고하는 것이다. 예를 들어, 채무를 면탈하기 위한 경우를 비롯해서 다른 목적을 달성하기 위한 이혼이라도 일시적이나마 부부가 공동생활을 해소할 진정한 의사가 있었다면 이혼의 합의가 있는 것이다. 그러므로 이는 엄밀한 의미에서의 가장이혼이 아니며, 이러한 유형의 이혼은 무효가 아니라 유효한 이혼으로 된다.

판례는, 법률상 부부관계를 해소하려는 당사자의 합의에 따라 이혼이 성립한 경우 그 이혼에 다른 목적이 있다 하더라도 당사자 사이에 이혼의 의사가 없다고 말할 수 없고, 이혼이 가장이혼으로서 무효가 되려면 누구나 납득할 만한 특별한 사정이 인정되어야 한다는 입장이다(대법 2016두58901). 그렇지 않으면 이혼의 당사자 사이에 일시적으로나마 법률상 적법한 이혼을 할 의사가 있었다고 보는 것이 이혼신고의 법률상 및 사실상 중대성에 비추어 상당하다고 하였다(대법 95도448. 대법 93므171, 대법 96도2049 참조).

Q 진정한 이혼의사가 일시적으로도 있지 않고 다른 목적으로 한 이혼도 유효한가요?

A 이러한 가장이혼은 이른바 실질적 의사설(대법원의 입장. 실질적 의사와 형식적 의사에 대해서는 [03]에서 자세히 설명하고 있으니 참고하기 바랍니다)에 따르면 무효가 됩니다. 이에 대해서 사실혼으로 처리해야 한다는 주장도 있습니다.

Q 이혼이 가장이혼으로서 무효가 아닌 이상 이혼에 따른 재산분할은 원칙적으로 증여세의 과세대상이 되는 겁니까?

A 이혼에 따른 재산분할은 부부가 혼인중에 취득한 실질적인 공동재산을 청산·분배하는 것을 주된 목적으로 하는 것으로서 재산의 무상이전으로 볼 수는 없습니다. 그러므로 이혼이 가장이혼으로 인정되어 무효로 되지 않는 이상 원칙적으로 증여세의 과세대상이 되지는 않습니다. 다만, 재산분할청구제도의 취지에 반하여 상당하다고 할 수 없을 정도로 과대하고 상속

세나 증여세 등 조세를 회피하기 위한 수단에 불과하여 그 실질이 증여라고 평가할 만한 특별한 사정이 있는 때에는 상당한 부분을 초과하는 부분에 한해서 증여세의 과세대상이 될 수 있습니다(대법 2016두58901).

Q 부부가 자녀교육을 위해 미국 영주권을 취득할 목적으로 한 이혼신고는 유효한 것입니까?

A 부부가 자녀들이 미국에서 학업을 계속할 수 있도록 하기 위해 미국 영주권을 취득할 목적으로 이혼신고를 했다 하더라도, 일시적이나마 법률상 부부관계를 해소하려는 의사가 있었다면 그 이혼신고는 유효합니다(서울 2003드합6149. 대법 93므171, 대법 95도448 참조).

협의이혼무효소송

이혼무효의 소는 이른바 확인의 소이므로 이미 이혼무효의 법률적인 효과는 발생했지만 그 이혼이 무효라는 가정법원의 확인을 받아야 한다. 우리 민법은 협의이혼의 무효에 대해선 규정하지 않고 있고, 가사소송법이 이혼의 소에 관해 규정하고 있다(가사 2①a 가류2).

이혼무효소송은 가정법원의 조정절차를 거치지 않아도 된다(가사 2①a가류2 및 50①). 이혼무효의 사유가 있다면 이혼무효소송은 언제든지 할 수 있고, 이혼의 당사자뿐만 아니라, 법정대리인 또는 4촌 이내의 친족이 언제든지 가정법원에 소송을 제기할 수 있다(가사 23). 이것이 뒤에서 설명하는 이혼취소소송과 다른 점이다. 부부의 어느 한쪽이 이혼무효 또는 취소의 소를 제기할 때에는 배우자를 상대방으로 하고(가사 24①), 제3자가 이혼무효 또는 취소의 소를 제기할 때에는 부부를 상대방으로, 부부의 어느 한쪽이 사망한 때에는 그 생존자를 상대방으로(가사 24②), 상대방이 될 사람이 모두 사망한 때에는 검사를 상대방으로 한다(가사 24③).

협의이혼무효의 확정

무효인 이혼은 처음부터 무효이고 다른 사람(제3자)에게도 무효의 효력이 미친다. 즉, 이혼이 무효라는 판결이 확정되면 그 혼인은 중단 없이 계속된 것으로 인정되는 것이다. 다만, 이혼의 무효가 확정되면 당사자는 판결이 확정된 날부터 1개월 이내에 판결의 등본 및 그 확정증명서를 첨부해서 등록부의 정정을 신청해야 한다(등록법 107). 또한 협의이혼이 무효로 확정되면 법원사무관 등은 지체 없이 당사자 또는 사건본인의 등록기준지의 가족관계등록사무를 처리하는 자에게 그 뜻을 통지하여야 한다(가규 7).

Q 협의이혼을 예약할 수도 있습니까?

A 그럴 순 없습니다. 협의이혼은 이른바 요식행위(정해진 방식을 갖추지 않으면 효력이 생기지 않음)입니다. 그러므로 혼인중인 당사자가 장래에 협의이혼을 하기로 하는 약정은 강제할 수도 없고 위반하더라도 제재할 수 없기 때문에 효력이 생기지 않습니다. 다만, 이혼을 약정한 후에 하는 재산분할에 관한 협의는 그 내용이 '선량한 풍속 기타 사회질서에 위반한 사항

을 내용으로 하는 법률행위는 무효로 한다'는 민법 103조에 위반되지 않는 한 가능합니다.

Q 이혼소송의 계속중(어떤 소송 사건이 아직 판결 절차의 대상으로 되어 있는 상태)에 각자 이혼의사를 분명하게 진술한 경우 간통에 동의하는 이혼합의로 볼 수 있습니까?

A 당사자가 더 이상 혼인관계를 계속할 생각이 없고, 이혼의사가 분명하게 합치하는 때에는 비록 법률적으로는 혼인관계가 존속한다 하더라도 상대방의 간통에 대한 사전 동의로 볼 수 있는 의사표시가 그 합의 속에 포함되어 있는 것으로 보아야 합니다. 이혼소송중에 위자료, 재산분할 등에 관해서는 의견 차이가 있었지만 각자 이혼의사를 명백히 밝혔다면 적어도 이혼에 대해서는 분명하게 합의한 것이기 때문입니다(대법 2008도3599).

31

협의이혼의 취소

재판상 이혼은 재판을 통해 이혼판결이 선고되는 것이기 때문에 취소라는 게 없지만 협의이혼은 부부가 합의하는 것이므로 그들이 스스로 취소하는 것도 가능하다. 다만, 언제든지 마음대로 취소할 수 있는 것은 아니다. 이혼의 합의는 부부 각자의 자유로운 의사에 따라 이루어져야 하는 것이므로 이 의사결정과정에 사기 또는 강박이 있었다면, 사기 또는 강박으로 인하여 이혼의 의사표시를 한 자는 그 취소를 가정법원에 청구할 수 있다.

이혼이 취소되는 경우

사기 또는 강박으로 인해 이혼의 의사표시를 한 사람은 가정법원에 취소를 청구할 수 있다(민법 838). 사기로 인한 이혼은 상대방이 이혼결정을 하게끔 허위의 사실을 알려 착오에 빠지게 해서 이혼하는 것인데, 다른 사람과의 혼인을 위해 경제사정을 핑계로 배우자를 속여 이혼하는 경우가 해당할 수 있다. 강박으로 인한 이혼은 상대방에게 해악을 알려 공포심을 느끼게 해서 이혼하는 것인데, 이혼을 계속 거부하면 불이익이 있을 거라고 협박하여 이혼하는 것이 그 예이다. 사기 또는 강박은 배우자뿐만 아니라 배우자의 가족이나 내연관계에 있는 사람 등 제3자에게 당한 때에도 취소할 수 있다. 협의이혼을 취소할 수 있게 하는 것은 잘못이 없는 배우자를 내쫓는 이른바 축출이혼을 방지하기 위해서였는데 협의이혼 의사 확인제도가 신설되면서 협의이혼이 취소되는 경우는 많이 줄어든 것으로 보인다.

이혼취소소송

협의이혼 취소의 소는 '형성의 소'로 분류된다. 형성의 소는 아직 법률적인 효과가 확정되지 않은 상태에서 소송을 통해 이혼이 취소가 되어야 비로소 이혼 무효라는 법률적 효과가 발생하는 소송을 말한다.

이혼의 취소청구는 사기 또는 강박으로 인해 이혼의사를 표시한 당사자만이 할 수 있다. 이러한 이혼은 사기를 안 날 또는 강박을 면한 날부터 3개월 내에 취소를 청구해야 한다(민법 839☞823). 이혼 취소의 사건에 대해서는 우선 가정법원에 조정(가사 2①a나류3 및 50)을 신청해야 하며, 조정이 성립되지 않아 사건이 종결된 때에는 조정신청을 한 때에 소송이 제기된 것으로 본다(가사 49☞민조 36①b).

〈이혼취소사건의 관할〉

이혼의 취소소송은 다음과 같은 구분에 따라서 해당 가정법원의 전속관할로 한다(가사 22). 이것은 혼인의 무효나 취소, 이혼의 무효도 마찬가지이다.

1. 부부가 같은 가정법원의 관할 구역 내에 보통재판적[7]이 있을 때에는 그 가정법원
2. 부부가 마지막으로 같은 주소지를 가졌던 가정법원의 관할 구역 내에 부부 중 어느 한쪽의 보통재판적이 있을 때에는 그 가정법원
3. 1호와 2호에 해당되지 아니하는 경우로서 부부 중 어느 한쪽이 다른 한쪽을 상대로 하는 경우에는 상대방의 보통재판적이 있는 곳의 가정법원, 부부 모두를 상대로 하는 경우에는 부부 중 어느 한쪽의 보통재판적이 있는 곳의 가정법원
4. 부부 중 어느 한쪽이 사망한 경우에는 생존한 다른 한쪽의 보통재판적이 있는 곳의 가정법원
5. 부부가 모두 사망한 경우에는 부부 중 어느 한쪽의 마지막 주소지의 가정법원

이혼취소의 효과

판결에 의해 협의이혼의 취소가 확정되면 법원사무관 등은 지체 없이 당사자 또는 사건본인의 등록기준지의 가족관계등록사무를 처리하는 담당자에게 그 뜻을 통지해야 한다(가규 7①). 그리고 소를

제기한 사람은 판결이 확정된 날부터 1개월 내에 판결의 등본과 확정증명서를 첨부하여 등록부의 정정을 신청해야 한다(등록법 107).

혼인의 취소와 달리 이혼취소의 판결이 확정되면 그 이혼은 처음부터 없었던 것으로 된다. 그러므로 이혼이 되었던 때로 소급해서 무효로 되고, 이혼 취소의 효력은 선의의 제3자에게도 미친다(가사 21①). 따라서 이혼취소의 사유를 제공한 사람이 제3자인 경우에는 그 사람에게 재산상·정신상 손해에 대한 배상을 청구할 수 있다. 또한 이혼신고를 하고 이혼취소의 판결 전에 다른 한쪽이 재혼을 했다면 그 재혼은 중혼이 되어 혼인취소의 대상이 된다(대법 84므9).

Q 아내가 아파트를 자기에게 증여하고 협의이혼의사 확인을 받으면 혼인생활을 계속하겠다고 해서 협의이혼의사 확인을 받았습니다. 그런데 아내가 협의이혼의 신고를 했다면 남편은 이 협의이혼을 취소하고 재판상 이혼청구를 할 수 있습니까?

A 그럴 수 있습니다. 아내가 혼인을 계속할 의사가 없으면서 아파트를 자기에게 증여하고 협의이혼의사 확인을 받으면 남편의 태도 변화를 지켜보아 마치 혼인생활을 계속할 것처럼 남편을 속이고, 이에 속은 남편으로 하여금 아내와 혼인을 계속할 목적으로 협의이혼의사 확인을 받게 한 다음 남편 몰래 협의이혼의 신고를 함으로써 이혼이 된 것이라면 이는 남편이 아내에게 속아 이혼의 의사표시를 한 때에 해당하여 이혼취소의 사유가 됩니다. 따라서 아내가 한 협의이혼의 신고를 취소하고 남편의 이혼청구를 인용할 수 있습니다(서울 2005드단53135, 68908).

Q 상대방을 속여서 협의상 이혼의 확인을 받아 이를 신고한 것이 범죄로 될 수 있습니까?

A 협의이혼의 의사표시가 속아서 한 것이라도 그것이 취소되기까지는 유효한 것입니다. 그러므로 협의이혼의사의 합치에 따라 이혼신고를 한 것이라면 범죄로 되지 않는다고 보았습니다(대법 95도448.[8] 대법 93도698, 대법 96도233 참조).

32

사실상 이혼

'사실상 이혼'이란 사실혼에 비유해서 말하는 것인데, 이혼에 대해서는 서로 합의하고 더 이상 같이 살지도 않지만 이혼신고는 하지 않은 상태이다. 그런데 사실혼에 법률혼과 같은 혼인의 효력을 상당히 인정하는 것에 비해서 사실상 이혼에는 이혼의 법률상 효과가 인정되지 않는다.

사실상 이혼에 해당하는 경우

이혼합의를 하고 별거상태에 들어가서 부부 사이에 공동생활의 실체가 전혀 존재하지 않으면서 이혼신고를 하지 않고 있다면 사실상 이혼 상태라고 볼 수 있다. 따라서 부부싸움으로 인한 일시적인 별거나 가출은 사실상 이혼에 해당되지 않는다. 배우자의 외도나 폭력 등으로 이혼을 원하고 더 이상은 같이 살 수도 없지만 자녀가 성장하고 혼인할 때까지 또는 경제적 문제 등 다른 이유로 서류상으로만 부부관계를 유지하고자 한다면 사실상 이혼으로 볼 수 있을까. 이러한 경우에 사실상 이혼이라고 하려면 재산분할을 포함해서 이혼으로 인해 생기는 문제까지 실질적으로 완료되어야 한다.

사실상 이혼의 효과

이혼이 되려면, 이혼신고를 하거나(협의이혼의 경우) 이혼판결을 받아야(재판이혼의 경우) 한다. 사실상 이혼 상태가 유지되더라도 자동적으로 이혼이 성립하지는 않는다. 다만, 이른바 신고주의(=혼인신고를 해야 유효한 혼인으로 인정됨)와 모순되지 않는 한도에서 협의이혼의 효과를 준용하자는 주장이 있다. 그럴 경우 민법 826조(부부간의 의무), 829조(부부재산의 약정과 그 변경), 830조(특유재산과 귀속불명재산) 및 831조(특유재산의 관리 등)는 적용되지 않지만, 827조(부부간의 가사대리권) 및 832조(가사로 인한 채무의 연대책임), 833조(생활비용)는 적용된다고 본다. 그러므로 선의이며 무과실인 제3자에게는 이혼의 효과를 주장할 수 없지만 악의의 제3자나 과실 있는 선의의 제3자에게는 이혼의 효과를 주장할 수 있다.

사실상 이혼 상태에 있더라도 대외적으로는 여전히 부부이다. 따라서 다른 사람과 혼인을 할 수도 없고, 다른 사람과 새로운 혼인을 할 경우에는 중혼이 되어 취소 대상이 된다. 그렇지만 사실혼이 위법한 것은 아니다. 또한 사실상 이혼 상태에 있는 부부 사이에도 여전히 친족관계가 있기 때문에 상속권도 인정된다. 미성년

자녀에 대한 친권에도 변함이 없지만 사실상 이혼으로 인해 부모가 공동으로 친권을 행사하기는 현실적으로 어렵다. 따라서 '부모의 일방이 친권을 행사할 수 없을 때'에 해당하는 것으로 보아 남편이나 아내 중 한쪽만이 친권을 행사할 수 있을 것이다(민법 909③).

사실상 이혼 상태에서 아이가 태어난다면 이 아이에 대해서도 친생추정이 미치는가. 남편의 아이를 임신할 수 없는 것이 외관상 명백한 때에는 그 추정이 미치지 않는다는 것이 우리 대법원의 입장이다. 즉, 남편의 친생자 추정에 관한 민법 844조는 부부가 동거하여 아내가 남편의 자녀를 임신할 수 있는 상태에서 자녀를 임신한 때에 적용되는 것이고, 부부의 한쪽이 장기간에 걸쳐 해외에 나가 있거나 사실상 이혼으로 부부가 별거하고 있는 경우 등 동서(同棲)의 결여로 아내가 남편의 자녀를 임신할 수 없다는 것이 외관상 명백한 사정이 있는 때에는 그 추정이 미치지 아니한다(대법 82므59 전합).

Q 사실상 이혼 상태에서 임신된 태아는 '혼인중의 출생자'로 인정될 수 있습니까?

A 그렇지 않습니다. 남편의 자녀로 추정되지 않는다는 것이 판례의 입장입니다. 따라서 이러한 경우에는 민법 844조(남편의 친생자의 추정)와 846조(자의 친생부인)는 적용되지 않습니다. 그러므로 이 자녀에 대해 남편은 친생부인의 소에 의하지 않고 친생자관계부존재확인의 소(민법 865)에 의해 부자관계를 부정할 수 있습니다(대법 82므59 전합). 친생부인의 소 및

친생자관계부존재확인의 소에 대해서는 이 책의 65쪽 이하에서 설명하고 있으니 그곳을 보시기 바랍니다.

Q 사실상 이혼 상태에서 한쪽이 사망하면 다른 한쪽이 상속할 수 있습니까?

A 그렇습니다. 신분등록부상 B가 사망한 배우자인 A의 아내로 되어 있다면 설사 B가 A가 살아있는 동안에 사실상 이혼을 하고 사실상 재혼을 했더라도 A가 사망한 당시에 신분등록부상 A의 아내로 되어 있는 이상 B는 A의 재산을 상속할 수 있습니다(호적상 부처관계에 있는 유처는 사실상 타에 개가한 경우라도, 공무원 연금법상의 유족에 해당한다는 것이 당시 판례의 입장이다. 대법 69다427).

33

재판상 이혼

민법에서 규정하고 있는 이혼 원인이 있는 때에는 상대방의 동의 없이도 재판을 통해 이혼할 수 있다.

재판상 이혼의 원인

부부 중 한쪽이 이혼에 합의하지 않는 때에는 협의이혼은 어려우므로 재판을 통해 이혼을 할 수밖에 없다. 다만, 민법 840조 1호 내지 6호에 규정된 법정 이혼 원인 중 하나가 있어야 하고 이혼을 원하는 한쪽이 다른 쪽에 이혼소송을 제기해서 법원의 판결에 따라 이혼을 할 수 있다.

이혼 원인 중 1호에서 5호는 어느 부부에게나 이혼사유가 된다는 의미에서 절대적 또는 구체적 이혼원인이라고 하고, 6호는 부부의 사정에 따라 이혼사유가 될 수도 있고 안 될 수도 있다는 의미에서 상대적 또는 추상적 이혼원인이라고 한다.

840조의 각 이혼 사유는 개별 사유마다 독립해서 재판상 이혼의 청구원인이 되는 것이다. 그러므로 가정법원은 원고가 주장하지 않은 이혼사유에 대해서는 심판할 수 없고, 원고가 주장한 이혼사유에 관해서만 심판해야 한다. 즉, 이혼의 소는 원고가 주장하는 사유에 의한 재판상 이혼의 청구이유의 유무에 관한 판단을 구하는 것이며, 민법이 규정하고 있는 이혼사유마다 재판상 이혼청구를 할 수 있는 것이다. 그러므로 원고가 주장하지 않은 이혼사유(사실일지라도)에 의해 이혼을 명하여서는 안 된다(대법 62다812).[9] 다만, 이혼청구를 하면서 840조의 재판상 이혼원인 중에서 여러 개의 사유를 주장하는 때에는 가정법원은 그 중 어느 하나를 인정하여 이혼 판결을 할 수 있다(대법 99므1886).

Q 협의이혼의사의 확인을 받은 뒤에 상대방이 마음이 변해서 이혼하지 않겠다고 합니다. 이것을 이유로 재판상 이혼을 청구할 수 있습니까?

A 당연히 그렇지는 않습니다. 가정법원에 의한 협의이혼의사 확인절차는 확인 당시에 당사자들이 이혼할 의사를 가지고 있었는가를 밝히는데 그치는 것입니다. 그러므로 협의이혼의사의 확인이 있었다는 것만으로는 재판상 이혼사유가 될 수 없으며 그 의사확인 당시에 더 이상 혼인을 계속할 수 없는 중대한 사유가 있었다고 추정될 수도 없습니다(대법 87므28).

Q 이혼한 전 배우자와 다시 혼인한 경우 전혼 생활 중 이혼에 이르게 된 사정을 이혼사유로 삼을 수 있습니까?

A 그럴 수 없습니다. 이혼한 전 배우자와 다시 혼인을 한 경우 재결합한 이후의 사정만을 이혼사유로 고려할 수 있을 뿐이고 전혼 생활 중 이

혼에 이르게 된 사정은 재결합 후의 이혼청구에서 고려할 사항이 아닙니다(서울 2007르2139).

재판이혼의 유형

재판이혼은 그 절차에 따라 조정이혼과 소송이혼으로 구분된다. 우리나라는 이혼소송을 제기하기 전에 먼저 조정절차를 거치는 이른바 조정 전치주의를 택하고 있으므로 조정이 성립되지 않은 경우에 소송을 진행하게 된다(가사 50①). 그러나 공시송달의 방법이 아니면 당사자의 어느 한쪽 또는 양쪽을 소환할 수 없는 경우나 그 사건을 조정에 회부하더라도 조정이 성립될 수 없다고 인정되는 경우에는 조정절차를 거치지 않고 이혼소송을 통해 이혼여부를 결정할 수 있다(가사 50②).

민법 제840조(재판상 이혼원인)

부부의 일방은 다음 각 호의 사유가 있는 경우에는 가정법원에 이혼을 청구할 수 있다.

1. 배우자에 부정한 행위가 있었을 때
2. 배우자가 악의로 다른 일방을 유기한 때
3. 배우자 또는 그 직계존속으로부터 심히 부당한 대우를 받았을 때
4. 자기의 직계존속이 배우자로부터 심히 부당한 대우를 받았을 때
5. 배우자의 생사가 3년 이상 분명하지 아니한 때
6. 기타 혼인을 계속하기 어려운 중대한 사유가 있을 때

34

재판상 이혼 원인 1호

배우자의 부정(不貞)한 행위는 첫 번째 재판상 이혼 사유이다. 부정은 간통을 포함하지만 간통보다 넓은 의미로서 부부의 정조의무에 충실하지 못한 일체의 행위를 포함하는 도덕적인 개념이다.

이혼의 원인이 되는 부정행위

'배우자의 부정한 행위'라 함은 간통을 포함하는 보다 넓은 개념으로서 간통까지는 이르지 않았지만 부부의 정조의무에 충실하지 않은 일체의 부정한 행위가 이에 포함되며, 부정한 행위인지의 여부는 구체적 사안에 따라 그 정도와 상황을 참작하여 이를 평가해야 한다(대법 87므5, 87므6).

부정행위가 이혼원인이 되기 위해서는 외형적으로 '혼인의 순결에 반하는 사실'이 있어야 하고, 그 행위가 '내심으로 자유로운 의사에 의한 행위'라야 한다(대법 76므10). '자유로운 의사'에 과음에 의한 자초행위는 포함되지만, 심신상실 상태에서의 행위나 강간은 부정행위에 해당하지 않는다. 또한 남편의 동의 없이 제3자의 정액으로 인공수정을 받아 임신한 경우는 기계적인 것이므로 부정한 행위로 보지 않는다.

부정한 행위는 1회든 계속적이든 상관이 없다. 그러나 혼인 후의 부정한 행위만이 해당되고, 혼인 전 약혼단계에서의 행위는 재판상 이혼사유에 해당하지 않는다(대법 91므85, 92). 다만, 민법 840조 6호의 '혼인을 계속하기 어려운 중대한 사유'에 해당되어 이혼사유로 될 수는 있다.

부정행위로 인한 이혼청구권의 소멸

부정행위를 하더라도 상대방 배우자가 사전에 동의(승인)를 했거나 사후에 용서한 때에는 이혼을 청구할 수 없다(민법 841). 부정행위를 했을 것이라는 단순한 예견은 동의로 볼 수 없고, 동의든 용서든 부정행위를 하더라도 이의 없다는 적극적인 의사가 있어야 한다. 그러나 그 의사가 반드시 명시적일 필요는 없다. 간통에 대한 용서는 명시적으로는 물론 묵시적으로도 할 수 있는 것이어서 그 방식에 제한이 있는 것은 아니다.

그렇지만 감정을 표현하는 어떤 행동이나 의사의 표시가 용서로 인정되기 위해서는, 첫째, 배우자의 부정행위를 확실하게 알면서 자발적으로 한 것이어야 하고, 둘째, 그와 같은 부정행위에도 불구하고 혼인관계를 지속시키려는 진실한 의사가 명백하고 믿을 수 있는 방법으로 표현되어야 한다. 그러므로 단순한 외면적인 용서의 표현이나 용서를 하겠다는 약속만으로는 용서를 했다고 인정되기 어렵다(대법 91도2049). 판례에서는 축첩행위에 대한 동의, 첩소생자의 양육, 친생자로 출생신고, 간통 후 동거 계속 등은 부정행위에 대하여 동의한 것으로 인정한 바 있다. 그러나 본처가 첩과 그 자의 생활비·학비를 공급한 것은 동의가 아니라고 보았다.

용서의 시기는 부정한 행위가 완성된 후에 가능하며 이혼청구 후라도 제2심의 구두변론종결 이전이면 가능하다. 동의의 존재 또는 용서의 사실은 부정한 행위를 한 쪽에서 주장하고 입증해야 하는 것이지만 가정법원이 직권으로 조사할 수도 있다(가사 17).

부정행위를 이유로 하는 이혼청구는 그 행위를 안 날부터 6개월, 사유가 있은 날부터 2년 이내에 해야 하며, 이 기간이 지나면 이혼청구를 할 수가 없게 된다(민법 841). 이때 상대방은 사실의 존재를 알기만 하면 되고, 자신이 이혼청구권을 취득한 것까지 인식할 필요는 없다.

Q 고령이며 팔다리가 마비되어 성관계가 불가능한 상태인데 다른 사람과 동거했다면 재판상 이혼원인인 부정한 행위에 해당합니까?

A 부정행위로 볼 수 있습니다. 고령이고 중풍으로 정교능력이 없어 실제로 정교를 갖지는 못했다 하더라도 배우자 아닌 자와 동거한 행위는 배우자로서의 정조의무에 충실치 못한 것으로서 부정한 행위에 해당합니다(대법 92므68).

Q '용서해 줄테니 자백하라'고 말한 것만으로 용서로 볼 수 있습니까?

A 배우자의 객관적인 의사표시, 즉, '용서해 줄테니 자백하라'고 말한 것만으로는 간통을 용서한 것으로 보기 어렵습니다(대법 91도2049).

Q 남편이 지속적으로 만나는 여자가 있는데 간통행위에 대한 확실한 증거를 찾지 못했습니다. 이런 경우에도 부정한 행위를 이유로 이혼을 청구할 수 있습니까?

A 아내가 있는 남자가 다른 여자와 지속적인 교제관계를 맺어 왔다면 비록 그들 사이에 간통행위가 있었다는 점에 대한 확증이 없어도 남편의 행위는 배우자로서의 정조의무를 저버린 부정한 행위에 해당한다고 본 사례가 있습니다(서울 97드4672).

35

재판상 이혼 원인 2호

정당한 이유 없이 배우자를 버리고 부부공동생활을 폐지한 때에는 그 상대방이 '배우자에 대한 악의의 유기'를 이유로 재판상 이혼을 청구할 수 있다.

이혼원인이 되는 악의의 유기

악의의 유기는 배우자가 정당한 이유 없이 서로 동거, 부양, 협조해야 할 부부로서의 의무(민법 826①)를 포기하고 다른 한쪽을 버린 경우를 뜻한다(대법 96므1434). 여기에서 '악의'는 유기한 사실에 대한 인식과 그 사실을 인용하겠다는 의사가 같이 있어야 하는데 부부로서 공동생활을 계속할 의사가 있느냐 없느냐가 그 판단의 기준이 되고, 유기한 기간에 대해 구체적인 법규정은 없지만 실제상으로 어느 정도의 기간의 계속은 필요하다.

예를 들어, 가정불화가 심화되어 아내와 자녀들의 냉대가 극심해져서 일시적으로 집을 나와 별거하고 가정불화가 심히 악화된

기간 이래 생활비를 지급하지 않은 것일 뿐 달리 부부생활을 폐지하기 위해 가출한 것이 아니라면 '악의의 유기'에 해당하지 않는다(대법 85므6). 이 밖에도 단순한 가출, 잦은 친정출입, 수형(受刑), 시집에서 축출, 성병을 이유로 한 별거, 구타로 인한 별거 등은 악의의 유기에 해당하지 않는다는 것이 판례의 입장이다.

반면에, 부첩관계를 맺고 서울에서 같이 생활하면서 이혼청구 당시까지 20년 이상 배우자를 홀로 살게 했다면 그 배우자의 생활을 위해 사위와 딸의 공동명의로 주택을 마련해 주었다 하더라도 축첩행위 자체는 부당하게 동거의무를 불이행한 것으로서 악의의 유기에 해당함에 충분하다고 본 사례도 있다(대법 96므1434).

악의의 유기의 해당 여부에 관한 판단

일반적으로 장기간의 가출 또는 별거는 악의의 유기에 해당하지만 언제나 그렇지는 않다. 배우자를 버리고 8년간 자식들의 집을 전전하며 생활해 왔다 하더라도 배우자를 악의로 유기하였거나 혼인관계를 계속할 수 없을 정도로 파경에 이르렀다고 볼 수 없다는 사례가 있다(대법 86므75).

A(피청구인)가 배우자인 B(청구인)를 버리고 근 8년간 자식들의 집을 전전했지만 그 원인은 B의 주벽과 사업실패로 인한 가정파탄 때문이었다. 또한 B는 30여 년간 A와 살면서 6명의 자녀를 낳고 손자까지 보았다. B는 A의 배우자로서 좀더 적극적으로 A를 이해

하고 설득해서 원만한 가정생활을 이루도록 해야 함에도 A를 찾아보지도 않고 자식들에게 연락도 하지 않은 것은 B가 A의 남편으로서의 소임을 다하지 못한 처사라 할 것이므로 A의 가출은 악의의 유기에 해당하지 않는다고 본 것이다. 즉, 가출 또는 별거의 기간도 중요하지만 가출에 이르게 된 경위나 별거를 하게 된 원인, 그 이후의 상황 등을 종합적으로 고려하여 악의의 유기에 해당하는지 여부를 판단하게 된다.

악의의 유기로 인한 이혼청구권의 소멸

악의의 유기를 원인으로 하는 재판상 이혼청구권은 법률상 그 행사기간의 제한이 없는 형성권으로서 10년의 제척기간에 걸린다. 그렇지만 악의의 유기를 한 배우자가 부첩관계를 계속 유지함으로써 다른 한쪽을 유기하는 것이 이혼청구 당시까지도 계속된 때에는 기간 경과에 의해 이혼청구권이 소멸할 여지는 없다(대법 96므1434).

부첩관계와 손해배상

이른바 첩계약(妾契約)은 본처(本妻)의 동의 유무를 불문하고 선량한 풍속에 반하는 사항을 내용으로 하는 법률행위로서 무효일 뿐만 아니라 위법한 행위이다. 그러므로 부첩관계에 있는 남편 및 첩은 특별한 사정이 없는 한 그로 인해 본처가 입은 정신상 고통에 대해 배상할 의무가 있다. 그렇지만 이러한 손해배상책임이 성립하기 위해 반드시 부첩관계로 인해 혼인관계가 파탄에 이를 필요까지는 없다. 또한 본처가 장래의 부첩관계에 대해 동의한 것은 그 자체가 선량한 풍속에 반하는 것으로서 무효이다. 만일 부첩관계를 용서한 때에는 그것이 손해배상청구권의 포기로 인정될 수 있다(대법 96므1434).

36

재판상 이혼 원인 3·4호 및 5호

배우자 또는 그 직계존속으로부터 심히 부당한 대우를 받았을 때 또는 자기의 직계존속이 배우자로부터 심히 부당한 대우를 받았을 때에는 재판상 이혼을 청구할 수 있다. 또한 배우자가 3년 이상 생사가 분명하지 않은 때에도 재판상 이혼을 청구할 수 있다.

이혼원인이 되는 심히 부당한 대우

여기에서 '심히'는 부부생활의 계속에 고통을 느낄 정도라야 하고, '부당한 대우'는 신체나 정신에 대한 학대 또는 명예에 대한 모욕으로서 혼인관계를 유지하라고 강요하는 것이 가혹하다고 여겨질 정도의 폭행이나 학대 또는 모욕을 받았을 경우를 말한다(대법 2020므14763). 그런데 이러한 사유를 이혼원인으로 하는 것에 대해 '봉건적 가족제도의 유물'이라고 비판하며 재판상 이혼사유에서 제외해야 한다는 주장도 있다. 특히 부부 외 직계존속과의 관계까지를 이혼의 원인으로 규정하는 것이 오늘날에도 바람직한 것인지는 다시 생각해 볼 필요는 있다.

심히 부당한 대우인지 여부는 사회통념과 당사자의 신분이나 지위를 참작하여 구체적으로 판정하게 된다. 가정불화의 와중에 서로 격한 감정에서 오고간 몇 차례의 폭행 및 모욕적인 언사는 그것이 비교적 경미한 것이라면 '심히 부당한 대우를 받았을 때'에 해당하지 않는다(대법 85므6). 또한 아내가 혼인생활 중에 취득한 부동산을 남편 이름으로 등기하거나, 남편이 어려운 생활환경에서 음주하여 부부싸움을 하게 되고 부부가 다투던 중에 다소 모욕적인 언사나 약간의 폭행을 한 사실이 있다고 하더라도 그것만으로 혼인관계의 지속을 요구하는 것이 '심히 가혹한 정도'의 것이라고 보기는 어렵다(대법 80므9). 또한 아내가 남편을 형사고소하고, 남편이 무면허 운전 등으로 형사재판을 받게 되자 남편의 구속 및 엄벌을 바라는 취지의 탄원서를 2회 제출했다 하더라도 그 혼인관계가 이미 파탄된 이후의 일이라는 점과 그 행위의 종류 및 아내가 그러한 행위에 이르게 된 경위에 비추어 볼 때, '심히 부당한 대우'를 원인으로 하는 이혼사유에 해당한다고 보기 어렵다(대법 2003므1890).

이혼의 원인이 되는 생사불명

생사가 분명하지 않다는 것은 살아있는지 죽었는지가 분명하지 않다는 뜻이다. 이 사유를 이유로 이혼을 청구하려면 배우자의 생사가 분명하지 않은 기간이 3년 이상이라야 하며 이혼을 청구할 당시에도 생사가 분명하지 않아야 한다.

생사불명의 원인이 무엇인지는 묻지 않는다. 살아있다는 것은 분명하지만 주소지를 떠나 부재 상태인 경우라면 2호의 '악의의 유기'가 문제되고 5호를 원인으로 이혼을 청구할 수는 없다. 언제부터 3년을 계산할지는 남아있는 배우자에게 알려져 있는 본인의 생존 날짜이다. 즉, 마지막 소식이 있었던 때에 3년이 시작된다. 그러나 전투, 기타 생명의 위험을 추측케 하는 위난에 빠진 경우에는 그 위난이 소멸한 때부터 3년이 시작된다.

5호의 사유로 이혼할 경우에는 상대방이 없기 때문에 협의이혼은 할 수가 없다. 그러므로 오직 재판상 이혼만 할 수 있으며, 공시송달과 궐석재판으로 진행된다. 민사소송법에 따라 공시송달(민소 194~196)을 한 후에 본인의 참석 없이 하는 유일한 궐석이혼재판이다.

〈공시송달〉

상대방의 주소 또는 근무장소를 알 수 없거나 또는 외국에서 해야 할 송달 등 상대방에게 통상의 방법으로 서류를 송달할 수 없을 때에는 당사자의 신청 또는 법원이 직권으로 공시송달을 할 수 있다(민소 194).

법원사무관 등이 송달할 서류를 보관하고 그 사유를 ① 법원게시판에 게시하거나 ② 관보·공보 또는 신문에 게재하거나 ③ 전자통신매체를 이용해 공시하는 방법이다(민소 195, 민규 54①).

생사불명에 의한 이혼과 실종선고에 의한 혼인의 해소

생사불명에 의한 재판이혼은 실종선고[10]에 의한 혼인해소와는 관계가 없다. 실종선고를 통해 혼인관계가 해소된 때에는 그 후 당사자가 살아서 돌아온다면 종전의 혼인관계가 부활하게 되지만 생사불명을 원인으로 한 이혼 판결이 확정된 경우는 다르다. 이혼판결이 확정되고 난 후에 본인이 살아서 돌아오더라도 해소된 혼인이 당연히 부활하지는 않는다. 따라서 실종선고 후 배우자가 재혼했다면 실종선고를 받은 당사자가 살아왔을 때 중혼이 문제될 수 있지만 생사불명에 의한 이혼의 경우에는 중혼의 문제가 발생하지 않는다.

공시송달에 의한 이혼

상대방의 생사불명을 이유로 한 공시송달을 하려면 필요한 서류(공시송달 신청서와 상대방의 현주소를 알 수 없음을 밝히는 자료로, 말소된 주민등록 등본, 최후 주소지 통·반장의 불거주확인서, 상대방의 친족이 작성한 소재불명확인서 등)를 갖추어서 이혼소송을 제기한 가정법원에 제출하면 된다. 상대방의 주소를 알 수 없는 경우에도 공시송달을 신청할 수 있다.

37

재판상 이혼 원인 6호

'기타 혼인을 계속하기 어려운 중대한 사유가 있을 때'에는 재판상 이혼을 청구할 수 있다. '혼인을 계속하기 어려운 중대한 사유가 있을 때'란 혼인의 본질에 상응하는 부부공동생활관계가 회복할 수 없을 정도로 파탄되고, 그 혼인생활의 계속을 강제하는 것이 한쪽 배우자에게 참을 수 없는 고통이 되는 경우(이하에서는 '중대한 사유'라고 함)를 말한다(대법 90므1067).

'중대한 사유'

'중대한 사유'는 혼인계속의사의 유무, 파탄의 원인에 관한 당사자의 책임 유무, 혼인생활의 기간, 자녀의 유무, 당사자의 연령, 이혼 후의 생활보장, 기타 혼인관계의 여러 사정을 종합적으로 고려해서 판단해야 한다(대법 90므1067).

따라서 6호를 원인으로 이혼하려면 혼인관계가 심각하게 파탄되어 정상적인 부부공동생활관계를 회복할 수 없을 정도의 '객관적 사실'이 있고, 그러한 경우 혼인생활의 계속을 강요하는 것이 상대방에게는 '참을 수 없는 고통'이라고 인정되어야 한다. 객관적 사실에 어느 한쪽의 유책한 행위가 있을 필요는 없으며, 참을 수 없는 고통은 대다수의 부부에게 공통적인 것으로 볼 수 있을 정도라야 한다.

이혼청구권의 소멸

6호의 사유는 다른 한쪽이 그 사유를 안 날부터 6개월, 그 사유가 있은 날부터 2년(=제척기간[11])을 경과하면 이혼을 청구할 수 없다(민법 842). 다만, 6호의 사유가 이혼청구 당시까지도 계속 존재하는 것으로 보아야 할 때에는 그 이혼청구권은 제척기간에 걸리지 않는다(대법 96므1243). 판례는, 아내가 남편의 불륜 내지 폭력행위가 있었던 때부터 2년이 훨씬 지난 뒤에 이혼청구소송을 제기했더라도 남편이 아내에 대해 혼인 이후 폭력을 행사하고, 계속적으로 수차에 걸쳐 각종 범죄행위를 저질러 징역형을 선고 받고, 원심변론이 종결될 때까지도 복역 중에 있던 사례에서, '중대한 사유'가 현재까지도 계속 존재하는 것으로 보아 제척기간을 적용하지 않았다(대법 2000므1561).

'중대한 사유'로 인정되는 경우

'중대한 사유'는 그 표현에서 나타나는 것처럼 포괄적 · 상대적 · 추상적인 이혼 사유이다. '혼인을 계속하기 어려운 사유는 무엇이다' 라고 말하기도 어렵고, 유사한 원인행위가 어떤 부부에게는 재판상 이혼 사유로 인정될 수도 있지만 다른 부부에게는 인정되지 않을 수도 있다.

권위적인 태도로 아내를 대하고 생활비 부족문제가 있었던 두 부부의 실제 사례를 통해 살펴본다.

하나는, 78세의 아내가 92세의 남편을 상대로 이혼을 청구한 사례이다. 남편이 평생을 권위적인 방식으로 살아오다가 몇 년 전에 이미 이혼소동이 있었음에도 부부 사이의 문제를 대화와 설득으로 해결하지 않고 계속 억압적으로 아내에게 자신의 생활방식을 강요하고, 아내를 집 밖으로 내몬 이후 생활비를 지급하지 않은 채 갈등을 증폭시켰다. 더구나 아내나 자녀와 의논도 없이 일방적으로 상당한 재산을 장학기금으로 기부하였다. 이 사례는 '중대한 사유'에 해당한다고 보아 아내의 이혼청구가 받아들여졌다(대법 99므1886).

다른 하나는, 75세의 아내가 6호의 이혼사유가 있음을 전제로 83세의 남편을 상대로 이혼을 청구한 사례이다. 남편이 아내에게 생활비를 적게 주어 아내로 하여금 경제적으로 어려운 생활을 하도록 하고 가부장적 권위로 아내를 대하는 한편, 고령이 되어 아내를 이유 없이 의심하는 언행을 보인 적이 있다. 그러나 남편 스스로도 절약하는 생활을 하여 약 18억 원에 상당하는 재산을 모은 점, 남편이 아내를 의심하는 언행을 하거나 알몸으로 집안을 돌아

다니기도 한 것은 고령으로 인해 생긴 정신장애 증상에 기인하며 아내는 이러한 정신장애 증상이 있는 남편을 돌보고 부양해야 할 의무가 있는 점, 당시 아내는 75세이고, 남편은 83세에 이르는 고령인 점 및 혼인기간, 혼인 당시의 가치기준과 남녀관계 등을 종합하면 이러한 혼인관계는 재판상 이혼사유에 해당하지 않는다고 보아 이혼청구를 받아들이지 않았다(대법 99므180).

부부관계가 파탄되어 다시 원만한 부부생활로 되돌아가기 어려운 상태가 부부 어느 한쪽의 귀책사유로 인한 것이라 보기 어려운 때에는 6호의 이유에 해당될 수도 있고 안 될 수도 있는 것이다(대법 69므13). 다만, 그 인용 여부와 상관없이 6호를 이유로 이혼을 청구한 사례들을 유형화해 보면 이미 이혼에 합의한 경우, 사실상 이혼상태에 있는 경우, 상대방에게 정신질환이 있는 경우, 현실적·물리적인 이유로 배우자를 만날 수 없는 경우, 성생활이 어려운 경우, 임신불능인 경우, 과도한 신앙생활로 가정에 소홀한 경우 등으로 구분할 수 있다.

대법원의 입장

다음에서 이혼청구가 인용된 경우와 기각된 경우를 [Q&A]를 통해 사례별로 살펴본다.

❙ 이미 이혼에 합의한 경우

Q 이혼에 합의하고 위자료를 지급하고 재산분할까지 마쳤습니다. 이것을 이유로 재판상 이혼을 청구할 수 있습니까?

A 혼인생활 중 부부가 일시 이혼에 합의하고 위자료 명목의 금전을 지급하거나 재산분할을 했더라도, 그것으로 인해 부부관계가 돌이킬 수 없을 정도로 파탄되어 부부 양쪽이 이혼할 의사로 사실상 부부관계의 실체를 해소한 채 생활하여 왔다는 등의 특별한 사정이 없다면, 이혼을 합의했다는 사실만으로는 '혼인을 계속하기 어려운 중대한 사유'에 해당하지는 않는다고 봅니다(대법 96므226).

❙ 사실상 이혼 상태에 있는 경우

Q 법률상 부부인 A와 B가 별거하면서 A가 C와 사실혼관계를 이루었고, 그 뒤에 A와 B의 별거상태가 수십 년 동안 계속되어 A가 B를 상대로 이혼을 청구한 경우에 이혼원인이 있다고 볼 수 있습니까?

A A와 B의 혼인은 혼인의 본질에 상응하는 부부공동생활관계가 회복할 수 없을 정도로 파탄되었고, 그 혼인생활의 계속을 강제하는 것이 B에게 참을 수 없는 고통이 될 것이며, 혼인제도가 추구하는 목적과 민법의 지도이념인 신의성실의 원칙에 비추어 보더라도 혼인관계의 파탄에 대한 A의 잘못이 반드시 A의 이혼청구를 받아들이지 않을 정도로 여전히 남아 있다고 단정할 수 없습니다. 그러므로 A와 B의 혼인에는 '혼인을 계속하기 어려운 중대한 사유'가 있다고 보았습니다(대법 2010므1256).

❙ 정신질환이 있는 경우

Q 부부의 한쪽이 불치의 정신병에 걸린 경우 재판상 이혼사유에 해당합니까?

A 그 정신병이 단순히 애정과 정성으로 간호되거나 예후가 예측될 수 있는 것이 아니고 그 가정의 구성원 전체에게 끊임없는 정신적·육체적 희생을 요구하는 것이며, 경제적 형편에 비추어 많은 재정적 지출을 요하고 그로 인한 다른 가족들의 고통이 언제 끝날지 모르는 상태에 이르렀다면, 온 가족이 헤어날 수 없는 고통을 받더라도 다른 한쪽은 애정에 터 잡은 의무에 따라 한정 없이 참고 살아가라고 강요할 수는 없습니다. 그러므로 이러한 경우는 6호의 재판상 이혼사유에 해당합니다(대법 2004므740).

Q 부부의 한쪽이 정신병적인 증세를 보인다는 것을 이유로 곧바로 이혼청구를 할 수 있습니까?

A 부부의 한쪽이 정신병적 증세를 보여 혼인관계를 유지하는 데 어려움이 있다고 하더라도 그 증상이 가벼운 정도에 그치는 경우라든가, 회복이 가능한 때에는 다른 한쪽은 사랑과 희생으로 그 병의 치료를 위해 진력을 다해야 할 의무가 있는 것이고, 이러한 노력을 제대로 하지 않은 채 정신병 증세로 인하여 혼인관계를 계속하기 어렵다고 주장하여 곧 이혼청구를 할 수는 없습니다(대법 2004므740).

배우자를 만날 수 없는 경우

Q 북한이탈주민이 북한에 두고 온 배우자를 상대로 이혼을 청구할 수 있습니까?

A 북한이탈주민의 혼인생활이 이미 북한에서도 파탄에 이르렀고, 북한에 두고 온 배우자가 현재 남한에 거주하는지 여부가 명확하지 않으며, 군사분계선을 기준으로 나뉘어 있는 현재의 상태가 가까운 장래에 해소될 개연성이 그리 크지 않은 점 등의 사정을 종합해 볼 때, 6호의 재판상 이혼사유가 있다고 보아 북한이탈주민의 이혼청구를 인용한 사례가 있습니다(서울 2004드단77721).

성관계가 어려운 경우

Q 성적인 문제가 6호의 이혼원인으로 인정된 사례가 있습니까?

A1 B가 A와 결혼할 때부터 원인불명의 사유로 정상적인 성생활을 하지 못했고, 혼인 후 13년이 경과하도록 전혀 성생활을 하지 못했음에도 불구하고 그 원인을 파악하여 치료하려는 노력을 게을리 한 나머지 별거에 이르게 된 경우에는 6호의 재판상 이혼사유에 해당한다고 하여 A의 이혼청구와 위자료청구를 인용한 사례가 있습니다(대법 93므1020).

A2 부부 중에 성기능의 장애가 있거나 부부 사이의 성적인 접촉이 없더라도 부부가 합심하여 전문적인 치료와 조력을 받으면 정상적인 성생활로 돌아갈 가능성이 있는 경우에는 그러한 사정은 일시적이거나 단기간에 그치는 것입니다. 그러므로 이러한 정도의 성적 결함만으로는 '혼인을 계속하기 어려운 중대한 사유'가 될 수 없습니다. 그러나 이러한 정도를 넘어서서 정당한 이유 없이 성교를 거부하거나 성적 기능의 불완전으로 정상적인

성생활이 불가능하거나 그 밖의 사정으로 부부 사이의 성적 욕구의 정상적인 충족을 저해하는 사실이 존재하고 있다면, 부부 사이의 성관계는 혼인의 본질적인 요소임을 감안할 때 이는 '혼인을 계속하기 어려운 중대한 사유'가 될 수 있습니다(대법 2010므1140).

Q 결혼 후 약 2년간 성관계를 맺지 않은 사실만으로 '혼인을 계속하기 어려운 중대한 사유'라고 볼 수 있습니까?

A 항상 그런 것은 아닙니다. 부부 사이의 성관계는 혼인의 본질적 요소이므로 성적 불능 기타 부부 사이의 성적 요구의 정상적인 충족을 저해하는 사실이 존재하는 경우, 이는 '혼인을 계속하기 어려운 중대한 사유'가 될 수 있습니다. 그러나 전문적인 치료와 조력을 받으면 정상적인 성생활로 돌아갈 가능성이 있는 경우에는 일시적인 성기능의 장애가 있거나 부부 사이의 성적인 접촉이 단기간 없었더라도 그 정도의 성적 결함만으로는 혼인을 계속하기 어려운 중대한 사유가 될 수 없고, 따라서 부부 사이의 성적인 접촉이 2년간 없었다는 것만으로는 '혼인을 계속하기 어려운 중대한 사유'가 되지 않는다고 본 판례가 있습니다(대법 2009므2413).

임신이 불가능한 경우

Q 아내의 임신 불능이 이혼사유로 될 수 있습니까?

A 아내가 수술을 받고 임신을 할 수 없게 되자, 남편이 종가의 종손임을 이유로 이혼을 주장하여 혼인관계가 파탄에 이른 사례가 있습니다. 이 사례에서 출산불능이 법률상 이혼사유로 되지 아니하는 이상 남편에게 보다 더 큰 책임이 있다고 하여 남편의 이혼청구를 받아들이지 않았습니다(대법 89므365, 367).

과도한 신앙생활로 가정에 소홀한 경우

Q 배우자의 과도한 종교생활을 이유로 이혼청구를 할 수 있습니까?

A 그 정도에 따라 달라지겠지만 이혼청구가 허용된 사례가 있습니다. 신앙의 자유는 부부라고 하더라도 침해할 수 없는 것이지만, 부부 사이에는 서로 협력하여 원만한 부부생활을 유지해야 할 의무가 있습니다. 따라서 신앙의 자유에도 일정한 한계가 있다 할 것이므로 아내가 신앙생활에만 전념하면서 가사와 육아를 소홀히 한 탓에 혼인이 파탄에 이르게 되었다면 그 파탄의 주된 책임은 아내에게 있다고 보았습니다(대법 96므851).

38

잘못한 쪽의 이혼청구

최근 이혼 분야에서 가장 뜨거운 주제는 바로 이혼원인을 일으킨 배우자가 이혼소송을 제기할 수 있는가(유책배우자의 이혼청구)이다. 이 문제에 대해서 대법원의 전원합의체 판결까지 있었지만, 대법원의 입장은 여전히 허용할 수 없다는 원칙을 바꾸지 않고 있다.

유책주의와 파탄주의

유책주의란 부부 중 어느 한쪽이 민법 840조에서 규정하고 있는 이혼의 원인 중 하나에 해당하는 경우에만 이혼을 할 수 있다는 입장이다. 반면에 파탄주의란 부부 양쪽에 아무런 이혼 원인이 없는 경우에도 부부 사이가 파탄(사이가 아주 안 좋아짐)된 때에는 어느 쪽이라도 이혼을 청구할 수 있다는 입장이다. 우리나라 민법은 유책주의 입장을 취하고 있다는 것이 다수의 입장으로 보인다.

두 입장에서 가장 큰 차이는 잘못한 쪽(이혼 원인을 저지른)이 이혼청구를 할 수 있느냐이다. 이 문제에 대해 대법원의 입장은 원칙적으로 이혼청구를 받아들이지 않겠다는 것이다. 이하에서는 그동안 나온 판례를 바탕으로 다양한 사례를 살펴본다.

유책배우자의 이혼청구는 안 된다!

유책배우자의 이혼청구를 부정하는 입장으로서 그 근거는 다음과 같다.

첫째, 파탄을 자초하면서 이혼을 요구하는 것은 도의성에 반한다. 둘째, 유책행위자의 대부분이 남편인 사회에서는 잘못한 남편이 잘못이 없거나 적은 아내를 쫓아내는 것을 합법화할 우려가 있다. 그러나 이 문제는 1990. 1. 13. 민법 개정에서 재산분할청구권제도(민법 839의2)를 신설함으로써 어느 정도 해결이 된 것으로 평가받고 있다. 이 제도를 신설하기 전에는 아내가 부당한 대우를 받는 경우에도 혼인을 계속하며 부부의 공동재산을 이용하며 부양받는 것이 유리할 수도 있었기 때문에 이혼을 주저하는 요인이 되기도 했다. 셋째, 신의칙 또는 권리남용금지의 원칙에 반한다. 넷째, 유책행위자의 이혼청구를 허용하지 않는 것이 약자인 여성(아내)의 보호에 유리하다.

유책배우자는 이혼을 왜 못해?

가족법의 사실주의 원칙에 비추어 볼 때 객관적 파탄이라는 사실이 선행하는 이상 당연히 법적 평가의 대상이 되어야 하므로 유책배우자의 이혼청구도 허용되어야 한다는 입장이다. 그 근거로는 다음과 같은 것을 들고 있다.

첫째, 혼인은 자유의사를 기초로 하는 것이므로 파탄된 혼인관계를 계속 유지하도록 강제하는 것이 오히려 반도의적이다. 유책배우자의 이혼청구를 받아들이지 않아 별거기간이 장기화되는 것은 문제이다. 둘째, 파탄주의는 이혼법의 진화과정에서 그 정점에 위치하는 것으로서 입법이 아닌 법의 해석을 통해 진화에 역행하는 것은 부당하다. 셋째, 협의이혼은 인정하면서 타방에게 혼인을 강제하는 것은 이혼법의 내부균형을 상실하는 것이다. 넷째, 사실혼을 증가시키고, 아내가 아닌 다른 여성의 행복을 박탈하는 결과를 초래한다. 다섯째, 상대방 배우자는 손해배상이나 부양으로 보상이 가능하다.

다수설 및 판례의 입장

원칙적으로는 유책배우자의 이혼청구를 부정하지만 예외적으로 허용해 주자는 입장이다. 판례에 나타난 사례를 정리하면 다음과 같은 경우에는 유책배우자의 이혼청구를 받아들이고 있다.

첫째, 상대방의 이혼의사가 명백한 경우, 둘째, 이혼청구인의 유책이 같거나 가벼운 경우이다. 다만, 청구인의 행위로 인해 혼인이 파탄된 경우는 허용하지 않고 있다.

Q 예외적으로 유책배우자의 이혼청구를 허용할 경우에 그 판단 기준은 무엇입니까?

A 유책배우자의 책임의 형태·정도, 상대방 배우자의 혼인계속의사 및 유책배우자에 대한 감정, 당사자의 연령, 혼인생활의 기간과 혼인 후의 구체적인 생활관계, 별거기간, 부부 간의 별거 후에 형성된 생활관계, 혼인생활의 파탄 후 여러 사정의 변경 여부, 이혼이 인정될 경우의 상대방 배우자의 정신적·사회적·경제적 상태와 생활보장의 정도, 미성년 자녀의 양육·교육·복지의 상황, 그 밖의 혼인관계의 여러 사정을 두루 고려해야 한다는 것이 전원합의체의 다수의견입니다.

판례가 이혼을 인정한 경우

1965년 이래 유책배우자의 이혼청구에 대해 소극적인 경향을 보이다가 점차 이혼청구를 받아들이는 판례가 생기기 시작했다.

유책배우자가 이혼을 청구한 때에 상대방 배우자에게도 결혼생활을 계속할 의사가 없다는 것이 객관적으로 명백한 때 또는 어느 쪽 책임인지 분명하지 않거나 양쪽 모두 책임이 있는 때(대법 69므13, 대법 85므85, 대법 86므87, 대법 87므44·45)에 이혼청구를 받아들인 사례가 있다. 유책배우자의 이혼청구에 대해 상대방이 이혼의 반소를 제기한 경우로, 이 때에는 두 사람 모두 혼인을 계속할 의사가 없는 것이어서 유책배우자의 이혼청구가 인정될 여지가 있는 것이다(대법 87므44·45). 다만, 유책배우자의 이혼청구에 대해 상대방이 반소로 이혼을 청구했다 하더라도, 그러한 사실만으로 당연히 유책배우자에게 이혼청구권이 있다고 인정되는 것은 아니다(대법 98므15). 또한 반소 등으로 이혼의사를 표시하지는 않으나 오로지 오기나 보복적인 감정으로 표면상으로는 이혼을 거부하지만 실제로는 혼인 계속과 양립할 수 없는 행위를 하는 경우 등이다(대법 87므60, 대법 87므33, 대법 87므44·45, 대법 86므28, 대법 86므87 참조).

그러나 혼인생활의 파탄에 대해 주된 책임이 있는 배우자는 그 파탄을 사유로 하여 이혼을 청구할 수 없다는 것이 판례의 입장이다. 다만, 그 상대방도 혼인생활을 계속할 의사가 없다는 것이 객관적으로 명백한 때(오기나 보복적 감정에서 이혼에 응하지 않고 있을 뿐이라는 등 특별한 사정이 있는 때)에는 예외적으로 유책배우자가 한 이혼청구라도 받아주고 있다(대법 2003므1890).[12]

Q 유책배우자인 남편의 이혼청구를 기각한 판결이 확정된 후에 남편이 다시 이혼청구를 하면 당연히 기각되는 것입니까?

A 꼭 그렇지는 않습니다. 남편이 다른 여자와 부정행위를 한 잘못과 아내가 자신의 생활방식만을 고집하면서 이에 반발하는 남편 및 자녀들을 가족구성원으로 취급하지 않는 등 가정을 제대로 돌보지 아니하고 가족관계를 유지하기 위한 노력을 소홀히 한 잘못 등이 경합하여 혼인생활이 파탄되었고, 양쪽의 책임의 정도가 비슷하다는 이유로 재판상 이혼사유에 해당한다고 보아 남편의 이혼청구를 받아들인 사례가 있습니다(서울 2000드단21348).

Q 예외적으로 유책배우자의 이혼청구가 허용된 구체적인 사례를 알고 싶습니다.

A A와 B는 혼인신고를 마친 법률상 부부로서 자녀들과 함께 외국으로 이주하여 생활하다가, A가 집을 나가 외국 국적의 여성과 동거를 시작하자 B는 자녀들과 함께 귀국했습니다. 16년이 넘게 서로 떨어져 별개의 생활을 영위하고 있는 상황에서 A가 B를 상대로 이혼을 청구한 것입니다. 이 사례에서 원심은 A의 이혼청구를 배척하였으나 대법원은 원심의 판단에 법리오해의 위법이 있다고 보았습니다. 결론적으로 유책자인 A의 이혼청구를 받아들이라는 의미입니다(대법 2012므721).

Q 어느 정도라야지 유책배우자의 이혼청구가 허용될 수 있는지 구체적인 사례를 알려주시겠습니까?

A1 A가 배우자 B의 잦은 음주와 외박으로 원만하지 않은 혼인생활을 하던 중 가출하여 C와 동거하면서 딸을 출산하고, 어린 딸의 치료와 양육을 위해 가족관계등록이 필요해서 B를 상대로 이혼을 청구한 사례가 있습니다. 이 사례에서 A의 이혼청구를 받아들였습니다(광고 2008르242).

A2 A와 B 사이의 11년이 넘는 장기간의 별거, A와 C 사이의 사실혼관계 형성 및 자녀의 출산 등 여러 사정을 고려할 때 A와 B의 혼인은 부부공동생활관계가 회복할 수 없을 정도로 파탄되었고, 그 혼인생활의 계속을 강제하는 것이 A에게 참을 수 없는 고통이 된다고 보아 유책자인 A의 이혼을 받아들였습니다(대법 2009므2130).

유책배우자의 이혼청구

대법원은 '유책배우자의 이혼청구는 허용하지 않는 것이 원칙이다'라는 입장을 아직까지 바꾸지 않고 있다. 다음에서는 민법 840조 6호 '혼인을 계속하기 어려운 중대한 사유'에 관해 유책배우자의 이혼청구를 허용할 것인지에 대해 대법원 전원합의체 판결(대법 2013므568 전합[13])에 나타난 찬성과 반대의 두 입장을 살펴보겠다. 또한 예외적으로 유책배우자의 이혼청구를 허용할 수 있는 경우와 이를 판단하는 기준은 무엇인지를 같이 알아본다.

다수의견의 입장

파탄주의의 도입은 아직 시기상조이다

이혼에 관해 파탄주의를 채택하고 있는 여러 나라의 이혼법제는 우리나라와 달리 재판상 이혼만을 인정하고 있을 뿐 협의상 이혼을 인정하지 않고 있다. 우리나라에서는 유책배우자라 하더라도 상대방 배우자와 협의를 한다면 이혼을 할 수 있는 길이 열려 있다. 따라서 유책배우자라도 진솔한 마음과 충분한 보상으로 상대방을 설득함으로써 이혼을 할 수 있다는 뜻이다. 그러므로 유책배우자의 행복추구권을 위해 재판상 이혼원인에 있어서까지 파탄주의를 도입해야 할 필연적인 이유가 있는 것은 아니다.

또한 우리나라에는 파탄주의의 한계나 기준, 그리고 이혼 후 상대방에 대한 부양적 책임 등에 관해 어떠한 규정도 두고 있지 않다. 따라서 유책배우자의 상대방을 보호할 입법적인 조치가 마련되어 있지 않은 현재의 단계에서 파탄주의를 취해 유책배우자의 이혼청구를 널리 인정할 경우 유책배우자의 행복을 위해 그 상대방이 일방적으로 희생되는 결과를 가져올 위험이 크다.

중혼에 대한 처벌부터 마련하자

유책배우자의 이혼청구를 허용하지 않고 있는 데에는 중혼관계에 있는 법률상 배우자의 축출이혼을 방지하려는 의도도 있다. 여러 나라(일본, 중국, 대만)에서 간통죄를 폐지하는 대신 중혼에 대한 처벌규정을 두고 있는 것에 비추어 보면, 중혼에 대한 적절한 대책 없이 파탄주의를 도입한다면 법률이 금지하는 중혼을 결과적으로 인정하게 될 위험이 있다.

혼인과 가정생활에 대한 보호가 필요하다

가족과 혼인생활에 관한 우리 사회의 가치관이 크게 변했고 여성의 사회 진출이 대폭 증가했더라도 우리 사회가 취업, 임금, 자녀양육 등 사회경제의 모든 영역에서 양성평등이 실현되었다고 보기에는 아직 충분하지 못한 것이 현실이다. 우리나라에서 이혼율이 급증하고 이혼에 대한 국민의 인식이 크게 변화한 것이 사실이더라도 이는 역설적으로 혼인과 가정생활에 대한 보호의 필요성이 그만큼 커졌다는 방증일 뿐이고, 유책배우자의 이혼청구로 인해 극심한 정신적 고통을 받거나 생계유지가 곤란한 경우가 엄연히 존재하는 현실을 외면해서는 안 된다.

결론: 예외적으로만 인정하자

6호 이혼사유에 관해 유책배우자의 이혼청구를 원칙적으로 허용하지 않는 종래의 대법원 판례를 변경하는 것이 옳다는 주장은 아직 받아들이기 어렵다.

유책배우자의 이혼청구를 허용하지 않는 것은 혼인제도가 요구하는 도덕성에 배치되고 신의성실의 원칙에 반하는 결과를 방지하려는 데 있다. 따라서 혼인제도가 추구하는 이상과 신의성실의 원칙에 비추어 보더라도 책임이 반드시 이혼청구를 배척해야 할 정도로 남아 있지 않은 경우라면 그러한 배우자의 이혼청구는 혼인과 가족제도를 형해화 할 우려가 없고 사회의 도덕관·윤리관에도 반하지 않으므로 예외적으로 허용될 수 있다.

또한 상대방 배우자도 혼인을 계속할 의사가 없어 한쪽의 의사에 따른 이혼 내지 축출이혼의 염려가 없는 경우는 물론이고, 혼인생활의 파탄에 대한 유책성이 이혼청구를 배척해야 할 정도로 남아 있지 않은 특별한 사정이 있는 때에는 예외적으로 유책배우자의 이혼청구를 허용할 수 있다. 예를 들어, 이혼을 청구하는 배우자의 유책성을 상쇄할 정도로 상대방 배우자 및 자녀에 대한 보호와 배려가 이루어진 경우에는 세월의 경과에 따라 혼인파탄 당시 현저했던 유책배우자의 유책성과 상대방 배우자가 받은 정신적 고통이 점차 약화되어 쌍방의 책임의 경중을 엄밀히 따지는 것이 더 이상 무의미할 정도가 된 경우가 해당된다.

다수의견에 대한 반대의견[14]

사회현실의 변화에 맞게 허용하자

이혼에 대한 사회 일반의 인식, 사회·경제적 환경의 변화와 아울러 이혼 법제 및 실무의 변화 등을 종합해 볼 때, 유책배우자의 이혼청구라는 이유만으로 이혼청구를 제한해야 할 필요는 상당히 감소했다.

상대방 배우자의 혼인계속의사는 부부공동생활관계가 파탄되고 객관적으로 회복할 수 없을 정도에 이르렀는지 등을 판단할 때에 참작해야 하는 중요한 요소라 할 수 있다. 그렇지만 그러한 의사를 참작했음에도 부부공동생활관계가 객관적으로 회복할 수 없을 정도로 파탄되었다고 인정되는 경우에, 다시 상대방 배우자의 주관적인 의사만을 가지고 형식에 불과한 혼인관계를 계속 유지하도록 하는 것은 불합리하며, 협의가 이루어지지 않을 때의 혼인해소절차를 규정한 재판상 이혼제도의 취지에도 부합하지 않는다.

사실상 이혼을 보호할 필요는 없다

간통죄는 과거의 간통행위 자체에 대한 형사적인 제재인 반면 혼인파탄에 따른 이혼은 혼인의 실체가 소멸함에 따른 장래의 혼인관계의 해소로서 제도의 목적과 법적 효과가 다르다. 그러므로 간통을 한 유책배우자에 대한 형사적 제재가 없어졌다고 하더라도, 민사상 불법행위에 해당하는 간통행위로 인한 손해배상책임을 강화하는 것은 별론으로 하고, 혼인의 실체가 소멸한 법률관계를 달리 취급해야 할 필요는 없다.

결론: 원칙적으로 허용하자

혼인관계가 파탄되었는데도 유책배우자가 이혼을 청구하고 상대방이 이를 거부한다는 사정만으로 일률적으로 이혼청구를 배척하는 것은 더 이상 이혼을 둘러싼 갈등 해소에 적절하고 합리적인 해결 방안이라고 보기 어렵다.

부부공동생활관계가 회복할 수 없을 정도로 파탄된 경우에는 원칙적으로 6호 이혼사유에 해당하지만, 유책배우자의 이혼청구를 인용한다면 정의·공평의 관념에 현저히 반하는 객관적인 사정(상대방 배우자나 자녀의 이익을 심각하게 해칠 정도)이 있는 경우(예를 들어, 이혼으로 인하여 파탄에 책임 없는 상대방 배우자가 정신적·사회적·경제적으로 매우 힘든 상태에 놓이는 경우, 부모의 이혼이 자녀의 양육·교육·복지를 심각하게 해치는 경우, 혼인기간 중에 고의로 장기간 부양의무 및 양육의무를 저버린 경우, 이혼에 대비하여 책임재산을 은닉하는 등 재산분할, 위자료의 이행을 의도적으로 회피하여 상대방 배우자를 곤궁에 빠뜨리는 경우 등)에는 헌법이 보장하는 혼인과 가족제도를 유명무실하게 할 우려가 있다. 그러므로 이러한 객관적인 사정이 없는 경우에 한해 이혼청구를 받아들이는 것이 혼인을 제도적으로 보장한 헌법 정신에 부합한다.

39

싸움이 시작되면...

이혼소송을 제기하기 전후에 아래의 내용을 확인하고 미리 준비해 둘 필요가 있다.

이혼에 이르게 된 사실관계의 정리

혼인기간 동안 발생한 사건들을 시간의 흐름에 따라 정리해 본다. 이는 조정이나 소송의 진행과정에서 상대방의 행위가 재판상 이혼 사유에 해당하는지 입증하는 데 도움이 된다.

증거가 필요해

재판으로 이혼하게 되면 가정법원은 결국 증거에 기초해서 판단하게 되므로 증거를 확보해 두는 것이 가장 중요하다. 배우자의 부정한 행위를 이유로 이혼하는 때에는 상간자와 주고받은 메시지나 호텔에 출입하는 사진 또는 동영상, 차량의 블랙박스 영상, 대화내용 녹취, SNS의 내용 등이 증거가 될 수 있다. 다만, 문자 메시지나 이메일을 해킹하는 등 불법적인 방법으로 취득한 증거는 인정되지 않음은 물론이고 오히려 범죄가 될 수도 있으므로 유의해야 한다. 가정폭력을 이유로 이혼하려는 때에는 112에 신고한 내역, 경찰출동기록, 병원진단서, 피해사진 등의 자료를 준비해 두면 도움이 될 것이다.

또한 재판과정에서 가정법원에 다음과 같은 증거신청을 통해 필요한 자료를 확보할 수도 있다.

① 상대방의 금융거래내역

신용카드 거래내역, 계좌조회 등을 통해 상대방의 재산상황을 파악할 수 있을 뿐만 아니라 결제내역을 통해 잦은 호텔 출입이나 해외여행 등 외도의 정황이 나타나기도 한다.

② CCTV 영상 등의 제출명령

상대방에게 폭행을 당하는 장면이 건물이나 병원, 관공서 등에 설치된 CCTV를 통해 촬영되었다면 법원에 제출명령을 신청해서 증거자료로 확보할 수 있다. 다만, CCTV 영상은 보관 기간이 길지 않으므로 이러한 영상이 필요한 경우에는 빨리 재판상 이혼을 시작해서 법원에 증거신청을 하는 것이 좋다.

재산부터 찾아보자

부동산, 주식, 예금 등 상대방의 재산상황을 미리 파악하고, 필요한 때에는 법원에 부동산가압류, 예금채권가압류 또는 부동산처분금지가처분 등을 신청해서 재산에 대한 보전처분을 해 두어야 한다(가사 63, 민사집행법 276, 300). 혼인중에 공동으로 이룩한 재산이라면 재산분할의 대상이 되지만, 상대방의 단독명의로 되어 있는 것은 재산분할을 피하기 위해 상대방이 임의로 처분해버릴 수 있기 때문이다.

내 아이를 지키자

배우자 또는 그 가족으로부터 폭행을 당할 가능성이 있다면 접근금지 사전처분 또는 접근금지 가처분을 신청하고, 소송을 계속하는 동안 자녀를 보호하거나 교류를 지속하기 위해서는 친권·양육자 지정 사전처분, 면접교섭 사전처분 등을 신청해 둔다(가사 62① 및 63①).

40

재판상 이혼의 절차

재판상 이혼은 [소송 제기 ⇒ 조정 ⇒ 조정 불성립 ⇒ 재판]의 과정을 거친다. 즉, 이혼소송을 제기하기에 앞서 먼저 법원에 조정을 신청해야 하고, 조정단계에서 합의가 되면 재판절차 없이 이혼이 성립한다. 그러나 조정이 성립되지 않은 때에는 재판상 이혼으로 간다.

재판상 이혼과 조정 전치주의

이혼 사건은 가사소송법 2조 1항 1호 다류사건4로서 조정 전치주의의 적용을 받는다. 그러므로 재판(변론)에 들어가기 전에 조정이라는 과정을 먼저 거쳐야 한다.[15] 조정은 보다 자유로운 분위기에서 당사자의 의견을 듣고 타협과 양보를 하면서 문제를 해결하는 과정이다. 재판상 이혼을 하려면 먼저 조정을 신청해야 하고 당사자가 조정을 신청하지 않더라도 가정법원이 그 사건을 조정에 회부하게 된다(가사 50).

조정기일이 정해지면 부부가 모두 출석해야 하는데, 법정대리인이 대신 출석하거나 동반할 수도 있다. 이때 조정담당 판사는 직권

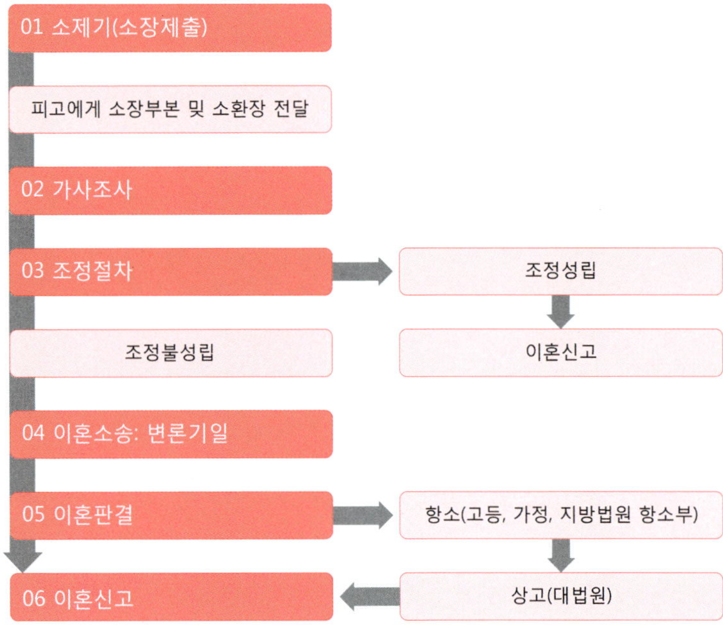
01 소제기(소장제출)
피고에게 소장부본 및 소환장 전달
02 가사조사
03 조정절차
조정성립
이혼신고
조정불성립
04 이혼소송: 변론기일
05 이혼판결
항소(고등, 가정, 지방법원 항소부)
상고(대법원)
06 이혼신고

으로 조정에 갈음하여 당사자의 이익이나 그 밖의 모든 사정을 고려하여 신청인의 신청 취지에 반하지 않는 한도에서 사건의 공평한 해결을 위한 결정을 할 수 있다(민조 30). 만일 당사자 사이에 합의가 성립되지 않거나 성립된 합의의 내용이 적당하지 않다고 인정될 때에는 이러한 결정을 하지 않을 수 있으며, 이때에는 조정이 성립되지 않은 것으로 사건을 종결시켜야 한다(민조 27).

조정 신청인이 출석하지 않으면 다시 기일이 정해지는데 새로운 기일 또는 그 후의 기일에도 조정신청인이 출석하지 않으면 조정신청이 취하된 것으로 본다(가사 49, 민조 31). 반면에 조정 상대방이 출석하지 않은 경우에는 조정담당 판사가 직권으로 조정을 갈음하는 결정을 할 수 있다(가사 49조, 민조 32). 조정단계에서 이혼에 관한 합의가 이루어지면 바로 이혼이 성립한다(가사 59).

〈조정신청에 필요한 서류〉

1. 이혼소장 또는 이혼조정신청서 각 1통
2. 부부 각자의 혼인관계증명서 각 1통
3. 부부 각자의 주민등록등본 각 1통
4. 부부 각자의 가족관계증명서 각 1통
5. 미성년인 자녀[임신중인 자녀를 포함. 이혼숙려기간(민법 836의2 ② 및 ③에서 정한 기간) 이내에 성년에 도달하는 자녀는 제외]가 있는 때에는 그 자녀 각자의 기본증명서, 가족관계증명서
6. 그 외 각종 소명자료

누구 말이 맞는지 따져 봐

가사조사는 가사조정이 있기 전에 조사관이 당사자들의 주장을 직접 듣고 사실관계를 파악하는 것이다. 이혼소송절차상 무조건 진행되는 것은 아니고 부부 사이 갈등의 원인이나 혼인파탄의 책임을 판단할 만한 객관적 자료가 부족한 경우 등 필요한 경우에 가정법원에서 가사조사를 명령하기도 하고 당사자의 신청에 의해 이루어지기도 한다. 가사조사가 진행되면 보통 양쪽 당사자를 소환해서 면담을 진행하는데 한 달에 한번, 총 두 세 번에 걸쳐 이루어지는 것이 보통이다. 가사조사를 진행하면서 조사기일에 출석하지 않거나 본인의 주장에 대한 상세한 설명을 하지 않는 등 불성실하게 임한다면 자신의 입장을 전달할 수 있는 기회를 잃게 되는 것이므로 가능한 한 직접 출석하여 본인이 처한 상황을 구체적으로 설명하는 것이 좋다. 지정된 조사기일에 참석이 어렵다면 조사기일 변경신청서를 제출하여 기일을 조율하도록 한다. 가사조사는 비공개로 진행되고 변호사도 참석할 수가 없다. 따라서 불리한 진술을 피하기 위해서는 가사조사에 어느 정도 대비해야 한다.

그래 한번 해보자 – 재판이혼의 시작

조정을 하지 않겠다고 결정한 경우, 조정이 불성립한 경우, 조정을 갈음하는 결정이 그 효력을 상실하는 경우에는 본격적으로 이혼재판이 시작된다(가사 60, 민조 36). 그러한 경우에는 조정을 신청한 때에 소를 제기한 것으로 보며, 해당 사건을 관할 가정법원으로 이송한다.

소송절차가 시작되고 변론기일이 정해지면 당사자 또는 법정대리인이 출석해서 진술하고, 법원이 사실조사·증거조사 및 신문(訊問)을 거쳐 판결을 선고하게 된다(가사 7, 17 및 민소 287①).

재판상 이혼사건을 비롯해서 가정법원에서 처리중이거나 처리한 사건에 관해서는 성명·연령·직업 및 용모 등을 통해 본인이 누구인지 미루어 짐작할 수 있는 정도의 사실이나 사진을 신문, 잡지, 그 밖의 출판물에 게재하거나 방송할 수 없다(가사 10).

누구랑 싸우지 – 재판상 이혼의 당사자와 소송절차의 승계

이혼재판의 소송당사자는 당연히 이혼하려는 부부이다. 과거에는 당사자가 행위무능력자(현재의 제한행위능력자)인 경우에는 배우자가 후견인이 되도록 규정하고 있었는데[16] 그로 인해 재판상 이혼 자체가 불가능하다는 비판을 받기도 했으며, 지금은 그 규정이 삭제되었다.[17]

재판이혼에서 원고가 사망이나 그 밖의 사유(소송능력을 상실한 경우는 제외)로 소송절차를 계속하여 진행할 수 없게 된 때에는 다른 제소권자(提訴權者)가 승계사유가 생긴 때부터 6개월 이내에 소송절차를 승계할 수 있다. 만일 6개월 이내에 승계신청이 없을 때에는 소가 취하된 것으로 본다(가사 16).

소송절차의 승계신청은 서면으로 해야 하며, ① 사건번호와 피승계인의 성명, ② 신청인의 성명, 등록기준지, 주소와 자격, ③ 승계신청의 사유 등을 기재하고 신청인이 기명날인 또는 서명해야 한다(가규 16). 소송절차의 승계신청이 있으면 가정법원은 그 승계신청이 부적법하거나 이유 없다고 인정한 때에는 결정으로 이를 기각해야 하고, 이유 있다고 인정한 때에는 소송절차를 속행해야 한다(가규 17).

Q 배우자 한쪽이 의사무능력 상태에 있는 경우 다른 배우자를 상대로 하는 재판상 이혼은 어떻게 할 수 있습니까?

A 당연히 직접 할 수는 없습니다. 의식불명의 식물인간상태와 같은 의사무능력 상태에 빠진 배우자의 상대방 배우자에게 부정행위나 악의의 유기 등과 같이 민법에서 정한 이혼사유가 존재하고, 의사무능력 상태에 있는 배우자의 이혼의사를 객관적으로 추정할 수 있는 경우에는 성년후견인이 의사무능력 상태에 있는 배우자를 대리하여 상대방 배우자에 대해 재판상 이혼을 청구할 수 있습니다(대법 2009므639).

싸움이 끝나다 – 재판상 이혼의 확정

이혼신고

이혼소송의 판결은 선고로 그 효력이 발생하고(가사 12 및 민소 205), 재판상 이혼청구를 인용(認容)한 확정판결은 제3자에게도 효력이 있다(가사 21①). 재판상 이혼청구를 배척한 판결이 확정된 때에는 다른 제소권자는 사실심의 변론종결 전에 참가하지 못한 데 대해 정당한 사유가 있지 않으면 다시 소를 제기할 수 없다(가사 21②).

재판이혼의 신고는 이른바 보고적 신고로서, 이혼청구재판이 확정되면 소를 제기한 사람은 재판확정일부터 1개월 이내에 재판서의 등본 및 확정증명서를 첨부해서 그 취지를 신고해야 한다(등록법 78☞58①). 이때 이혼신고서에는 재판확정일을 기재해야 한다(등록법 58②). 소송을 제기한 사람이 재판이혼의 신고의무자이지만 이혼신고는 소를 제기한 사람만이 할 수 있는 것은 아니고, 그 소의 상대방도 재판서의 등본 및 확정증명서를 첨부하여 이혼재판이 확정된 취지를 신고할 수 있다. 이때에도 이혼신고서에는 재판확정일을 기재해야 한다(등록법 58③). 다만, 신고의무자가 정당한 사유 없이 이혼신고를 기간 내에 하지 않은 경우에는 5만원 이하의 과태료가 부과된다(등록법 122).

〈등록법상 신고의 유형〉

등록법에 따른 신고에는 두 가지가 있다. 하나는 창설적 신고이고, 다른 하나는 보고적 신고이다. 앞의 것은 그 '신고'를 해야만 법률적 효과가 발생하는 신고이고, 뒤의 것은 법률적 효과는 이미 발생했고 그러한 사실을 관할관청에 말 그대로 '알려주는(보고하는)' 신고이다. 창설적 신고로는 혼인신고, 입양신고 등이 있고, 보고적 신고로는 출생신고, 사망신고 등이 있다.

항소(가사 19)

당사자가 가정법원의 판결에 대해 불복하는 경우에는 판결정본이 송달된 날부터 14일 이내에 항소할 수 있다. 다만, 판결정본 송달 전에도 항소할 수는 있으며, 항소법원의 소송절차에는 제1심의 소송절차에 관한 규정을 준용한다. 항소법원은 항소가 이유 있는 때에도 제1심 판결을 취소하거나 변경하는 것이 사회정의와 형평의 이념에 맞지 않거나 가정의 평화와 미풍양속을 유지하기에 적합하지 않다고 인정하는 경우에는 항소를 기각할 수 있다.

상고(가사 20)

항소법원의 판결에 대해 불복하는 경우에는 판결정본이 송달된 날부터 14일 이내에 대법원에 상고할 수 있다. 다만, 판결정본 송달 전에도 상고할 수 있다.

국제재판관할

국제사법은 2조 1항에서 '법원은 당사자 또는 분쟁이 된 사안이 대한민국과 실질적 관련이 있는 경우에 국제재판관할권을 가진다. 이 경우 법원은 실질적 관련의 유무를 판단함에 있어 국제재판관할 배분의 이념에 부합하는 합리적인 원칙에 따라야 한다'고 규정하고, 이어 2항에서 '법원은 국내법의 관할 규정을 참작하여 국제재판관할권의 유무를 판단하되, 제1항의 규정의 취지에 비추어 국제재판관할의 특수성을 충분히 고려해야 한다'고 규정하고 있다. 그러므로 당사자 사이의 공평, 재판의 적정, 신속 및 경제를 기한다는 기본이념에 따라 국제재판관할을 결정해야 하고, 구체적으로는 소송당사자들의 공평, 편의 그리고 예측가능성과 같은 개인적인 이익뿐만 아니라 재판의 적정, 신속, 효율 및 판결의 실효성 등과 같은 법원 내지 국가의 이익도 함께 고려해야 하며, 이러한 다양한 이익 중 어떠한 이익을 보호할 필요가 있을지는 개별 사건에서 법정지(法廷地＝법원이 그 사건의 관할권을 가지고 있는 장소)와 당사자의 실질적 관련성 및 법정지와 분쟁이 된 사안과의 실질적 관련성을 객관적인 기준으로 삼아 합리적으로 판단해야 한다.

Q 남편이 외국인입니다. 우리나라에서 혼인하고 남편의 본국에서 생활하다가 다시 돌아왔는데 남편을 상대로 우리나라 법원에 이혼소송을 제기할 수 있습니까?

A 설명이 좀 길지만 읽어 보십시오. 대한민국 국적을 가진 A와 스페인 국적을 가진 B가 대한민국에서 혼인한 후 스페인에서 생활하다가 A가 대한민국으로 혼자 돌아와 자녀 C를 출산한 다음 수개월이 지나 C와 함께 다시 스페인으로 돌아가게 되었는데, 그 후 A가 C를 데리고 대한민국에 귀국하여 B를 상대로 대한민국 법원에 이혼소송을 제기한 경우인데, 대한민국 법원의 국제재판관할권을 인정한 사례입니다. 국제재판관할권은 배타적인 것이 아니라 병존할 수 있는 것입니다. 그러므로 지리상·언어상 증거수집의 편의 측면에서 외국 법원이 심리에 더 편리하다는 것만으로 대한민국 법원의 재판관할권을 쉽게 부정해서는 안 되는 점, A와 자녀 C가 대한민국

국적을 가지고 있고, C가 대한민국에서 출생하여 대한민국에 있는 유치원에 다니고 있으며, 결혼식과 혼인신고 등이 A·B가 대한민국에 거주할 때 이루어졌으므로 B 역시 이혼소송이 대한민국에 제기될 수 있음을 예측할 수 있었던 점, 혼인기간 동안 A는 대한민국 내에 있는 A의 아버지 집에 주민등록이 되어 있었고, 혼인기간 중에도 상당한 기간 아버지 집에 거주하는 등 A의 상거소(常居所)가 대한민국 내에도 존재하는 점 등 여러 사정을 고려하여 A의 소송은 대한민국과 실질적 관련이 있다는 이유로 대한민국 법원의 국제재판관할권을 인정한 것입니다(서고 2012르3746).

Q 남편이 외국인이어서 혼인 후에 그 외국의 국적을 취득했지만 우리나라에서 혼인하고 같이 생활했다면 우리나라 법원에 재판상 이혼을 청구할 수 있습니까?

A 그렇다고 한 사례가 있습니다. 미국에 법률상 주소를 두고 있는 미국 국적의 A(원고)가 대한민국 국적의 B(피고)와 대한민국에서 혼인 후, 미국 국적을 취득한 B와 거주기한을 정하지 않고 대한민국에 거주하다가 B를 상대로 이혼, 친권자 및 양육자 지정 등을 청구한 사례입니다. A·B 모두 대한민국에 상거소(常居所)를 가지고 있고, 혼인이 대한민국에서 성립되었으며, 그 혼인생활의 대부분이 대한민국에서 형성된 점 등을 고려하면 위 청구는 대한민국과 실질적 관련이 있다고 볼 수 있습니다. 그러므로 국제사법 2조 1항에 의해 대한민국 법원이 재판관할권을 가진다고 할 수 있고, A·B가 선택에 의한 주소를 대한민국에 형성했고, B가 소장 부본을 적법하게 송달받고 적극적으로 응소한 점까지 고려하면 국제사법 2조 2항에 규정된 '국제재판관할의 특수성'을 고려하더라도 대한민국 법원의 재판관할권 행사에 아무런 문제가 없다고 보았습니다(대법 2005므884 전합).

Q 대한민국에 주소를 두고 있지 않지만 이혼청구의 주요원인이 된 사실관계가 우리나라에서 이루어졌다면 우리나라 법원에 이혼을 청구할 수 있습니까?

A 그렇습니다. 재판상 이혼과 같은 혼인관계를 다투는 사건에서 대한민국에 당사자들의 국적이나 주소가 없어 대한민국 법원에 국내법의 관할 규정에 따른 관할이 인정되기 어려운 경우라도 이혼청구의 주요 원인이 된 사실관계가 대한민국에서 형성되었고(부부의 국적이나 주소가 해외에 있더라도 부부의 한쪽이 대한민국에 상당한 기간 체류함으로써 부부의 별거상태가 형성되는 경우 등) 이혼과 함께 청구된 재산분할사건에서 대한민국에 있는 재산이 재산분할대상인지 여부가 첨예하게 다투어지고 있다면, 피고의 예측가능성, 당사자의 권리구제, 해당 쟁점의 심리 편의와 판결의 실효성 차원에서 대한민국과 해당 사안 간의 실질적 관련성을 인정할 여지가 크다는 이유에서 그 사건의 관할권은 대한민국에 있다고 보았습니다(대법 2017므12552).

41

이혼소송을 당한 경우

이혼소송을 당한 경우에 본인이 이혼을 원하지 않는다면 우선 답변서를 제출해야 한다. 본인 역시 이혼을 원한다면 상대방의 소송을 취하하게 하고 협의이혼을 할 수도 있고, 이혼은 원하지만 상대방의 이혼소송에 이의가 있는 때에는 반소를 제기할 수도 있다.

답변서 제출의무

배우자로부터 이혼소송을 당했다면 이혼소장의 부본(副本)을 송달받은 날부터 30일 이내에 답변서를 제출해야 한다(민소 256①). 이 기한 내에 답변서를 제출하지 않으면 법원은 이혼청구의 원인이 된 사실을 자백한 것으로 보고 변론 없이 원고승소판결을 할 수 있다(민소 257①).

이혼? 콜! – 본인 역시 이혼을 원할 경우

이혼소송을 당했지만 본인 역시 이혼을 원하고 상대방의 요구조건 역시 수용하겠다면 배우자와 합의해서 이혼소송을 취하하고 협의 이혼을 할 수도 있다. 또는 위에서 설명한 답변서의 제출기한 내에 이를 제출하지 않음으로써 판결이 선고되길 기다리거나, 상대방이 주장하는 내용을 모두 인정하는 취지의 답변서를 제출하고 이혼소송을 종료시킬 수도 있다(민소 257① 및 ②).

이혼은 원하지만 배우자가 제시한 재산분할이나 양육사항 등에 대해서 동의하지 않는다면 답변서를 제출하는 것에 더해서 다른 조건으로 이혼하기를 원한다는 내용의 반소장을 변론이 끝나기 전에 제출해야 한다(민소 269①). 답변서는 말 그대로 소송을 제기한 배우자의 주장에 대한 답변에 불과한 것이기 때문에 그와 다른 주장을 하려면 별도로 반소장을 제출해야 한다.

이혼 싫어! – 이혼을 원하지 않는 경우

상대방과 이혼을 원하지 않는다면 반드시 답변서 제출기한 내에 배우자의 주장이 사실이 아니라는 취지의 답변서를 제출해야 한다. 특히 이혼에 대한 유책행위가 없음에도 억울하게 이혼소송을 당했다면 배우자의 주장이 사실이 아님을 밝혀야 한다. 또한 본인의 유책행위가 있더라도 배우자가 주장하는 내용이 다소 과장되었다면 이를 바로잡아야 하고, 상대방 역시 혼인파탄에 어느 정도 책임이 있다면 그 사실을 증명하는 것이 중요하다. 상대방의 이혼청구가 인용되었을 때 그 유책행위의 정도가 위자료 산정에 반영될 수 있기 때문이다. 유책사유가 없음이 증명되거나 배우자가 주장하는 내용이 민법에 따른 이혼사유에 해당하지 않으면 이혼소송이 기각되거나 판결·화해권고 또는 강제조정을 통해 이혼소송이 종료될 수 있다.

• 미주

1. 이것을 민법에서는 주소라고 한다(민법 18 이하). 이 주소는 옛 호적지, 주민등록지 등과는 다른 개념이다. 주소 자체만으로 특별한 법률관계가 발생하는 것은 아니고, 다른 법률관계에 촉매와 같은 역할을 한다.
2. 법에서 자주 나오는 '능력'에는 권리능력, 의사능력 그리고 행위능력이 있다. 권리능력은 권리에서 나오는 법적인 이익을 누릴 수 있는 능력을 말하고, 의사능력은 자신의 판단이나 행동이 법적으로 어떤 의미를 가지고 있는가를 이해할 수 있는 능력이다. 그리고 혼자 힘으로 완전한 법률행위(주로 계약)를 할 수 있는 능력을 행위능력이라고 한다.
3. 등록법 87조(재난 등으로 인한 사망) 수해, 화재나 그 밖의 재난으로 인하여 사망한 사람이 있는 경우에는 이를 조사한 관공서는 지체 없이 사망지의 시·읍·면의 장에게 통보하여야 한다. 다만, 외국에서 사망한 때에는 사망자의 등록기준지의 시·읍·면의 장 또는 재외국민 가족관계등록사무소의 가족관계등록관에게 통보하여야 한다.
4. 질병, 장애, 노령, 그 밖의 사유로 인한 정신적 제약으로 사무를 처리할 능력이 지속적으로 결여된 사람에 대해 일정한 사람의 청구에 의해 성년후견개시의 심판을 하게 되는데, 이때 후견을 해주는 쪽을 성년후견인이라고 하고, 후견을 받는 쪽을 피성년후견인이라고 한다(민법 9). 미성년후견인은 1명만 둘 수 있고(민법 930①), 성년후견인은 여러 명을 둘 수 있다(930②). 또한 법인은 미성년후견인은 될 수 없지만 성년후견인은 될 수 있다(930③).
5. 가사소송법 14조(관련 사건의 병합) ① 여러 개의 가사소송사건 또는 가사소송사건과 가사비송사건의 청구의 원인이 동일한 사실관계에 기초하거나 1개의 청구의 당부(當否)가 다른 청구의 당부의 전제가 되는 경우에는 이를 1개의 소로 제기할 수 있다.
6. 협의이혼의 신고는 수리되었지만 이혼의 합의가 없는 경우이다. 그런데 국내의 여러 전문서적에서 '부부가 공동생활을 해소할 의사는 없으면서 채무를 면탈하기 위하여 가장이혼을 합의하여 신고한 것이 유효라는 판례가 있다'고

하면서 대법 75도1712, 대법 76도107, 대법 80므77 등을 그 근거로 인용하고 있는데, 필자가 이 판례들의 내용을 직접 확인해 본 결과, 이들 판례에서는 모두 '공동생활을 해소할 진정한 의사'가 있었던 것으로 인정했기 때문에 이른바 가장이혼의 전형적인 사례는 아닌 것으로 판단된다. 그러므로 이들 판례를 가장이혼의 근거로 삼는 것은 해당 판례를 잘못 해석한 것으로 보인다.

7. 보통재판적이란 민사소송에서 일반 소송사건에 대해 재판을 받는 쪽에서 본 법원의 토지관할(土地管轄=법원이 재판권을 행사할 수 있는 관할 구역)을 의미한다. 주로 피고와 관계있는 지점을 기준으로 자연인은 주소에 따라, 법인은 주된 사무소나 영업소에 따라 결정되고, 상대되는 개념으로 특별재판적이 있다. 특별재판적은 보통재판적이 아닌, 소송수행의 편의를 위해 인정하는 토지관할이다.

8. 1995. 12. 29.에 개정되기 전의 형법 228조 참조.

9. 이것은 조금 어려운 내용일 수 있지만, 간단히 말하면 이혼의 청구취지('피고와 이혼한다')와 청구이유(민법 840조의 재판상 이혼원인 중 하나)가 모두 같아야 같은 사건인가, 청구취지만 같으면 같은 사건인가의 문제이다. 본문에서 인용된 판례는 오래된 것으로서 앞의 입장을 취한 것이다.

10. 민법 27조(실종의 선고) ① 부재자의 생사가 5년간 분명하지 아니한 때에는 법원은 이해관계인이나 검사의 청구에 의하여 실종선고를 하여야 한다

11. 파탄주의에서는 혼인관계가 파탄되면 언제든지 이혼할 수 있어야 하는 것이다. 그러므로 파탄주의를 취하고 있는 법제에서는 그 본질상 제척기간은 불필요한 것이다.

12. 그러나 청구인(남편)의 외박으로 싸움 끝에 이혼하기로 합의하고 협의이혼의사의 확인을 받았으나 이혼신고는 하지 않고 3개월 동안 같이 지내다가 그 후 청구인이 스스로 가출하여 다른 여자와 동거하면서 다달이 생활비조로 월급의 일부를 피청구인(처)에게 송금했고, 피청구인이 거주하던 아파트를 처분하여 집 마련비용 및 딸 교육비로 금원을 지급했고, 피청구인은 청구인의 가출 후에도 종전의 그들의 주거지에서 생활하고 있는 사실을 고려하면 혼인파탄의 귀책자는 청구인(남편)으로서 그의 이혼청구는 허용될 수 없다고 본

사례도 있다.

13. 대법 65므37, 대법 71므41, 대법 86므28, 대법 90므95, 대법 90므1067, 대법 92므990, 대법 92므1078, 대법 91므177·184, 대법 97므155, 대법 97므612, 대법 2007므612, 대법 2009므2130 참조.

14. 이 사건에서 대법관 6인이 반대의견을 내었다. 찬성과 반대가 7대6으로 아주 팽팽했다는 것으로 볼 때 비슷한 사건이 다시 발생할 경우 그 사건의 구체적인 내용에 따라 유책배우자의 이혼청구를 받아들이는 쪽으로 결론이 바뀔 가능성도 적지 않아 보인다.

15. 서울가정법원에는 2021. 12. 현재 100명 이상의 조정위원이 있으며, 공동 저자인 우병창 교수가 그 협의회의 2021년도 회장을 맡고 있다. 조정위원은 조정위원회에서 하는 조정에 관여할 뿐 아니라 가정법원, 조정위원회 또는 조정담당 판사의 촉탁에 따라 다른 조정사건에 관하여 전문적 지식에 따른 의견을 진술하거나 분쟁의 해결을 위하여 사건관계인의 의견을 듣는다.

16. 구 민법(2011. 3. 7.에 개정되기 전의 것) 934조(기혼자의 후견인의 순위) 기혼자가 금치산 또는 한정치산의 선고를 받은 때에는 배우자가 후견인이 된다. 그러나 배우자도 금치산 또는 한정치산의 선고를 받은 때에는 제933조의 순위에 따른다.

17. 구 민법(2011. 3. 7.에 개정되기 전의 것) 934조는 2011. 3. 7. 민법 개정에서 성년후견제도가 도입(2013. 7. 1.부터 시행중임)되면서 삭제되었고, 금치산자와 한정치산자라는 용어도 피성년후견인과 피한정후견인으로 바뀌었다. 법적 용어의 변경과 함께 그 구체적인 법적 개념도 달라졌음은 물론이다.

3장

아름다운 사람

아이는 행복하게

재산은 공평하게

⋮

다시 시작!

42

이혼하면 달라지는 것

짧아도 몇 달, 길면 몇 년이 걸리는 기나긴 이혼절차를 거쳐 이혼을 하게 되면 그동안 부부였던 남편과 아내에게 법적으로 어떤 변화가 생길 것인가?

부부관계의 종료와 혼인의 자유 부활

우리 헌법 36조 1항은 '혼인과 가족생활은 개인의 존엄과 양성의 평등을 기초로 성립되고 유지되어야 하며, 국가는 이를 보장한다'라고 규정하고 있다. 이로써 개인은 혼인을 할지 안할지, 혼인의 시기, 혼인 상대방 등을 자유의사에 따라 결정할 수 있고, 이와 같은 혼인의 자유는 기본권으로 보장되는 것이다. 그런데 헌법에 보장된 기본권인 혼인의 자유는 결혼(법률혼)을 함으로써 제한된다. 즉, 법률혼을 한 남녀가 그 법률관계를 유지하면서 다시 다른 이성과 혼인할 수는 없게 된다. 그러다가 이혼(혼인이 무효 또는 취소된 경우에도 마찬가지임)을 하게 되면 제한되던 혼인의 자유가 회복되는 것이다.

Q 이혼하자마자 바로 새로운 혼인신고를 할 수 있습니까?

A 이혼신고를 마치면 혼인의 자유를 회복하게 됩니다. 그러므로 남녀를 가리지 않고 본인의 자유로운 의사결정에 의해 재혼(전 배우자와의 혼인 포함)을 할 수 있습니다. 민법이 2005. 3. 31.에 개정되기 전에는 811조에서 여자만 6개월간 재혼을 금지하고 있어서 여자는 혼인신고 자체를 할 수 없었으나 지금은 삭제되었습니다.

〈대혼기간(2005. 3. 31. 개정 전 규정)〉

2005년에 민법이 개정되기 전에는 대혼기간(待婚期間)이란 것이 있었다. 즉, 개정 전 811조는 '여자는 혼인관계의 종료한 날로부터 6월을 경과하지 아니하면 혼인하지 못한다. 그러나 혼인관계의 종료후 해산한 때에는 그러하지 아니하다.'라고 규정하고 있었다. 이 규정은 본래 민법 제정 당시에는 부성추정(출생한 아이의 아버지가 누구인가의 문제)의 충돌을 피할 목적으로 여성에 대해서만 6개월의 재혼금지기간(혼인신고금지기간)을 두었던 것이다. 그러나 시대적 환경과 사회의식이 변하면서 여성에게만 혼인의 자유를 제한하는 것은 남녀평등에 위배되어 여성에 대한 차별적인 규정으로 비치게 되었고, 친자관계감정기법이 발전됨에 따라 이러한 제한 규정을 둘 필요성이 없어졌다는 이유로 2005. 3. 31. 개정에서 삭제되었다. 이때 811조와 같은 취지의 규정이던 821조*도 함께 삭제되었다.

* 2005. 3. 31.에 개정되기 전의 민법 821조(재혼금지기간위반 혼인취소청구권의 소멸) 제811조(*필자 주:재혼금지기간)의 규정에 위반한 혼인은 전혼인관계의 종료한 날로부터 6월을 경과하거나 재혼 후 포태한 때에는 그 취소를 청구하지 못한다.

친족관계(인척관계)의 소멸

혼인을 하면서 생겼던 인척관계(민법 769)는 이혼으로 인해 종료한다(민법 775①). 인척관계는 이혼뿐만이 아니라 혼인이 취소된 때에도 끝이 난다. 반면, 부부의 한쪽이 사망한 경우에는 당연히 인척관계가 종료하는 것이 아니라 생존 배우자가 재혼을 하면 그때부터 종료한다(민법 775②). 그런데 주의할 것은 인척관계가 종료한다고 해서 그 사람들과 혼인을 할 수 있게 되는 것은 아니다.

가족관계등록부의 정정

현행법에서 인정하고 있는 가족관계에 관한 증명서로는 가족관계증명서, 기본증명서, 혼인관계증명서, 입양관계증명서 및 친양자입양관계증명서가 있다. 이혼신고를 하면 이 가운데 배우자 관계가 표시되는 가족관계증명서 및 혼인관계증명서가 정정된다.

이혼이 결정되면 그에 따라서 이혼신고를 하게 되는데, 이 이혼신고의 법적 성격은 협의이혼이냐 재판이혼이냐에 따라 다르다. 협의이혼의 신고는 창설적 신고이고, 재판이혼의 신고는 보고적 신고이다. 그러므로 이혼에 대해 합의가 되어 가정법원의 확인을 받았더라도 3개월 이내에 신고하지 않으면 그 합의의 확인은 없던 일이 되어 이혼의 효과는 발생하지 않게 된다. 재판이혼은 판결의 확정으로 이미 법적인 효과가 발생했으므로 이혼신고를 늦게 한다고 해서 이혼의 효과가 없어지는 것은 아니다.

자녀양육

부부가 이혼을 하더라도 그들에게 미성년 자녀가 있다면 그 자녀에 대한 양육책임을 계속 부담해야 하는데 민법은 이에 관해 837조에서 규정하고 있다. 자세한 내용은 [45]에서 살펴본다.

면접교섭권

부부가 이혼을 할 때에 미성년 자녀가 있어서 어느 한쪽이 그 자녀를 데리고 가는 경우에 다른 쪽이 그 자녀를 만날 수 있는 권리가 면접교섭권이다. 이 제도를 신설할 당시에는 부 또는 모의 권리로만 생각되었는데, 지금은 자녀의 권리이기도 하며, 조부모에게도 예외적으로 인정되고 있다. 민법은 이에 관해 837조의2에서 규정하고 있는데, 자세한 내용은 [51]에서 살펴본다.

재산분할

1990. 1. 13. 개정 민법에서 새로 규정된 제도이다. 이 제도가 생기기 전에는 가사노동(주로 전업 가정주부의 가사노동)의 경제적 가치가 인정되질 않았는데, 이 제도가 생김으로써 가정주부의 가사노동이 바깥에서의 경제활동과 같은 경제적 가치를 인정받게 되었다. 민법은 이에 관해 839조의2부터 규정하고 있는데 자세한 내용은 [52]에서 살펴본다.

손해배상

민법은 재판상 이혼을 할 때에 책임이 있는 상대방과 제3자에 대한 손해배상에 관해 약혼에 관한 규정을 준용하고 있다(민법 843☞806). 자세한 내용은 [44]에서 살펴본다.

43

신분등록의 변경

혼인을 하면서 변경되었던 신분등록관계는 이혼을 하면 다시 변경될 수밖에 없다. 이혼한 상대방은 가족관계증명서에서 더 이상 배우자로 표시되지 않는다.

가족관계증명서 및 혼인관계증명서의 변동

과거에는 호적법에서 각 개인의 신분을 다루었지만 현재는 가족관계등록법에서 규정하고 있다.

이혼을 하게 되면 가족관계증명서에 있던 배우자 표시가 사라진다. 가족관계증명서에는 부모, 배우자, 자녀의 인적사항 등이 기재되어 있는데, 현재 유효한 가족관계가 있는 사람들만 표시되기 때문에 배우자였던 사람은 나타나지 않고 부모 및 자녀만 남게 되는 것이다.

〈1990.1.13. 개정 전 호적법에서 개정 후 등록법으로〉

- 호적 시절: 호적이 변동되어 처는 친가(親家)로 복적(구민법 787 ①－2008.1.1. 개정에서 삭제)했고, 복적할 친가가 없어진 때에는 친가를 부흥할 수 있었다. 그러나 친가의 부흥을 원치 않는 때에는 일가(一家)를 창립할 수 있었다(구민법 787②). 만일 남편의 혈족이 아닌 직계비속이 있는 때에는 새로운 호적을 편제했다(호적법 19의2).

- 입부혼(入夫婚): 혼인을 하게 되면 아내가 남편의 호적에 들어가는 것이 원칙이었다. 그런데 입부혼을 한 경우에는 예외적으로 남편이 아내의 호적에 들어가게 되었었다. 이와 같은 제도는 2005. 3. 31. 개정 민법에서 삭제되었다.

* 구 민법(2005. 3. 31.에 개정되기 전의 것) 826조 ③ 처는 부의 가에 입적한다. 그러나 처가 친가의 호주 또는 호주승계인인 때에는 부가 처의 가에 입적할 수 있다. ④ 전항 단서의 경우에 부부 간의 자는 모의 성과 본을 따르고 모의 가에 입적한다.

그리고 혼인관계증명서는 '일반'과 '상세' 두 가지가 있는데 일반 혼인관계증명서에는 본인 및 배우자에 관한 사항과 혼인신고일 등 현재 혼인에 관한 사항만 표시되기 때문에 과거의 혼인 및 이혼에 관한 사항은 알 수 없다. 다만, 상세 혼인관계증명서에는 이혼사실이 나타날 수 있다. 혼인관계증명서(상세)를 발급받게 되면 현재의 본인 및 배우자에 관한 사항뿐만 아니라, 과거의 혼인 및 이혼에 관한 사항까지 모두 표시되기 때문이다.

유형별 가족관계증명서 및 혼인관계증명서의 기재사항

증명서 종류	기재사항		
	공통사항	개별사항	
가족관계 증명서	본인의 등록기준지, 성명, 성별, 본, 출생연월일 및 주민등록번호	일반	부모, 배우자, 생존한 현재의 혼인 중 자녀에 관한 사항
		상세	부모, 배우자, 모든 자녀에 관한 사항
		특정	본인과 신청인이 선택한 부, 모, 배우자 및 자녀에 관한 사항
혼인관계 증명서		일반	배우자, 현재의 혼인에 관한 사항
		상세	배우자, 혼인 및 이혼에 관한 사항
		특정	본인에 관한 사항과 신청인이 선택한 과거의 혼인에 관한 사항

44

책임자에 대한 손해배상청구권

이혼에 책임이 있는 쪽은 재산상 손해 외에도 정신상 고통에 대한 손해배상의 책임이 있고(민법 751), 이혼의 피해자는 과실이 있는 상대방에게 손해배상을 청구할 수 있다(민법 843☞806).[1] 이 사건은 조정을 먼저 거쳐야 한다(조정 전치주의. 가사 50☞가사 2①a다류2).

재산상 손해

재산상 손해에 대해서도 원칙적으로 배상을 청구할 수 있지만 이것을 원인으로 해서 손해배상청구를 하는 경우는 드물다. 손해배상을 청구한다 하더라도 인정되기는 어려울 것이다. 한쪽 당사자가 배우자를 상대로 재산분할을 청구하는 외에 결혼식 등 혼인 생활을 위해 지출한 비용 또는 예물·예단 등의 반환을 구하거나 그 상당액의 손해배상을 구할 수 있는지에 대해 우리 대법원은 다음과 같이 판단하고 있다. '일단 혼인이 성립되어 지속된 이상, 부부공동체로서 의미 있는 혼인생활을 했다고 인정할 수 없을 만큼 단기간에 파탄되거나 당초부터 혼인을 계속할 의사가 없어 그로 인해 혼인의 파국을 초래했다고 인정되는 등 신의칙 내지 형평의 원칙에 비추어 혼인의 불성립에 준하여 처리함이 타당한 특별한 경우가 아니라면, 일방 당사자는 배우자를 상대로 재산분할을 청구하는 외에 결혼식 등 혼인 생활을 위해 지출한 비용 또는 예물·예단 등의 반환을 구하거나 그 상당액의 손해배상을 구할 수 없다(대법 2014므329, 336, 343. 대법 84므77, 대법 98므1827 참조).'

정신상 고통에 대한 배상(위자료)

이혼에서 손해배상의 청구는 대부분이 정신적 고통에 대한 위자료를 청구하는 것이다. 대법원은, 남편이 성기능이 불완전함에도 불구하고 이를 숨긴 채 그 아내와 형식상으로만 결혼식을 올리고 젊은 부부로서 약 6개월에 걸쳐 한 번도 성교관계가 없었다면 정상적인 혼인생활을 원하는 아내로서는 정신적인 고통을 받았을 것이 당연하므로 남편에 대해 위자료를 청구할 수 있다고 보았다(대법 65므65).

위자료는 재산분할과는 별개로 책정되는 것으로서, 유책배우자에 대한 위자료 액수를 산정할 때에는 유책행위에 이르게 된 경위와 정도, 혼인관계파탄의 원인과 책임, 배우자의 연령과 재산상태 등 변론에 나타나는 모든 사정을 참작하여 법원이 직권으로 정한다(대법 2003므2251·2268). 유책배우자에 대해 손해배상을 청구할 수 있지만 혼인파탄에 책임이 있는 제3자에 대한 손해배상 청구도 가능하다. 가령 배우자와 간통한 상간자, 심한 학대나 모욕, 혼인생활에 대한 간섭으로 혼인파탄에 원인을 제공한 시부모, 장인·장모 등에 대해서도 위자료 청구를 할 수 있는 것이다.

정신상 고통에 대한 배상청구권은 일신전속권(一身專屬權=권리자만이 가질 수 있거나 행사할 수 있는 권리)이므로 양도 또는 승계할 수 없다. 이러한 권리는 다른 사람에게 양도할 수도 없고, 상속인이 상속할 수도 없다. 즉, 그 권리자가 사망하면 권리도 함께 없어지는 것이다. 그러나 당사자 사이에 이미 그 배상에 관한 계약이 성립되었거나 소송을 제기한 후에는 금전처럼 바뀐 것이므로 양도 또는 승계할 수 있다.

Q 제3자가 부부의 한쪽과 부정행위를 하여 다른 배우자에게 정신적 고통을 가한 경우에 불법행위가 됩니까?

A 그렇습니다. 제3자도 타인의 부부공동생활에 개입하여 부부공동생활의 파탄을 초래하는 등 혼인의 본질에 해당하는 부부공동생활을 방해해서는 안 되는 것입니다. 제3자가 부부의 한쪽과 부정행위를 함으로써 부부공동생활을 침해하거나 유지를 방해하고 그에 대한 배우자로서의 권리를 침해하여 배우자에게 정신적 고통을 가하는 행위는 원칙적으로 불법행위(민법 750 및 751)를 구성합니다(대법 2011므2997 전합. 대법 2004다1899 참조).

Q 바람을 피운 남편을 용서하고 같이 살다가 결국 이혼하기로 결정했습니다. 종전의 간통행위에 대해서도 위자료를 청구할 수 있습니까?

A 청구하기 어렵습니다. 배우자 한쪽의 부정한 행위로 인해 이혼청구권을 취득한 다른 한쪽이 그 사유에 대해 상대방을 사후 용서한 때에는 그것으로 말미암아 이혼청구권은 소멸하는 것이고, 이혼을 전제로 한 위자료 청구권은 상대방의 귀책사유로 인하여 혼인관계가 파탄상태에 이르러 이혼하게 된 경우에 그로 인해 입게 된 정신적 고통을 위자하기 위한 손해배상청구권이므로, 혼인관계가 그 후 단기간 내에 다시 파탄상태에 이르게 되었다 하더라도 배우자 한쪽은 전에 있었던 상대방의 부정행위를 이유로 하여 그 상대방에게 위자료를 청구할 수는 없다고 본 사례가 있습니다(서울 96드96056, 97드50989).

상대방이 위자료를 안 주면

위자료를 지급하라는 법원의 판결에도 불구하고 상대방이 위자료

〈위자료 미지급시 대응〉

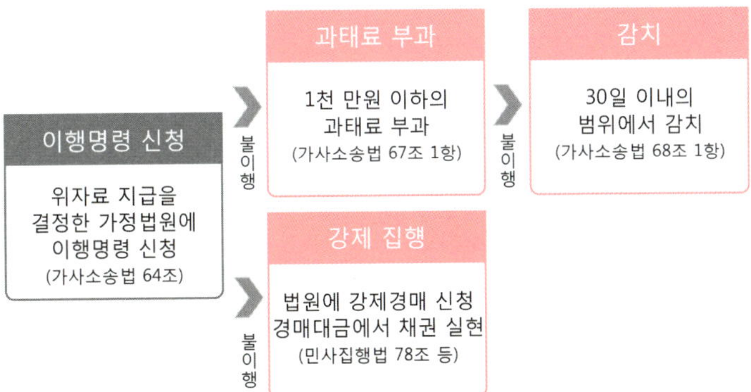

를 주지 않는다면 어떻게 해야 할까. 가정법원에 이행명령을 신청하거나 강제집행을 통해 위자료를 받을 수 있다. 그런데 상대방에게 재산이 없다면 이행명령이나 강제집행도 소용이 없다. 따라서 앞서 설명한 바와 같이 이혼소송을 제기하기 전에 미리 상대방의 재산에 대해 가압류 또는 가처분 등을 해둘 필요가 있는 것이다.

손해배상청구권의 행사기간

이혼사유의 유책자에 대한 손해배상청구는 언제까지 할 수 있는가. 유책배우자에 대한 손해배상청구권의 성질은 민법 750조 이하에서 규정하고 있는 불법행위로 인한 손해배상청구권이다. 따라서 피해자나 그 법정대리인이 손해 및 가해자를 안 날부터 3년 안에 행사하지 않으면 청구권은 시효로 인해 소멸한다(민법 766①). 실제로 재판상 이혼의 경우 손해배상청구는 이혼청구와 동시에 진행하는 것이 일반적이므로 소멸시효가 경과할 우려는 별로 없다. 그런데 협의이혼을 하는 때에는 위자료 등 손해배상에 대한 합의를 하지 않고 이혼하는 경우도 많다. 물론 재판상 이혼의 경우에도 이혼청구를 하면서 이를 다투지 않았을 수 있다. 어떤 경우든 이혼한 날부터 3년 내에 손해배상청구권을 행사해야 한다. 재판상 이혼에서 이혼한 날은 이혼판결이 확정된 날이 되고, 협의이혼에서는 이혼신고를 한 날이 된다.

45

이혼과 자녀 양육

협의이혼을 하려는 부부는 양육자의 결정, 양육비용의 부담, 면접교섭권의 행사 여부 및 그 방법 등이 기재된 양육사항과 친권자 결정에 관한 협의서 또는 가정법원의 심판정본을 이혼의사를 확인할 때에 의무적으로 제출해야 한다.

자녀보호를 위한 양육사항 협의의무

2007. 12. 21. 민법 개정 전에는 단지 '당사자는 그 자의 양육에 관한 사항을 협의에 의하여 정한다'라고만 규정하고 있었다. 이 양육사항은 당사자의 협의에 의하고, 협의할 수 없는 때에는 가정법원이 당사자의 청구에 의해 그 자의 연령, 부모의 재산상황 기타 사정을 참작하여 양육에 필요한 사항을 정하며 언제든지 그 사항을 변경 또는 다른 적당한 처분을 할 수 있었다. 그런데 개정 전 협의이혼제도는 당사자 사이에 자녀 양육사항 및 친권자 지정에 관한 합의가 없이도 이혼을 할 수 있어서 이혼가정 자녀의 양육환경이

침해되는 문제가 있다는 비판이 있었다. 그래서 이혼가정 자녀의 양육과 교육 환경을 개선하기 위해 부부가 협의이혼을 할 때에 자녀에 대한 양육사항을 합의하도록 하고 친권자를 지정할 것을 의무화한 것이다.

양육에 관한 사항은 언제 정하는가

협의이혼을 하려면 이혼의사의 확인을 받아야 하는데 그때 양육자의 결정, 양육비용의 부담 및 면접교섭권의 행사 여부 및 그 방법 등을 포함하는 협의서를 가정법원에 제출해야 한다. 협의가 이루어지지 않거나 협의할 수 없는 때에는 가정법원이 직권으로 또는 당사자의 청구에 따라 결정한다. 이때 가정법원은 그 자녀의 의사·연령과 부모의 재산상황, 그 밖의 사정을 참작하여 양육에 필요한 사항을 정한다. 또한 가정법원은 자의 복리를 위해 필요하다고 인정하는 때에는 부·모·자녀 및 검사의 청구 또는 직권으로 양육에 관한 사항을 변경하거나 다른 적당한 처분을 할 수도 있다.

Q 가정법원이 직권으로 자녀양육에 관한 사항을 결정할 수 있는 것은 재판상 이혼을 할 때뿐입니까?

A 협의이혼 과정에서 자녀양육에 관한 협의가 이루어지지 않은 때에는 가정법원이 이혼의사의 확인을 거부할 수 있을 뿐이지 이혼의사의 확인절차에서 직권으로 양육에 관한 심판을 할 수는 없습니다.

Q 양육비 협의서의 내용은 한번 정하면 바꿀 수 없는 것입니까?

A 그렇지 않습니다. 자녀양육에 관한 부부의 협의가 그 자녀의 복리에 반한다고 인정되는 때에는 가정법원이 변경할 수 있습니다.

누가 양육자가 되는가

부모가 이혼을 결정한 이상 현실적으로 공동양육은 어렵게 된다. 자녀는 부모 중 어느 한 사람과 생활해야 하고, 따라서 양육자를 결정해야 한다.

양육자는 부부가 합의해서 결정해야 하고 합의할 수 없거나 합의가 이루어지지 않는 경우에는 가정법원이 직권으로 또는 당사자의 청구에 따라 양육자를 결정한다(민법 837①·② 및 ④). 가정법원으로부터 협의이혼의사 확인을 받기 위해 같이 제출하는 자녀양육에 관한 협의서에는 양육자가 누구인지를 포함하도록 되어 있다. 양육자가 결정되지 않은 상태에서는 가정법원이 이혼의사의 확인을 거부할 수 있을 뿐이고, 이혼의사 확인절차에서 직권으로 양육에 관한 심판을 할 수는 없다. 따라서 협의가 어려운 때에는 우선 양육에 관한 심판을 청구해서 양육자를 결정해야 한다. 재판상 이혼을 하는 경우에는 양육자 지정도 재판으로 청구할 수 있고, 가정법원이 직권으로 정할 수도 있다.

자녀의 양육에 관한 처분을 구하는 심판은 부모 중 한쪽이 다른 한쪽을 상대방으로 해서 청구해야 한다(가규 99①). 이때 부모가 아닌 사람이 자녀를 양육하고 있는 때에는 그 사람을 공동 상대방으로 해서 자녀의 인도를 청구할 수 있다(가규 99③).

Q 이혼하면서 협의로 양육자를 결정했는데, 나중에 양육자를 변경할 수 있습니까?

A 그렇습니다. 양육에 관한 사항이 결정된 후에도 자녀의 복리를 위해 필요한 때에는 가정법원이 부·모·자녀 및 검사의 청구 또는 직권으로 양육자를 변경할 수 있습니다(민법 837⑤). 이것은 당사자 사이의 협의가 재판상 화해에 의한 경우에도 마찬가지입니다(대법 92스17, 18). 또한 당초의 결정 후에 특별한 사정변경이 있는 경우뿐만 아니라 당초의 결정이 부당하게 되었다고 인정될 경우에도 가능한 것이며, 그 결정이 부당하다면 협의 후에 특별한 사정변경이 없더라도 변경할 수 있습니다(대법 90므699).

Q 기간이나 조건을 정해서 양육자를 지정할 수도 있습니까?

A 그렇습니다. 일정기간까지는 어머니를, 그 기간 이후부터는 아버지를 양육자로 정하는 것도 가능합니다. 또한 조건을 정한 양육자 지정에 대해 어머니를 양육자로 지정하는 대신에 아버지가 매년 일정한 기간 동안 자녀와 동거할 수도 있고, 매년 설날과 추석에는 어머니가 자녀를 아버지 집에 보내 집안행사에 참여하게 한다는 내용의 조건을 붙이는 것이 가능하다고 본 사례가 있습니다(서고 86르313).

양육자를 결정하는 기준

가정법원이 자녀의 양육자를 지정할 때에는 친권자가 누구인가에 관계없이 법원은 자녀의 연령, 부모의 재산상황 기타 모든 사정을 고려하여 부모 중 어느 한쪽을 양육자로 지정하거나 양쪽 모두에게 양육사항을 나누어 부담하게 할 수 있다. 이때 제일 우선적으로 고려되어야 할 사항은 부모의 권리가 아닌, 자녀의 복지이다(대법 90므828, 90므835). 다만, 부모 모두를 자녀의 공동양육자로 지정하는 문제에 대해 우리 대법원은 '재판상 이혼의 경우 부모 모두를 자녀의 공동양육자로 지정하는 것은 부모가 공동양육을 받아들일 준비가 되어 있고 양육에 대한 가치관에서 현저한 차이가 없는지, 부모가 서로 가까운 곳에 살고 있고 양육환경이 비슷하여 자녀에게 경제적·시간적 손실이 적고 환경적응에 문제가 없는지, 자녀가 공동양육의 상황을 받아들일 이성적·정서적 대응능력을 갖추었는지 등을 종합적으로 고려하여 공동양육을 위한 여건이 갖추어졌다고 볼 수 있는 경우에만 가능하다'는 입장이다(대법 2018므15534).

한편, 자녀양육에 관한 심판에서 자녀가 13세 이상인 때에는, 가정법원은 심판에 앞서 그 자녀의 의견을 들어야 한다. 다만, 자녀의 의견을 들을 수 없거나 자녀의 의견을 듣는 것이 오히려 자녀의 복지를 해칠 만한 특별한 사정이 있다고 인정되는 때에는 듣지 않아도 된다(가규 100).

누가, 언제까지 양육비를 부담하는가

부모는 자녀를 공동으로 양육할 책임이 있고, 양육에 드는 비용도 부모가 공동으로 부담해야 하는 것이 원칙이다. 그런데 어떠한 사정으로 인해 부모 중 어느 한쪽만이 자녀를 양육하게 된 때에는 양육하는 사람이 상대방에게 현재와 장래의 양육비 중 적정한 금액의 분담을 청구할 수 있다(대법 92스21 전합). 양육권을 갖지 못한 사람만 양육비를 부담하는 것이 아니라, 양육비용은 우선 공동으로 부담하되, 자녀를 직접 양육하는 부 또는 모에게 양육하지 않는 –비양육(非養育)– 모 또는 부가 자신의 몫에 해당하는 양육비를 준다는 의미이다. 따라서 이혼할 때 한쪽이 양육자가 되면 다른 쪽은 그 부담부분만큼의 양육비를 지급해야 하고, 양육자가 조부모 등 제3자인 때에는 부모 모두가 양육비를 지급해야 하는 것이다.

'양육비를 공동으로 부담한다'는 의미가 동일한 액수의 양육비를 감당해야 한다는 뜻은 아니다. 구체적인 양육비는 자녀의 연령이나 부모의 재산상황 등을 고려해서 정해지는 것이다. 따라서 모든 가정에서 동일한 양육비가 책정될 수도 없고, 부와 모 각자가 부담하는 양육비용이 동일하지 않을 수도 있는 것이다.

양육비는 언제까지 받을 수 있는 것일까. 양육비는 자녀가 성년(19세)이 될 때까지만 지급하면 된다. 그러나 부모가 서로 협의한다면 그 이상의 나이가 지나도 양육비를 지급받을 수 있고, 조정과정에서 성년 이후까지 계속 양육비를 지급하기로 약속하는 경우가 실제로 있다.

Q 비양육 부·모의 나이가 19세 미만(미성년자)인 경우에도 양육비를 청구할 수 있습니까?

A 원칙적으로 양육비는 비양육 부·모가 지급해야 합니다. 그러나 비양육 부·모가 부양능력이 없는 미성년자인 때에는 그 부모(=조부모)에게 양육비를 청구할 수 있습니다(양육법 3②).

Q 비양육 부·모가 친권을 포기했는데 이런 경우에도 양육비를 받을 수 있는 겁니까?

A 그렇습니다. 친권자가 아니라고 해서 부모-자녀 관계가 종료되는 것은 아닙니다. 따라서 친권을 포기했더라도 비양육 부·모는 양육비를 지급해야 합니다.

Q 아이 생부가 아이의 출생사실을 모르고 있는데 이런 경우에도 양육비를 청구할 수 있는 겁니까?

A 생부에게 양육비를 청구하기 위해서는 우선 생부의 인지(認知)가 필요합니다. 인지를 거부할 경우에는 우선 인지청구의 소를 통해 가족관계등록부에 생부를 아이의 아버지로 등록해야 하고, 그 후에 양육비(과거의 것도 함께)를 청구할 수 있습니다.

Q 비양육 부·모 또는 양육 부·모가 결혼을 하면 양육비는 어떻게 되는 겁니까?

A 비양육 부·모 또는 양육 부·모가 다른 사람과 결혼을 하더라도 자녀와의 관계가 종료되는 것은 아닙니다. 어떠한 경우라도 비양육 부·모는 여전히 자녀에 대한 양육책임이 있습니다. 그러므로 양육 부·모에게 양육비를 지급해야 합니다. 다만, 양육 부·모의 새로운 배우자가 그 자녀를 친양자 입양(이 책의 마지막 부분에서 설명하고 있음)을 한 경우에는 친양자 입양이 확정된 때부터 비양육 부·모와 자녀 사이의 친자관계는 종료됩니다. 따라서 부양 등의 권리의무도 소멸하므로 친양자 입양이 확정되면 비양육 부·모에 대해 더 이상 양육비를 청구할 수 없습니다.

양육비 계산은 어떻게 하나

양육비는 이혼할 때 우선 부부가 합의해서 정할 수 있는데 합의가 어려운 때에는 가정법원에 청구해서 정할 수도 있고, 가정법원이 직권으로 양육비를 결정할 수도 있다(민법 837). 가정법원은 자녀의 양육비 청구사건을 위해 특히 필요하다고 인정하는 때에는 직권으로 또는 당사자의 신청에 의해 당사자의 재산상태를 구체적으로 밝힌 재산목록을 제출하도록 명할 수 있다(가사 48의2). 재산목록 제출의 명령을 받은 사람이 정당한 사유 없이 그 제출을 거부하거나 거짓 재산목록을 제출하면 1천만 원 이하의 과태료가 부과된다(가사 67의3). 그러나 재산명시절차에 따라 제출된 재산목록만으로 자녀의 양육비 청구사건의 해결이 곤란한 때에는 직권으로 또는 당사자의 신청에 의해 당사자 명의의 재산에 관하여 조회할 수도 있다(가사 48의3①).

양육비를 정하는 기본원칙

양육비 산정의 기본원칙은 자녀에게 부모의 이혼 전과 동일한 수준의 양육환경을 유지해 주는 것이고, 부모는 현재의 소득이 없더라도 최소한의 자녀 양육비에 대해 책임을 분담해야 한다는 것이다. 서울가정법원은 재판이혼을 할 때에 양육비 산정의 기초자료로 삼도록 다음과 같은 〈양육비 산정기준표〉를 마련하여 2, 3층에 있는 각 이혼조정실마다 비치해 두고 있다.

이 산정기준표에 있는 표준양육비는 양육자녀가 2인인 4인가구를 기준으로 하는 자녀 1인당 평균양육비이다. 부모합산소득은 세전소득으로 근로소득 및 영업소득뿐만 아니라 부동산 임대소득, 이자소득, 정부보조금, 연금 등을 모두 합한 순수입의 총액을 기준으로 한다. 자녀의 연령 및 부모합산소득을 기준으로 표준양육비를 결정하고 여기에 아래의 가산 또는 감산 요소를 적용하여 양육비 총액을 확정하게 된다.

서울가정법원 2021년 양육비 산정기준(2017년 양육비 산정기준표)

부모합산 소득(세전) / 자녀 만 나이	0~199 만원	200~299 만 원	300~399 만 원	400~499 만 원	500~599 만 원	600~699 만 원	700~799 만 원	800~899 만 원	900만 원 이상
	평균양육비(원) [양육비구간]	평균양육비(원) [양육비구간]	평균양육비(원) [양육비구간]	평균양육비(원) [양육비구간]	평균양육비(원) [양육비구간]	평균양육비(원) [양육비구간]	평균양육비(원) [양육비구간]	평균양육비(원) [양육비구간]	평균양육비(원) [양육비구간]
0~2세	**532,000** 219,000~592,000	**653,000** 593,000~735,000	**818,000** 736,000~883,000	**948,000** 884,000~1,026,000	**1,105,000** 1,027,000~1,199,000	**1,294,000** 1,120,000~1,341,000	**1,342,000** 1,342,000~1,487,000	**1,587,000** 1,488,000~1,670,000	**1,753,000** 1,671,000 이상
3~5세	**546,000** 223,000~639,000	**732,000** 640,000~814,000	**896,000** 815000~974,000	**1,053,000** 975,000~1,121,000	**1,189,000** 1,122,000~1,284,000	**1,379,000** 1,285,,000~1,477,000	**1,576,000** 1,478,000~1,654,000	**1,732,000** 1,655,000~1,828,000	**1,924,000** 1,829,000 이상
6~11세	**623,000** 244,000~699,000	**776,000** 700,000~864,000	**952,000** 865,000~1,044,000	**1,136,000** 1,045,000~1,219,000	**1,302,000** 1,220,000~1,408,000	**1,514,000** 1,409,000~1,559,000	**1,605,000** 1,560,000~1,717,000	**1,830,000** 1,718,000~1,997,000	**2,164,000** 1,998,000 이상
12~14세	**629,000** 246,000~701,000	**774,000** 702,000~884,000	**995,000** 885,000~1,107,000	**1,220,000** 1,108,000~1,303,000	**1,386,000** 1,304,000~1,484,000	**1,582,000** 1,485,000~1,650,000	**1,718,000** 1,651,000~1,797,000	**1,876,000** 1,798,000~2,143,000	**2,411,000** 2,144,000 이상
15~18세	**678,000** 260,000~813,000	**948,000** 814,000~1,076,000	**1,205,000** 1,077,000~1,290,000	**1,376,000** 1,291,000~1,493,000	**1,610,000** 1,494,000~1,715,000	**1,821,000** 1,716,000~1,895,000	**1,970,000** 1,896,000~2,047,000	**2,124,000** 2,048,000~2,394,000	**2,664,000** 2,395,000 이상

* 전국의 양육자녀 2인 가구 기준

** 2021 양육비산정기준은 2017. 11. 17.에 개정된 것으로 현재(2021. 12. 31.)까지도 자녀 양육비에 대해 협의하고 참고하는 기준이 되고 있다.

2021년 양육비 산정기준표

가구소득 / 자녀연령	0~ 199 만원	200~ 299만 원	300~ 399만 원	400~ 499만 원	500~ 599만 원	600~ 699만 원	700~ 799만 원	800~ 899만 원	900~ 999만 원	1,00~ 1,199만 원	1,200만 원 이상
	평균양육비(원) [양육비구간]	평균양육비(원) [양육비구간]	평균양육비(원) [양육비구간]	평균양육비(원) [양육비구간]	평균양육비(원) [양육비구간]	평균양육비(원) [양육비구간]	평균양육비(원) [양육비구간]	평균양육비(원) [양육비구간]	평균양육비(원) [양육비구간]	평균양육비(원) [양육비구간]	평균양육비(원) [양육비구간]
0~2세	621,000 [26.4~68.6]	752,000 [68.7~84.8]	945,000 [84.9~102.1]	1,098,000 [102.2~117.1]	1,245,000 [117.2~132.3]	1,401,000 [132.4~149.1]	1,582,000 [149.2~168.5]	1,789,000 [168.6~189.3]	1,997,000 [189.4~204.6]	2,095,000 [204.7~215.1]	2,207,000 [215.2 이상]
3~5세	631,000 [26.8~69.5]	759,000 [69.6~85.4]	949,000 [85.5~103.1]	1,113,000 [103.2~118.9]	1,266,000 [119.0~134.4]	1,422,000 [134.5~151.0]	1,598,000 [151.1~170.2]	1,807,000 [170.3~191.2]	2,017,000 [191.3~206.6]	2,116,000 [206.7~218.0]	2,245,000 [218.1 이상]
6~8세	648,000 [27.2~70.7]	767,000 [70.8~86.3]	959,000 [86.4~104.9]	1,140,000 [105.0~121.6]	1,292,000 [121.7~138.5]	1,479,000 [138.6~154.6]	1,614,000 [154.7~173.2]	1,850,000 [173.3~195.7]	2,065,000 [195.8~210.1]	2,137,000 [210.2~222.4]	2,312,000 [222.5 이상]
9~11세	667,000 [28.1~72.4]	782,000 [72.5~88.5]	988,000 [88.6~107.5]	1,163,000 [107.6~124.0]	1,318,000 [124.1~140.6]	1,494,000 [140.7~156.2]	1,630,000 [156.3~175.8]	1,887,000 [175.9~201.2]	2,137,000 [201.3~215.8]	2,180,000 [215.9~229.2]	2,405,000 [229.3 이상]
12~14세	679,000 [29.5~73.4]	790,000 [73.5~89.4]	998,000 [89.5~113.9]	1,280,000 [114.0~135.1]	1,423,000 [135.2~151.0]	1,598,000 [151.1~165.4]	1,711,000 [165.5~184.7]	1,984,000 [184.8~207.1]	2,159,000 [207.2~219.1]	2,223,000 [219.2~234.9]	2,476,000 [235.0 이상]
15~18세	703,000 [31.9~83.0]	957,000 [83.1~109.2]	1,227,000 [109.3~131.4]	1,402,000 [131.5~150.3]	1,604,000 [150.4~169.9]	1,794,000 [170.0~187.9]	1,964,000 [188.0~206.3]	2,163,000 [206.4~220.4]	2,246,000 [220.5~239.3]	2,540,000 [239.4~271.1]	2,883,000 [271.1 이상]

* 전국의 양육자녀 2인 가구 기준

** 위 양육비 산정기준표는 2021. 11. 5. 서울가정법원에서 열린 공청회에서 발표된 내용으로서 2021.12. 22. 공표하고 2022. 3. 31.부터 시행할 예정이다.

표준양육비에 아래 가산, 감산 요소 등을 고려하여 양육비 총액을 확정할 수 있음

① 부모의 재산상황(가산 또는 감산)
② 자녀의 거주지역(도시지역은 가산, 농촌지역 등은 감산)
③ 자녀의 수(자녀가 1인인 경우 가산, 3인 이상인 경우 감산)
④ 고액의 치료비
⑤ 고액의 교육비(부모가 합의하였거나 사건본인의 복리를 위하여 합리적으로 필요한 범위)
⑥ 비양육자의 개인회생(회생절차 진행 중 감산, 종료 후 가산 고려)

이 총액에서 부모의 양육비 분담비율을 결정하여 비양육자가 지급할 양육비를 산정하게 되는 것이다. 일반적인 비양육 부 또는 모의 양육비 분담비율은 60%이다.

위 산정표의 기준에도 불구하고 부모가 협의하면 그것이 우선하는 것은 물론이다. 이혼조정 과정에서 자녀의 양육비에 대해 인색하게 굴면 재산분할에 있어서 불리할 수 있으므로 기준표에 따른 양육비보다는 조금이라도 많이 지급할 것으로 추정된다.

양육비의 구체적인 산정에 관해 자세한 것은 서울가정법원홈페이지(https://slfamily.scourt.go.kr/dcboard/new/DcNewsViewAction.work?seqnum=41)를 참고하기 바란다.

양육비 지급은 어떻게 하나

양육비의 지급방법에 특별한 제한이 있지는 않다. 한꺼번에 정액으로 지급받을 수도 있고, 나눠 받을 수도 있다. 또한 금전으로 받을 수도 있고 토지나 건물 등 실물로 받을 수도 있다. 보통은 '매월 얼마씩 준다'는 정기금의 형태로 지급한다.

Q 양육비가 정말 아이를 위해 쓰이는지 믿을 수가 없습니다. 그래서 양육비를 입금하는 대신 아이에게 필요한 물건을 직접 사주거나 학원비 등을 결제하고 싶은데, 이런 방식으로 양육비를 지급할 수 있습니까?

A 언제나 그런 방식으로 지급할 수 있는 것은 아닙니다. 양육자가 그러한 방식에 동의한다면 상관없으나 동의하지 않으면 양육비 지급이나 사용방식에 제한을 두는 것은 문제가 될 수 있습니다. 예를 들어, 원고가 양육비 30만원, 피고가 양육비 50만원을 부담하도록 하고, 둘 사이에 합의된 하나의 새로운 예금계좌를 개설하여 그와 연결된 체크카드를 발급받아 양육비를 지출하고 지출내역을 매년 분기별로 상대방에게 알릴 것을 방법으로 하는 양육비 지급 판결에 대해 양육비의 사용방법을 특정하는 것은 양육자의 재량을 지나치게 제한하는 것이라고 보았습니다(대법 2019므15302). 즉, 양육권자가 자녀를 양육하는 방법은 자유로운 것이어야 하며, 애초에 양육비 사용방법을 제한하는 것은 바람직하지 않다고 본 것입니다.

민법 제837조(이혼과 자의 양육책임)

① 당사자는 그 자의 양육에 관한 사항을 협의에 의하여 정한다.

② 제1항의 협의는 다음의 사항을 포함하여야 한다.

1. 양육자의 결정
2. 양육비용의 부담
3. 면접교섭권의 행사 여부 및 그 방법

③ 제1항에 따른 협의가 자(子)의 복리에 반하는 경우에는 가정법원은 보정을 명하거나 직권으로 그 자(子)의 의사(意思)·연령과 부모의 재산상황, 그 밖의 사정을 참작하여 양육에 필요한 사항을 정한다.

④ 양육에 관한 사항의 협의가 이루어지지 아니하거나 협의할 수 없는 때에는 가정법원은 직권으로 또는 당사자의 청구에 따라 이에 관하여 결정한다. 이 경우 가정법원은 제3항의 사정을 참작하여야 한다.

⑤ 가정법원은 자(子)의 복리를 위하여 필요하다고 인정하는 경우에는 부·모·자(子) 및 검사의 청구 또는 직권으로 자(子)의 양육에 관한 사항을 변경하거나 다른 적당한 처분을 할 수 있다.

⑥ 제3항부터 제5항까지의 규정은 양육에 관한 사항 외에는 부모의 권리의무에 변경을 가져오지 아니한다.

46

양육사항의 변경

자녀의 복리를 위해 필요하다고 인정되는 때에는 가정법원이 부·모·자녀 및 검사의 청구 또는 직권으로, 이혼할 때에 당사자의 협의나 가정법원이 정한 자녀의 양육사항을 변경하거나 다른 적당한 처분을 할 수 있다(민법 837⑤). 변경은 당초 결정 이후에 어떠한 사정변경이 있는 경우뿐만 아니라, 당초의 협의나 결정 자체가 부당한 경우에도 가능하다.

양육비의 변경

이혼할 때에 정해진 양육비를 계속 그대로 유지하는 것이 부 또는 모 어느 한쪽에게 곤란하게 되는 경우에 그 금액이나 지급방법 등을 변경할 수 있는지가 문제될 수 있다.

예를 들어, 협의이혼에 있어서 미성년 자녀를 양육할 부 또는 모에게 양육비 명목으로 임차보증금 반환채권을 주기로 하는 협의가 이루어졌고, 그 후에 양육비를 청구한 사례가 있다. 이 청구에 민법 837조 2항에서 규정하고 있는 '양육비 부담 부분의 변경을 구하는 취지'가 포함된 것으로 볼 수 있는지가 문제될 수 있다. 판례는, 이와 같은 양육비 부담에 관한 심판 청구를 당사자의 협의에 의해 정한 자녀의 양육사항 중 양육비 부담 부분의 변경을 구하는 취지로 보았다. 그러므로 법원으로서는 당사자의 협의사항이 그 자녀의 연령, 부모의 재산상황 기타 사정 등 여러 사정에 비추어 부당하게 결정되었는지 여부를 살피고, 그렇다고 인정하는 때에는 언제든지 이를 변경할 수 있다(대법 98스17, 18. 대법 90므699, 대법 92스17, 92스18, 대법 92스21 전합 참조).

양육사항 변경의 기준

양육사항의 내용이 부당한지 여부는 '자녀의 복리를 위해 필요한지'를 기준으로 판단해야 하는가?

이에 대해 판례는 적극적인 입장이다. 민법상으로는 가정법원은 자녀의 복리를 위해 필요하다고 인정하는 때에는 부·모·자녀 및 검사의 청구 또는 직권으로 자녀의 양육사항을 변경하거나 다른 적당한 처분을 할 수 있다(민법 837⑤,[2] 이하 '현행조항'이라 함). 같은 내용을 규율하던 옛 민법(2007. 12. 21.에 개정되기 전의 것) 837조 2항은 '가정법원은 여러 사정을 참작하여 양육사항을 정하며 언제든지 변경할 수 있다'는 취지로 규정하고 있었다(개정 이전에도 가정법원이 언제든지 양육사항을 변경할 수 있다는 내용은 동일했다. 이하 개정 전 조항을 '옛조항'이라 함).

옛조항의 시행 당시 양육비 부담의 변경에 관해 대법원은, 가정법원이 일단 결정한 양육사항을 그 후 당사자가 협의하여 자녀의 양육사항을 정한 후 가정법원에 그 변경을 청구하는 경우, 가정법원은 당초의 결정이나 당사자가 협의하여 정한 사항이 옛조항의 여러 사정에 비추어 부당하다고 인정되는 때에는 그 사항을 변경할 수 있는 것이고 협의 후에 특별한 사정변경이 있는 때에 한하여 변경할 수 있는 것은 아니라고 했다. 따라서 당사자의 협의에 의해 정한 양육사항의 변경을 구하는 경우, 법원은 당사자가 협의하여 정한 사항이 옛조항이 정하는 자녀의 연령, 부모의 재산상황 기타 사정 등 여러 사정에 비추어 부당하게 결정되었는지 여부를 살펴 그와 같이 인정되는 경우에는 언제든지 이를 변경할 수 있다는 것이다.

결론적으로, 종전 양육사항의 내용이 부당한지 여부는 '자녀의 복리를 위해 필요한지'를 기준으로 판단해야 한다(대법 2018스566. 대법 90므699, 대법 98스17, 18 참조[3]).

양육비의 조정(☜사정변경의 원칙)

양육비를 감액하는 것이 일반적으로 자녀의 복리를 위하는 것이라고 보기는 어려울 것이다. 그러므로 가정법원이 양육비 감액을 구하는 심판청구를 심리할 때에는 양육비 감액이 자녀에게 미치는 영향을 우선적으로 고려해야 한다. 즉, 종전 양육비가 정해진 경위와 액수, 줄어드는 양육비 액수, 당초 결정된 양육비 부담 외에 혼인관계 해소에 따라 정해진 위자료, 재산분할 등 재산상 합의의 유무와 내용, 그러한 재산상 합의와 양육비 부담과의 관계, 양쪽 재산상태가 변경된 경우 그 변경이 당사자의 책임으로 돌릴 사정이 있는지 유무, 자녀의 수, 연령 및 교육 정도, 부모의 직업, 건강, 소득, 자금 능력, 신분관계의 변동, 물가의 동향 등 여러 사정을 종합적으로 참작하여, 양육비 감액이 불가피하고 그런 조치가 궁극적으로 자녀의 복리에 필요한 것인지에 따라 판단해야 한다(대법 2018스566).

Q 양육비를 받지 않기로 합의했는데 다시 청구할 수 있습니까?

A 그럴 수 있습니다. 자녀의 양육에 관한 사항은 부모가 이미 협의했거나 법원의 심판으로 정해진 경우에도 자녀의 복리를 위해 필요하다는 것이 인정되면 변경할 수 있습니다. 당초 협의한 내용이나 법원의 결정이 자녀의 복리에 부합하지 않은 경우뿐만 아니라, 그 후 시간이 지나 예상치 못한 사정이 발생하여 그 변경이 불가피해지거나 또는 결정한 사항이 변화된 사정에 맞지 않는 경우에도 변경할 수 있습니다.

47

양육비를 안 줍니다

약속된 양육비를 받지 못하면 생활은 어려워질 수밖에 없고 그 피해는 고스란히 아이가 받는다. 전 배우자가 양육비를 지급하지 않는 때에는 마냥 기다리지 말고 적극적으로 행동해야 한다. 그것이 아이를 위한 올바른 길이다.

양육비 이행확보 및 지원을 위한 입법적 조치

비양육 부·모의 양육비 이행책임을 강화하기 위한 제도는 2000년대 후반부터 정비되기 시작했다. 일차적으로는 2007년 민법 개정을 통해 협의이혼을 할 때에 자녀양육사항에 관한 합의가 의무화되었고(민법 836의2④ 및 837), 2009년에는 가정법원으로 하여금 양육비부담조서를 의무적으로 작성토록 하는 규정이 신설되었다(민법 836의2⑤). 또한 자녀의 양육비 청구사건에서 가정법원이 양육당사자의 재산목록을 제출하도록 하거나 재산조회를 명령할 수 있으며(가사 48의2 및 48의3), 자녀 양육비 직접지급명령 및 담보제공명령을 주요 내용으로 하는 가사소송법이 개정되기도 하였다(가사 63의2 및 63의3). 2014년에는 '양육비 이행확보 및 지원에 관한 법률'(이 책에서는 '양육법'이라고 함)을 제정(2015. 3. 25. 시행)하고, 그에 따라 양육비이행관리원(이하 '양육비이행원'이라 함)이 설치되어 국가가 양육비 이행확보 및 지원을 위해 적극적으로 개입할 수 있는 법적 근거가 마련되었다.

양육비 이행확보

양육비가 지급되지 않을 경우에는 이행명령, 양육비 직접지급명령, 담보제공명령, 일시금지급명령, 감치명령 등의 제도를 통해서 지급되지 않은 양육비를 확보할 수 있다. 다만, 이를 위해서는 매 절차마다 양육 부·모가 재판을 신청해야 해서 매우 번거로울 뿐만 아니라, 적지 않은 시간이 소요되므로 직접 하는 것보다는 양육비이행원의 도움을 받는 것이 좋다.

한편, 양육비이행원이 출범한 이후에도 양육비 이행률은 여전히 낮은 것이 현실인 바,[4] 고의적으로 양육비를 지급하지 않는 양육비 채무자에 대한 실효성 있는 제재가 이루어질 수 있도록 양육법이 지속적으로 개정되고 있다. 2020. 6. 9. 개정 양육법(2021. 6. 10. 시행)은 양육비 채무자가 양육비 채무 불이행으로 인하여 감치명령 결정을 받았음에도 불구하고 양육비 채무를 이행하지 않는 경우 지방경찰청장에게 해당 양육비 채무자의 운전면허 정지처분을 요청할 수 있도록 하였다(양육법 21의3①[5]). 또한 2021. 1. 12. 개정 양육법(2021. 7. 13. 시행)은 양육비 채무 불이행으로 인해 감치명령 결정을 받았음에도 양육비 채무를 이행하지 않은 사람에 대해 출국금지 조치를 취하거나(양육법 21의4①[6]) 명단을 공개할 수 있는 법적 근거를 마련하였다(양육법 21의5①[7]).

양육비 이행지원

'미성년 자녀를 직접 양육하는 부 또는 모가 미성년 자녀를 양육하지 아니하는 부 또는 모로부터 양육비를 원활히 받을 수 있도록 양육비 이행확보 등을 지원하여 미성년 자녀의 안전한 양육환경을 조성함을 목적'으로 하여 '양육비 이행확보 및 지원에 관한 법률'이 제정(2014. 3. 24.)됨에 따라 여성가족부 산하 한국건강가정진흥원 내에 양육비이행원이 설치되었다.

양육비 이행지원 서비스는 양육 부·모(양육비 채권자)의 신청을 받아 비양육 부·모(양육비 채무자)로부터 양육비를 지급받을 수 있도록 당사자 사이 협의성립, 양육비 관련 소송, 추심, 불이행 시 제재조치 등을 지원하는 서비스이다. 양육 부·모는 각각의 단계마다 서비스 제공 기관을 일일이 찾아갈 필요 없이 양육비이행원에 1회 신청만으로 종합지원 서비스가 가능하다. 양육비이행원이 제공하는 서비스는 다음과 같다.

〈양육비 이행지원 절차 〉

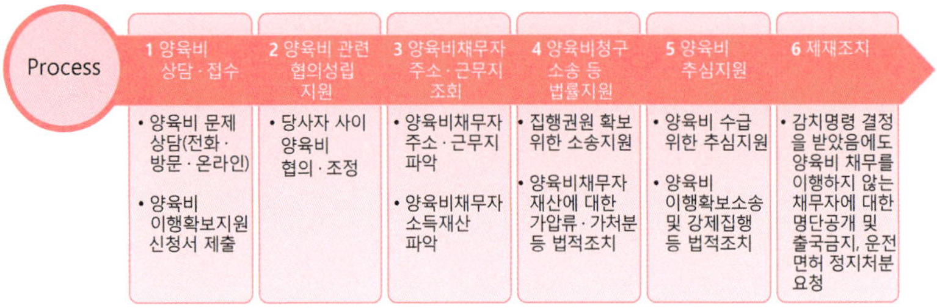

양육 부·모는 비양육 부·모를 상대로 하는 양육비 이행확보에 관한 법률지원을 받을 수 있다(양육법 11①). 양육비이행원은 양육비 청구 및 이와 관련하여 인지청구, 친권 행사자·양육자 변경 청구 등을 지원한다. 양육비 청구는 비양육 부·모와 자녀가 법률상 친자관계인 것을 전제로 해서 가능한 것이어서 비혼 양육 부·모의 경우에는 그 자녀와의 법률상 친자관계를 설정할 수 있는 인지청구소송를 먼저 해야 한다.

양육비 추심지원

양육비이행원은 양육비 채권자인 이혼한 또는 미혼인 '한부모'가 양육비를 원활하게 지급받을 수 있도록 양육비 채무자와의 합의진행 및 민사집행법상 강제집행, 가사소송법상 양육비 이행확보소송 등 양육비추심을 위한 법적 절차를 진행한다(양육법 18 및 19①). 구체적인 지원 내용은 다음과 같다.

양육비이행원의 양육비 추심지원

<table>
<tr><th colspan="2">가사소송법</th><th colspan="2">민사집행법</th></tr>
<tr><td rowspan="2">•이행명령
•담보제공명령
•과태료처분재판</td><td rowspan="2">•직접지급명령
•일시금지급명령
•감치재판</td><td colspan="2">•채무자 소유 재산에 대한 압류 및 강제경매</td></tr>
<tr><td>•재산명시</td><td>•재산조회</td></tr>
</table>

출처: 양육비이행관리원 홈페이지(최종검색일: 2021. 08. 31.)

한시적 양육비 긴급지원

양육비를 받지 못해 자녀의 복리가 위태롭거나 위태롭게 될 우려가 있는 양육비 채권자에게 한시적으로 양육비를 긴급지원함으로써 미성년 자녀의 안전한 양육환경을 조성하기 위한 제도이다. 긴급지원 종료 후에 양육비 채무자에게 구상하는 방식이다. 누구나 지원받을 수 있는 것은 아니고, 다음의 요건을 모두 충족해야 한다.

〈양육비 긴급지원대상자〉

1. 이혼·미혼 등으로 만 19세 미만의 미성년 자녀를 직접 양육하면서 양육비이행관리원에 먼저 양육비 이행 지원 신청한 양육비 채권자 중 양육비 채무자가 양육비 채무를 이행하지 않고 있는 경우
2. 양육비에 관한 집행권원(양육비부담조서 또는 판결문)이 있는 경우

3. 국민기초생활 보장법의 생계급여 또는 긴급복지지원법의 생계지원을 받고 있지 않을 것
4. 양육비 채권자가 속한 가구의 소득이 국민기초생활 보장법 2조 11호에 따른 기준 중위소득의 100분의 50 이하인 경우 또는 양육비 채권자가 한부모가족지원법 5조 및 5조의2에 따른 한부모가족 지원대상자인 경우
5. 다음 중 어느 하나에 해당하는 경우
   ① 긴급복지지원법 9조 1항 1호에 따른 지원을 받은 후에도 위기 상황이 지속되어 자녀의 복리가 위태롭게 되었거나 위태롭게 될 우려가 있을 경우(예: 자녀의 질병, 수업료 및 급식비 미납, 주거비 또는 공과금 2개월 이상 체납 등)
   ② 지원대상 자녀 또는 양육비 채권자가 중증 질환이 있거나, 질병으로 수술 받은 경력이 있고 1개월 이상 입원하여 일상생활에 지장을 주는 경우, 질병이나 부상이 있어 간병이 필요한 경우
   ③ 양육비 채권자가 손자녀를 양육하고 있는 조부모인 경우
   ④ 양육비 채권자가 실직, 폐업 등으로 경제적 어려움에 처하여 지원대상 자녀의 성장 환경이 불안정한 경우
   ⑤ 그 밖에 한시적양육비지급심의위원회에서 지원의 필요성을 인정하는 경우

한시적 양육비 긴급지원 대상에 해당하는 경우에는 다음의 서류를 준비해서 방문, 우편, 온라인 가운데 편리한 방법으로 양육비이행원에 제출하면 된다.

〈양육비 긴급지원 신청을 위한 서류〉

1. 한시적 양육비 긴급지원 신청서 및 확인서
2. 한부모가족증명서 또는 건강보험료납부확인서
3. 주민등록등본
4. 집행권원*
5. 계좌번호가 적힌 통장사본
6. 위태롭거나 위태롭게 될 우려가 있는 사유에 대한 증빙자료
   ① 긴급복지지원 결과통보서
   ② 의사소견서, 진단서
   ③ 실직/폐업 증빙자료

* 가사소송법 41조는 금전의 지급, 물건의 인도(引渡), 등기, 그 밖에 의무의 이행을 명하는 심판은 집행권원(執行權原)이 된다고 정하고 있다. 양육사항에 관한 협의서를 제출하면 가정법원은 양육비부담조서를 작성하는데, 이 양육비부담조서 역시 집행권원으로서의 효력이 인정된다.

출처: 양육비이행관리원 홈페이지(최종검색일: 2021. 8. 31.)

서류를 제출하면, 지원요건에 적합한 지 검토하고 한시적양육비 지급심의위원회가 지원여부를 심의 및 의결한다. 특별한 사정이 없으면 양육비 채권자가 긴급지원을 신청한 날부터 10일 이내에 긴급지원 여부를 결정하여 긴급지원금액을 지원하여야 한다(양육법 시행령 8⑤). 지원이 결정되면 자녀 1인당 20만원(한부모가족지원법에 따른 아동양육비를 지원받는 경우에는 자녀 1인당 10만원)을 지급받는다(양

육법 시행령 8③[8]). 총 9개월 동안 지원되는데, 자녀의 복리를 위해 추가 지원이 필요한 경우(위기 상황이 지속될 경우)에는 1회에 한해 3개월을 연장할 수 있다(양육법 14③). 지급된 금액은 양육비이행원이 양육비 채무자에게 국세체납 처분의 예에 따라 징수하게 된다(양육법 14⑤).

48

이혼과 부모자녀관계

부모가 이혼하더라도 부모와 자녀의 신분관계는 영향을 받지 않는다. 다만, 이혼 후에 필요한 때에는 자녀의 성과 본을 변경할 수 있고 친권자 및 양육자가 부모 양쪽에서 한쪽으로 변경될 수 있다.

자녀의 법적 지위

부모가 혼인중에 임신한 아이는 이혼 후에 출생하더라도 이른바 '혼인중의 출생자'로 인정된다. 앞서 설명한 바와 같이, 혼인중의 출생자는 법률상 혼인관계에 있는 부모 사이에서 임신되어 출생한 자녀를 뜻한다. 그러나 우리 민법은 '혼인외의 출생자'라도 그 부모가 법률상으로 혼인하게 되면 그때부터 혼인중의 출생자로 보고 있다(민법 855②).

자녀의 성(姓)과 본(本)의 변경

우리나라 법상으로는 혼인을 하든 이혼을 하든 이른바 '성 불변의 원칙'에 따라 부부 각자의 성(姓)과 본(本)은 변하지 않고 자녀의 성과 본 역시 변경할 수 없었다. 그러다가 2005. 3. 31. 민법 개정에서 자녀의 복리를 위해 필요하다면 자녀의 성과 본을 바꿀 수 있게 되었다. 부모가 혼인신고를 할 때에 어머니의 성과 본을 따르기로 협의하지 않은 이상 자녀는 아버지의 성과 본을 따르게 된다. 그런데 부모가 이혼하면서 어머니가 양육자로 결정된다면 자녀의 성과 본을 자신의 것으로 변경할 것을 원할 수도 있고, 그 후 어머니가 재혼하게 되면 자녀의 성과 본을 새 남편의 성과 본으로 변경하기를 원할 수도 있다. 다만, 이러한 때에도 언제나 변경할 수 있는 것은 아니고 자녀의 복리를 위해 자녀의 성과 본을 변경할 필요가 있을 때에만 부, 모 또는 자녀의 청구에 의해 법원의 허가를 받아 변경할 수 있다(민법 781⑥).

'자녀의 복리를 위해 성과 본을 변경할 필요가 있을 때'에 대한 판단은 자녀의 나이와 성숙도를 감안하여 자녀 또는 친권자·양육자의 의사를 고려하여, 첫째, 자녀의 성·본 변경이 이루어지지 않는다면 내부적으로 가족 사이의 정서적 통합에 방해가 되고 대외적으로 가족 구성원에 관련된 편견이나 오해 등으로 학교생활이나 사회생활에서 겪게 되는 불이익의 정도를 심리한다. 둘째, 성·본 변경이 이루어지면 생길 정체성의 혼란이나 자녀와 성·본을 함께하고 있는 친부나 형제자매 등과의 유대관계의 단절 및 부양의 중단 등으로 인해 겪게 되는 불이익의 정도를 심리한다. 셋째, 자녀의 입장에서 위 두 가지 불이익의 정도를 비교형량하여 자녀의 행복과 이익에 도움이 되는 쪽으로 판단하여야 한다.

이처럼 자녀의 주관적·개인적인 선호의 정도를 넘어 자의 복리를 위해 성·본의 변경이 필요하다고 판단되고, 범죄를 기도 또는 은폐하거나 법령에 따른 각종 제한을 회피하려는 불순한 의도나 목적이 개입되어 있는 등 성·본 변경권의 남용으로 볼 수 있는 경우가 아니라면, 성·본 변경을 허가하는 것이 원칙이다(대법 2009스23).

부모자녀의 상속권과 부양의무

부모가 이혼하더라도 부모자녀 사이의 상속권은 남아 있으며, 부모와 자녀 사이의 부양의무도 없어지지 않는다.

친권자의 결정

부모가 혼인중인 때에는 공동으로 친권을 행사하지만, 부모가 이혼하는 때에 미성년 자녀가 있게 되면 그들의 친권자를 정해야 한다. 1990년 민법 개정 전에는 부모가 이혼하거나 아버지의 사망 후 어머니가 친가에 복적(지금은 없어진 제도임)하거나 재혼한 때에는 그 어머니는 전 혼인중에 출생한 자녀의 친권자가 될 수 없었다. 그러다가 1990년에 이혼한 어머니도 계속 친권자가 될 수 있게 개정되었다.

민법 제정 이후 여러 차례 개정되는 과정을 보면 다음과 같다. 먼저 제정 민법에서는 부모가 이혼하거나 부의 사망 후 모가 재혼한 때에는 그 모는 전(前) 혼인중에 출생한 자의 친권자가 되지 못한다고 규정했다(909⑤). 그러다가 1990. 1. 13. 개정 민법에 와서야 '부모가 이혼한 경우에는 부모의 협의로 친권을 행사할 자를 정하고, 협의할 수 없거나 협의가 이루어지지 아니하는 경우에는 당사자의 청구에 의하여 가정법원이 이를 정한다' 라고 변경되었다(909④). 그리고 2005. 3. 31. 개정 민법에서 '부모가 이혼한 경우에는 부모의 협의로 친권자를 정해야 하고, 협의할 수 없거나 협의가 이루어지지 아니하는 경우에는 당사자는 가정법원에 그 지정을 청구해야 한다'고 하여 '친권자'라는 개념과 '친권행사자'라는 개념을 합치게 된다. 당시 이 두 개념을 합친 개정에 대해서 실무에서는 논란이 있었다.

부모가 이혼하는 때에 친권자를 결정해야 하는 것은 협의이혼과 재판이혼이 다르다. 이에 대해 민법과 가사소송법이 규정하고 있는 내용을 살펴본다.

협의이혼을 하는 때에는 부모의 협의로 친권자를 정해야 하고, 협의할 수 없거나 협의가 이루어지지 아니하는 경우에는 가정법원이 직권으로 또는 당사자의 청구에 따라 친권자를 지정해야 한다. 다만, 부모의 협의가 자녀의 복리에 반하는 경우에는 가정법원은 보정을 명하거나 직권으로 친권자를 정한다(민법 909④).

재판상 이혼을 하는 때에는 가정법원이 직권으로 친권자를 정한다(민법 909⑤). 가정법원은 재판상 이혼의 청구를 심리할 때에 그 청구가 인용될 경우를 대비하여 부모에게 미성년자인 자녀의 친권자로 지정될 사람에 관해 미리 협의하도록 권고해야 한다(가사 25①a).

Q 재판상 이혼의 경우, 당사자의 청구가 없더라도 가정법원이 직권으로 미성년자인 자녀에 대한 친권자 및 양육자를 정해야 합니까?

A 그렇습니다. 이혼 과정에서 친권자 및 자녀의 양육책임에 관한 사항을 의무적으로 정하도록 한 민법 837조 1항, 2항, 및 4항 전문, 843조, 909조 5항의 문언 내용 및 이혼 과정에서 자녀의 복리를 보장하기 위한 위 규정들의 취지와 아울러, 이혼할 때의 친권자 지정 및 양육사항의 결정에 관한 민법 규정의 개정 경위와 변천 과정, 친권과 양육권의 관계 등을 종합하면, 재판상 이혼의 경우에 당사자의 청구가 없더라도 가정법원은 직권으로 미성년자인 자녀에 대한 친권자 및 양육자를 정해야 합니다(대법 2013므2397).

Q 부부의 협의이혼이 유효한 이상 협의이혼 당시 이루어진 '친권을 행사할 자'에 대한 지정도 유효하다고 볼 수 있습니까?

A 그럴 수 있습니다. 부부의 협의이혼이 유효한 이상 협의이혼 당시 이루어진 친권행사자의 지정도 부부의 협의에 의해 이루어졌다고 보는 것이 상당하다고 합니다(서울 2003드합6149).

친권자의 변경

가정법원은 자의 복리를 위해 필요하다고 인정되는 경우에는 자의 4촌 이내의 친족의 청구에 의하여 정하여진 친권자를 다른 한쪽으로 변경할 수 있다(민법 909⑥).

Q 친권자를 변경할 수도 있습니까?

A 당연히 변경할 수 있습니다. 친권을 행사함에 있어서는 자녀의 복리를 우선적으로 고려해야 합니다(민법 912①). 그러므로 가정법원은 자녀의 복리를 위해 필요하다고 인정되는 경우에는 자녀의 4촌 이내의 친족의 청구에 의해 정해진 친권자를 다른 부 또는 모로 변경할 수 있습니다(민법 909⑥). 이러한 친권자를 변경하는 사건은 조정 전치주의의 적용을 받으므로 재판 전에 조정을 먼저 거쳐야 합니다(가사 2☜가사 50).

〈최진실법: 단독 친권자가 사망했을 때〉

2011. 5. 19. 개정 민법은 이른바 '최진실법'이라 불리는 909조의 2를 신설했다. 이 개정 전에는 이혼 후 단독 친권자로 지정되었던 부 또는 모가 사망하거나 친권을 행사할 수 없게 된 때에는 생존하는 다른 부 또는 모가 당연히 친권자로 되었다. 그런데 최진실 씨가 사망한 이후, 그 전 남편이 자동으로 자녀들에 대한 친권자가 되자 그와 같은 친권의 자동부활은 금지돼야 한다는 논란이 가속화되었다. 故 최진실 씨가 이혼하는 과정에서 그 남편에 대한 여론이 좋지 않았던 상황이었고, 그의 미성년 자녀들이 상속한 재산에 관한 우려도 컸기 때문이다. 이에 따라 이른바 최진실법이 신설되면서 단독 친권자가 사망하면 전 배우자의 친권이 자동으로 부활하는 것이 아니라, 가정법원이 생존하는 부 또는 모에 대해 친권자로서의 적격성을 심사하고, 그 결과에 따라 미성년후견을 개시할 수 있도록 변경된 것이다(민법 909의2).

양육자의 결정과 변경

양육자의 결정 및 변경에 관한 사항은 앞에서 이미 다루었으므로 이 책 [45]를 보면 된다.

양육권이 없는 부 또는 모의 법적 지위

양육권을 갖지 못했다고 해서 부모와 자녀 사이의 권리의무에 변화가 있는 것은 아니다(민법 837⑥). 부모와 자녀 사이 신분관계가 그대로 유지되기 때문에 미성년자인 자녀의 혼인에 대한 동의권(민법 808①), 부양의무(민법 974a), 상속권(민법 1000①) 등에는 변함이 없다.

내 아이를 돌려줘: 유아인도심판청구

이혼 후 양육권을 가져오게 되면 당연히 아이를 자기의 보호 아래 두어야 한다. 그런데 상대방이 아이를 보내주지 않으면 어떻게 해야 할까. 가정법원에 유아인도심판을 청구할 수 있다(가사 2①b마류 3). 자녀를 신속히 데려와야 할 이유가 있는 때에는 심판이 확정되기 전에 유아인도 사전처분을 신청할 수도 있다(가사 62).

유아인도명령이 있은 후에도 상대방이 자녀를 보내지 않는다면 다시 가정법원에 유아인도의무 이행명령을 신청할 수 있다(가사 64). 여기에도 상대방이 응하지 않을 때에는 가정법원은 직권으로 또는 당사자의 신청으로 1천만 원 이하의 과태료를 부과할 수 있고(가사 67①), 그 후 30일 이내에 자녀를 보내주지 않으면 가정법원에 신청해서 감치를 명함으로써 제재할 수 있다(가사 68①b). 다만, 이러한 가정법원의 결정에 대하여는 즉시항고를 할 수 있다(가사 68③). 이는 직접적으로 아이를 데려올 수 있는 방법은 아니고 상대방에게 다른 제재를 가함으로써 아이를 보내주게 하는 간접강제의 방법이다.

이 밖에 집행관에게 강제집행을 위임해서 아이를 강제로 데려오는 직접강제의 방법도 시도할 수 있지만(가사 41), 그 과정에서 아이에게 정신적 충격이나 부담을 줄 수 있고, 유아인도를 명하는 재판의 집행절차에서 아이가 의사능력이 있어 스스로 인도를 거부하는 때에는 집행을 할 수 없도록 하고 있으므로(대법원 재판예규 917-2호) 가능한 한 간접강제의 방법으로 이행을 촉구하는 것이 바람직할 것이다.

민법 제909조의2(친권자의 지정 등)

① 제909조 제4항부터 제6항까지의 규정에 따라 단독 친권자로 정하여진 부모의 일방이 사망한 경우 생존하는 부 또는 모, 미성년자, 미성년자의 친족은 그 사실을 안 날부터 1개월, 사망한 날부터 6개월 내에 가정법원에 생존하는 부 또는 모를 친권자로 지정할 것을 청구할 수 있다.
② 입양이 취소되거나 파양된 경우 또는 양부모가 모두 사망한 경우 친생부모 일방 또는 쌍방, 미성년자, 미성년자의 친족은 그 사실을 안 날부터 1개월, 입양이 취소되거나 파양된 날 또는 양부모가 모두 사망한 날부터 6개월 내에 가정법원에 친생부모 일방 또는 쌍방을 친권자로 지정할 것을 청구할 수 있다. 다만, 친양자의 양부모가 사망한 경우에는 그러하지 아니하다.
③ 제1항 또는 제2항의 기간 내에 친권자 지정의 청구가 없을 때에는 가정법원은 직권으로 또는 미성년자, 미성년자의 친족, 이해관계인, 검사, 지방자치단체의 장의 청구에 의하여 미성년후견인을 선임할 수 있다. 이 경우 생존하는 부 또는 모, 친생부모 일방 또는 쌍방의 소재를 모르거나 그가 정당한 사유 없이 소환에 응하지 아니하는 경우를 제외하고 그에게 의견을 진술할 기회를 주어야 한다.
④ 가정법원은 제1항 또는 제2항에 따른 친권자 지정 청구나 제3항에 따른 후견인 선임 청구가 생존하는 부 또는 모, 친생부모 일방 또는 쌍방의 양육의사 및 양육능력, 청구 동기, 미성년자의 의사, 그 밖의 사정을 고려하여 미성년자의 복리를 위하여 적절하지 아니하다고 인정하면 청구를 기각할 수 있다. 이 경우 가정법원은 직권으로 미성년후견인을 선임하거나 생존하는 부 또는 모, 친생부모 일방 또는 쌍방을 친권자로 지정해야 한다.

⑤ 가정법원은 다음 각 호의 어느 하나에 해당하는 경우에 직권으로 또는 미성년자, 미성년자의 친족, 이해관계인, 검사, 지방자치단체의 장의 청구에 의하여 제1항부터 제4항까지의 규정에 따라 친권자가 지정되거나 미성년후견인이 선임될 때까지 그 임무를 대행할 사람을 선임할 수 있다. 이 경우 그 임무를 대행할 사람에 대하여는 제25조 및 제954조를 준용한다.

1. 단독 친권자가 사망한 경우
2. 입양이 취소되거나 파양된 경우
3. 양부모가 모두 사망한 경우

⑥ 가정법원은 제3항 또는 제4항에 따라 미성년후견인이 선임된 경우라도 미성년후견인 선임 후 양육상황이나 양육능력의 변동, 미성년자의 의사, 그 밖의 사정을 고려하여 미성년자의 복리를 위하여 필요하면 생존하는 부 또는 모, 친생부모 일방 또는 쌍방, 미성년자의 청구에 의하여 후견을 종료하고 생존하는 부 또는 모, 친생부모 일방 또는 쌍방을 친권자로 지정할 수 있다.

49

친권자 지정 및 변경의 절차

이혼하려는 부부가 그 자녀의 친권자를 정하지 않은 때에는 가정법원이 직권으로 친권자를 지정할 수 있다. 이때 가정법원은 자녀의 복리를 우선적으로 고려해야 하며, 관련 분야의 전문가나 사회복지기관으로부터 자문을 받을 수 있다(민법 912).

누가 누구에게

친권자의 지정과 변경에 관한 심판은 부모 중 한쪽이 다른 한쪽을 상대방으로 하여 청구해야 한다(가규 99①). 이때 부모가 아닌 사람이 자녀를 양육하고 있는 경우에는 그 사람을 공동상대방으로 하여 자녀의 인도를 청구할 수 있다(가규 99③).

친권자 결정의 기준

자녀의 양육을 포함하는 친권은 부모의 권리이자 의무로서 미성년

자녀의 복지에 직접적인 영향을 미치는 것이다. 그러므로 부모가 이혼하는 경우에 부모 중 누구를 미성년 자녀의 친권자 및 양육자로 지정할 것인가를 정할 때에는 미성년 자녀의 성별과 연령, 그에 대한 부모의 애정과 양육의사의 유무는 물론, 양육에 필요한 경제적 능력의 유무, 부 또는 모와 미성년 자녀 사이의 친밀도, 미성년 자녀 본인의 의사 등 모든 요소를 종합적으로 고려하여 미성년 자녀의 성장과 복지에 가장 도움이 되고 적합한 방향으로 판단해야 한다(대법 2008므3105, 3112).

한편, 친권자의 지정과 변경에 관한 심판에서 자녀가 13세 이상인 때에는, 가정법원은 심판에 앞서 그 자녀의 의견을 들어야 한다. 다만, 자녀의 의견을 들을 수 없거나 자녀의 의견을 듣는 것이 오히려 자녀의 복지를 해할만한 특별한 사정이 있다고 인정되는 때에는 의견을 듣지 않아도 된다(가규 100).

부모가 없거나 친권자가 될 수 없는 경우

미성년 자녀에게 친권자가 없거나 친권자가 친권의 전부 또는 일부를 행사할 수 없는 경우(민법 924, 924의2, 925 또는 927①에 해당하는 경우)에는 미성년후견인을 두어야 한다(민법 928). 미성년후견인은 반드시 두어야 하며, 1명만 둘 수 있다(민법 930①). 반면, 성년후견인은 여러 명을 둘 수도 있으므로 혼동하지 않도록 해야 한다.

Q 법인도 미성년후견인이 될 수 있습니까?

A 아닙니다. 자연인만이 미성년후견인이 될 수 있습니다. 다만, 성년후견인은 법인도 될 수 있습니다(민법 930③).

친권자의 지정 및 변경에 관한 신고

부모가 민법 909조 4항에 따라 친권자를 정한 때에는 1개월 이내에 그 사실을 신고해야 한다. 그리고 부모 중 한쪽이 신고하는 때에는 그 사실을 증명하는 서면을 첨부해야 한다(등록법 79①). 친권자를 정하거나 변경하는 재판이 확정된 때에는 그 재판을 청구한 사람이나 그 재판으로 친권자 또는 그 임무를 대행하도록 정해진 사람이 그 내용을 신고해야 하며, 그 상대방도 재판서의 등본 및 확정증명서를 첨부하여 친권자 지정의 재판이 확정된 취지를 신고할 수 있다. 이 신고서에는 재판확정일을 기재하여 재판의 확정일부터 1개월 이내에 재판서의 등본 및 확정증명서를 첨부하여 그 취지를 신고해야 한다(등록법 79②☞등록법 58).

50

친권의 제한

이혼 후 친권자로 지정된 부 또는 모의 친권 행사가 자녀의 복리에 반하거나 부적절하다고 판단되는 경우에는 친권을 박탈하거나 필요한 한도 내에서 친권이 제한될 수 있다.

친권의 상실 또는 일시 정지

부 또는 모가 친권을 남용하여 자녀의 복리를 현저히 해치거나 해칠 우려가 있는 때에 가정법원은 자녀, 자녀의 친족, 검사 또는 지방자치단체의 장의 청구에 의해 그 친권의 상실 또는 일시 정지를 선고할 수 있다(민법 924①). 따라서 친권의 상실 또는 일시정지를 선고하기 위해서는 친권의 남용이 있다는 사실만으로는 부족하고, 친권을 남용한 결과로 자녀의 복리를 현저히 해치거나 해칠 우려가 있어야 한다. 가정법원이 친권의 일시 정지를 선고할 때에는 자녀의 상태, 양육 상황, 그 밖의 사정을 고려하여 2년 이내에서 그 기간을 정해야 한다(민법 924②).

주의할 것은, 친권 상실의 선고는 친권의 일시 정지, 친권의 일부 제한, 대리권·재산관리권의 상실 선고 또는 그 밖의 다른 조치에 의해서는 자녀의 복리를 충분히 보호할 수 없는 경우에만 할 수 있다는 것이다(민법 925의2①).

Q 단독 친권자가 된 부 또는 모, 양부모의 양쪽에게 친권상실의 선고가 있는 경우에는 어떻게 됩니까?

A 가정법원이 직권으로 또는 미성년자, 미성년자의 친족, 이해관계인, 검사, 지방자치단체의 장의 청구에 의해 친권자가 지정되거나 미성년후견인이 선임될 때까지 그 임무를 대행할 사람을 선임할 수 있습니다.[9] 다만, 여기에서의 양부모에는 친양자의 양부모는 제외됩니다. 그리고 이는 친권상실의 선고가 있는 경우뿐만 아니라, 친권 일시 정지의 선고가 있는 경우, 친권 일부 제한의 선고가 있는 경우, 대리권과 재산관리권 상실의 선고가 있는 경우, 대리권과 재산관리권을 사퇴한 경우 및 소재불명 등 친권을 행사할 수 없는 중대한 사유가 있는 경우에도 마찬가지입니다(민법 927의2①).

Q 친권자의 부정한 행위가 친권상실선고 사유에 해당됩니까?

A 꼭 그렇지는 않습니다. 민법 924조에 의한 친권상실선고 사유의 해당 여부를 판단할 때에는 친권의 목적이 자녀의 복리보호에 있다는 점이 판단의 기초가 되어야 하고, 설사 친권자에게 간통 등의 비행이 있어 자녀들의 정서나 교육 등에 악영향을 줄 여지가 있더라도 친권의 대상인 자녀의 나이나 건강상태를 비롯하여 관계인들이 처해 있는 여러 구체적 사정을 고려하여 비행을 저지른 친권자를 대신하여 다른 사람으로 하여금 친권을 행

사하거나 후견을 하게 하는 것이 자녀의 복리를 위해 보다 낫다고 인정되는 경우가 아니라면 섣불리 친권상실을 인정하여서는 안 된다는 것이 대법원의 입장입니다(대법 93스3).

Q 친권의 일시정지기간을 연장할 수 있습니까?

A 그렇습니다. 자녀의 복리를 위해 제한된 친권의 일시정지기간의 연장이 필요하다고 인정하는 때에는 가정법원이 자녀, 자녀의 친족, 검사, 지방자치단체의 장, 미성년후견인 또는 미성년후견감독인의 청구에 의해 2년의 범위에서 그 기간을 한 차례만 연장할 수 있습니다(민법 924③).

친권의 일부 제한

가정법원은 거소(居所)의 지정이나 그 밖의 신상에 관한 결정 등 특정한 사항에 관해 친권자가 친권을 행사하는 것이 곤란하거나 부적당한 사유가 있어 자녀의 복리를 해치거나 해칠 우려가 있는 때에는 자녀, 자녀의 친족, 검사 또는 지방자치단체의 장의 청구에 의해 구체적인 범위를 정하여 친권의 일부 제한을 선고할 수 있다(민법 924의2).

또한 민법 924조 1항에 따라 친권상실 청구를 했는데, 친권 상실 사유에는 해당하지 않지만 친권의 일부 제한이 필요하다면 어떻게 될까. 친권상실 청구가 있으면 가정법원은 민법 925조의2의 판단기준을 참작하여 친권상실 사유에는 해당하지 않지만 자녀의 복리를 위해 친권의 일부 제한이 필요하다고 판단되면, 친권상실이라는 청구취지에 구속되지 않고 친권의 일부 제한을 선고할 수 있다(대법 2018스520).

대리권, 재산관리권의 제한과 회복

법정대리인인 친권자가 부적당한 관리로 인해 자녀의 재산을 위태롭게 한 때에는 가정법원이 자녀의 친족, 검사 또는 지방자치단체의 장의 청구에 의해 그 법률행위의 대리권과 재산관리권의 상실을 선고할 수 있다(민법 925).

법정대리인인 친권자는 정당한 사유가 있는 때에는 가정법원의 허가를 얻어 그 법률행위의 대리권과 재산관리권을 사퇴할 수 있고, 사퇴의 사유가 소멸한 때에는 그 친권자는 가정법원의 허가를 얻어 사퇴한 권리를 회복할 수 있다(민법 927).

Q 친권자가 지정되거나 미성년후견인이 선임된 후 단독 친권자였던 부 또는 모, 양부모의 한쪽 또는 양쪽에게 실권의 회복이 선고된 경우에는 어떻게 됩니까?

A 부모 중 한쪽 또는 양쪽, 미성년자, 미성년자의 친족의 청구에 의해 친권자를 새로 지정할 수 있습니다(민법 927의2②). 사퇴한 권리를 회복한 경우 및 소재불명이던 부 또는 모가 발견되는 등 친권을 행사할 수 있게 된 경우에도 마찬가지입니다.

51

아이가 보고 싶을 때: 면접교섭권

이혼 후에 자녀를 직접 양육하지 않는 부 또는 모와 자녀는 서로 만날 수 있는 권리가 있다. 이를 면접교섭권이라 하고, 부모가 이혼한 후에 자녀를 직접 양육하고 있지 않은 부 또는 모가 그 자녀와 직접 만나거나 연락·접촉하는 권리를 말한다. 부모가 면접교섭권을 행사할 수 없는 때에는 그 직계존속(조부모)이 면접교섭권을 행사할 수도 있고 자녀의 복리를 위해 필요하다면 제한되거나 배제될 수도 있다.

면접교섭권의 의의

헌법 36조 1항은 가족생활의 자유를 기본권으로 보장하고 있다. 가족에 관한 권리는 가족을 형성하고 유지할 권리로 구체화 되는데, 이 가운데 가족의 유지에 관한 권리의 핵심적인 내용으로 정해진 것이 면접교섭권이다. 일반적인 가족의 경우에는 동거하면서 서로 대화하고 정을 나누는 활동을 통해 자연스레 가족생활을 유지하게 되지만 이혼 등 가족의 해체로 따로 사는 것을 피할 수 없는 때에는 면접교섭을 통해 가족생활을 유지할 수 있다. 따라서 면접교섭은 공동생활을 하지 않는 가족 구성원이 가족생활을 지속할 수 있는 최소한의 방법이자 이들에게 가장 의미 있는 기본권이기도 하다.

면접교섭권의 주체

자녀를 직접 양육하지 아니하는 부 또는 모와 그들의 자녀가 상호 면접교섭할 수 있는 권리를 갖는 것이 원칙이지만, 예외적으로 자녀를 직접 양육하지 않는 부 또는 모의 직계존속도 그 손자녀와 상호 면접교섭할 수 있는 권리를 가진다(민법 837의2① 및 ②).

민법이 2005. 3. 31.에 개정되기 전에는 부 또는 모에게만 면접교섭권을 인정하고 있어 그들의 자녀는 면접교섭권의 주체가 아닌 객체로만 인식된다는 문제가 있었다. 그래서 자녀에게도 면접교섭권을 인정하도록 개정되었으며, 유엔아동권리협약에서 규정하고 있는 '아동이익 최우선의 원칙'을 실현함과 아울러 아동의 권리가 강화될 것이라는 기대를 받게 되었다.

그 후 다시 민법이 2016. 12. 2.에 개정되기 전에는 부부가 이혼하는 경우 자녀를 직접 양육하지 아니하는 부 또는 모와 자녀의 상호 면접교섭권을 인정하고 있었다. 그러나 자녀를 직접 양육하지 아니하는 부 또는 모가 사망하거나 자녀를 직접 양육하지 아니하는 부 또는 모가 중환자실 입원, 군복무, 교도소 수감 등 피치 못할 사정으로 면접교섭권을 행사할 수 없는 때에는 자녀가 오로지 친가나 외가 중 한쪽 집안과 교류하게 되어 양쪽 집안 사이의 균형 있는 유대를 상실하는 경우가 많이 발생하게 된다. 이는 자녀의 심리적 안정과 건전한 성장에도 부정적인 영향을 미치게 될 것이므로 이러한 경우에는 조부모의 면접교섭권을 인정하여 최소한의 교류를 이어나갈 수 있게 할 필요가 있다. 그래서 자녀를 직접 양육하지 않는 부 또는 모가 사망하거나 자녀를 직접 양육하지 않는 부 또는 모가 피치 못할 사정으로 면접교섭권을 행사할 수 없을 때에는 그 부모의 직계존속이 가정법원의 허가를 받아 손자녀와 면접교섭이 가능하도록 개정한 것이다. 즉, 부모의 권리로만 여겨졌던 면접교섭권이 동시에 자녀의 권리가 되었고, 다시 조부모의 권리로까지 확대되었다. 조부모가 면접교섭을 청구한 경우에 가정법원은 자녀의 의사, 면접교섭을 청구한 사람과 자녀의 관계, 청구의 동기, 그 밖의 사정을 참작해야 한다.

Q 형제나 자매 사이는 면접교섭을 청구할 수 없는 겁니까?

A 민법상 명문으로 형제자매에 대한 면접교섭권을 인정하고 있지는 않으나 형제자매에 대한 면접교섭권은 헌법상 행복추구권 또는 헌법 36조 1항에서 규정한 개인의 존엄을 기반으로 하는 가족생활에서 도출되는 헌법상 권리로서 특별한 사정이 없는 한 부모가 이혼한 전 배우자에 대한 적대적인 감정을 이유로 자녀들이 서로 면접교섭하는 것을 막는 것은 부모의 권리남용이고, 자녀들이 서로를 정기적으로 면접교섭하는 것을 간절히 원하고

있다는 등의 이유로, 형제자매 사이의 면접교섭을 인정한 사례가 있습니다(수지 2013브33).

Q 한번 정해진 면접교섭권을 제한하거나 변경할 수 있습니까?

A 필요하다면 당연히 할 수 있습니다. 가정법원은 자녀의 복리를 위해 필요한 때에는 당사자의 청구 또는 직권으로 면접교섭을 제한·배제·변경할 수 있습니다(민법 837의2③). 면접교섭권의 본질은 자녀의 복리증진이므로 그 제한은 일시적이어야 하며, 영구적으로 배제하거나 포기할 수는 없습니다. 면접교섭권의 처분 또는 제한·배제·변경에 관한 심판은 부모, 자녀를 직접 양육하지 않는 부 또는 모의 직계존속과 자녀를 직접 양육하는 부 또는 모 사이에서 한쪽이 다른 쪽을 상대방으로 해서 청구해야 합니다(가규 99②).

Q 면접교섭권을 다른 사람에게 양도하거나 포기할 수 있습니까?

A 민법 837조의2는 837조(이혼과 자의 양육책임)의 특별규정으로서 면접교섭권의 성질로 볼 때 양도하거나 포기할 수 없는 것으로 보아야 합니다.

Q 면접교섭권은 의무의 성질도 가지는 것입니까?

A 그렇지는 않습니다. 면접교섭권은 권리일 뿐 반드시 행사해야 할 의무가 있는 것은 아닙니다.

Q 면접교섭권은 재판상 이혼을 하는 경우에도 인정되는 것입니까?

A 그렇습니다. 재판상 이혼에도 협의이혼을 하는 경우에 인정되는 면접교섭권에 관한 규정을 준용(민법 843☞837의2)할 뿐만 아니라 사실혼의 해소에도 유추적용하고 있습니다.

면접교섭권의 행사방법

면접교섭권의 행사 여부 및 방법에 대해서는 부부가 합의로 정한다(민법 837①, ②). 만약 그 내용이 자녀의 복리에 반하는 것이면 가정법원이 보정을 명하거나 직권으로 결정할 수 있다(민법 837③). 부모의 협의가 어려운 때에는 직권으로 또는 당사자의 청구로 가정법원이 결정한다(민법 837④).

면접교섭의 강제

면접교섭권을 가진 사람이 누구이든 그 권리를 반드시 행사해야 하는 것은 아니다. 그런데 면접교섭권자의 면접교섭 청구에 협조해야 할 상대방이 자녀와의 면접교섭을 허용하지 않을 때에는 어떻게 해야 할까. 자녀와의 면접교섭 허용 의무를 이행해야 할 사람, 즉, 양육자가 정당한 이유 없이 그 의무를 이행하지 않으면 가정법원에 이행명령을 신청할 수 있다(가사 64①). 가정법원이 면접교섭의 이행명령을 할 때에는 특별한 사정이 없으면 미리 당사자를 심문하고 그 의무를 이행하도록 권고해야 하며, 가사소송법 67조 1항 및 68조에 규정된 제재를 고지해야 한다(가사 64②).

그 후에도 상대방이 면접교섭을 허용하지 않으면 가정법원은 직권으로 또는 당사자의 신청에 의한 결정으로 과태료를 부과할 수 있다(가사 67①). 다만, 유아인도 청구의 경우와는 달리 상대방에 대한 감치명령을 구할 수는 없다. 양육자가 감치에 처해지면 자녀의 안전과 복리가 위협받을 수 있기 때문이다.

Q 면접교섭권이 있음에도 불구하고 아이가 면접교섭을 원하지 않는다면 볼 수 없는 겁니까?

A 1박 2일간 자녀와 함께 생활함으로써 그동안 단절되었던 비양육 부·모와 자녀 사이의 관계를 회복할 수 있는 계기를 마련해주기 위해 마련된 '자녀사랑 가족캠프'에 참가할 것을 법원으로부터 권유받은 비양육친 A가 위 가족캠프 참가를 두 차례나 거부하고, 자녀의 감정을 헤아리지 않고 일방적으로 자신만의 입장을 내세워 면접교섭을 요구하는 것은 아무런 준비와 노력도 없이 자녀의 의사에 반하여 면접교섭을 시행하게 되는 것이어서 오히려 자녀의 성장과 정서적 안정을 위해 바람직하지 않다는 이유로, A의 면접교섭을 허용하지 않은 사례가 있습니다(서울 2009브12).

Q 면접교섭 이행명령을 어길 경우 어떤 제재를 받습니까?

A 면접교섭의 당사자 또는 관계인이 정당한 이유 없이 면접교섭 이행명령을 위반한 때에는 가정법원, 조정위원회 또는 조정담당판사는 직권으로 또는 권리자의 신청에 의한 결정으로 1천만원 이하의 과태료를 부과할

수 있습니다(가사 67①).

양육비이행원의 면접교섭 지원

양육비이행원은 자녀를 직접 양육하지 않는 부 또는 모와 자녀가 서로 만나거나 연락하며 관계를 돈독히 할 수 있도록 지원하고 있다. 비양육 부·모와 자녀의 유대감 강화 및 양육책임에 대한 협조를 위해 면접교섭에 관한 상담·중재·합의 등을 내용으로 하는 개별 면접교섭을 지원한다. 또한 비양육 부·모와 자녀의 관계증진을 위한 집단 프로그램(교육, 문화행사 등)도 운영 중에 있다.

민법 제837조의2(면접교섭권)

① 자(子)를 직접 양육하지 아니하는 부모의 일방과 자(子)는 상호 면접교섭할 수 있는 권리를 가진다.

② 자(子)를 직접 양육하지 아니하는 부모 일방의 직계존속은 그 부모 일방이 사망했거나 질병, 외국거주, 그 밖에 불가피한 사정으로 자(子)를 면접교섭할 수 없는 경우 가정법원에 자(子)와의 면접교섭을 청구할 수 있다. 이 경우 가정법원은 자(子)의 의사(意思), 면접교섭을 청구한 사람과 자(子)의 관계, 청구의 동기, 그 밖의 사정을 참작해야 한다.

③ 가정법원은 자의 복리를 위하여 필요한 때에는 당사자의 청구 또는 직권에 의하여 면접교섭을 제한·배제·변경할 수 있다.

52

이혼과 재산문제

우리 민법은 부부의 재산관계에 대해 부부별산제를 취하고 있다(민법 830①). 그래서 부부는 자기의 재산을 각자 관리, 사용, 수익하는 것이고(민법 831), 이혼할 때에는 각자의 재산을 각각 가져가는 것이 원칙이다.

부부별산제라고?

가정주부(대부분이 아내)의 가사노동이 제대로 평가를 받지 못하던 때가 있었다. 그로 인해 가정주부는 이혼할 때에 스스로 의식주를 해결할 수 있는 경제력을 갖지 못하는 경우가 대부분이었다. 그래서 민법은 1990. 1. 13. 개정에서 부부재산관계에서의 남녀평등과 이혼의 실질적인 자유를 보장하기 위해 이혼배우자의 재산분할청구권을 신설하여 이혼할 때에 배우자가 상대방에 대해 자신의 기여도에 따라 재산분할을 청구할 수 있도록 하고, 재산분할에 관해 협의되지 아니할 때에는 가정법원이 관여하도록 하고 있다.

재산분할청구권의 개념 및 법적 성질

협의이혼 당사자는 그 배우자에 대해 재산분할을 청구할 수 있다. 재산분할에 관한 협의가 되지 않거나 협의할 수 없는 때에는 가정법원이 당사자의 청구에 의해 당사자 양쪽의 협력으로 이룩한 재산의 액수 기타 사정을 참작하여 분할의 액수와 방법을 정한다(민법 839의2). 이것은 재판이혼을 할 때에도 마찬가지이다(민법 843☞민법 839의2).

재산분할청구권의 법적 성질에 대해서 다수설은 재산의 청산과 배우자의 부양이라는 입장이다. 청산적 성질이란 실질적으로는 부부의 협력으로 이룩한 재산이지만 형식적으로 일방의 명의로 취득되어 있는 것을 청산한다는 의미이고, 부양적 성질은 부부재산을 청산한 결과를 고려했을 때 일방의 곤궁함이 예상된다면 타방이 부양해야 한다는 의미이다. 판례는 재산분할청구제도의 본질에 대해 '부부가 혼인중에 취득한 실질적인 공동재산을 청산 분배하는 것을 주된 목적으로 하고, 거기에 부양적인 성격이 가미된 제도'라고 본다(대법 2010므4071, 4088 전합). 헌법재판소 역시 재산분할청구제도는 '본질적으로 혼인중 쌍방의 협력으로 형성된 공동재산의 청산이라는 성격에, 경제적으로 곤궁한 상대방에 대한 부양적 성격이 보충적으로 가미된 제도'라고 본다(헌재 96헌바14). 다만, 재산분할청구권의 상속성에 대해서 대법원의 입장은 명확하지 않지만 '청산'에 해당하는 재산은 상속할 수 있으나 '부양'에 해당하는 재산은 피상속인이 사망할 때에 남긴 상속재산에 포함되지 않는다고 보는 것이 타당한 해석일 것이다(민법 979 참조[10]).

Q 이혼에 따른 재산분할을 할 때에 정신적 손해(위자료)를 포함하여 분할할 수도 있습니까?

A 그럴 수 있습니다. 이혼에 있어서 재산분할의 목적은 부부가 혼인중에 가지고 있던 실질상 공동재산을 청산하여 분배함과 동시에 이혼 후에 상대방의 생활유지에 이바지하는 데 있지만, 분할자의 유책행위에 의해 이혼함으로써 입게 되는 정신적 손해(위자료)를 배상하기 위한 급부로서의 성질까지 포함하여 분할할 수도 있습니다(대법 2004다58963).

재산분할청구권의 행사

부부가 이혼할 경우 또는 혼인이 취소되는 경우에 어느 한쪽 또는 양쪽이 재산분할청구권을 행사할 수 있으며, 유책배우자도 재산분할을 청구할 수 있다. 다만, 재산분할청구권은 무기한으로 행사할 수 있는 권리가 아니라 이혼한 날부터 2년 안에 행사해야 한다(민법 839의2③).

Q 재산분할청구권은 협의상 이혼의 경우에만 인정되는 것입니까?

A 그렇지 않습니다. 재판상 이혼(민법 843) 및 혼인의 취소에도 준용하고 있습니다(가사 2①b마류4).

Q 재산분할청구권은 법률혼 부부에게만 인정되는 것입니까?

A 그렇지 않습니다. 사실혼의 해소에도 유추적용됩니다. 부부재산의 청산의 의미를 갖는 재산분할에 관한 규정은 부부의 생활공동체라는 실질에 비추어 인정되는 것이므로, 사실혼관계에도 준용 또는 유추적용이 됩니다(대법 94므1584). 그러나 중혼적 사실혼에는 인정되지 않으며(대법 94스30), 동성(同性) 사이의 사실혼에도 인정되지 않고 있습니다(인지 2003드합292).

Q 협의이혼을 전제로 이미 재산분할에 대해 약정한 사실이 있는데 나중에 재판이혼을 하게 될 경우 다시 재산분할청구권을 행사할 수 있습니까?

A 예. 그렇습니다. 답이 좀 길지만 끝까지 읽어 보시기 바랍니다. 법률상 부부인 A와 B가 A의 외도와 B의 채무 등으로 갈등이 있는 상황에서, A가 자녀들이 모인 자리에서 B와 살기 싫다며 '집 재산권은 엄마에게 이전함', '집 관계 비용 3천 3백만 원은 집 판매와 동시에 아빠에게 줄 것', '생활비 및 집에 대한 모든 비용은 엄마가 부담함' 등을 내용으로 하는 각서를 작성하고, B도 각서에 서명했습니다. 그 후 A가 B를 상대로 이혼소송을 제기하고 재산분할을 청구한 사례입니다. 법원은, A와 B가 혼인관계를 정리하자는 취지에서 각서를 작성했으므로 협의이혼을 전제로 한 재산분할 약정으로 볼 수 있지만, 협의이혼이 이루어지지 않았기 때문에 재산분할에 관한 협의의 효력이 발생하지 않는 점, 각서의 기재 내용에서 알 수 있는 여러 사정을 고려하면 재산분할에 대해 확정적으로 구체적인 협의가 이루어졌다고 보기 어려운 점에 비추어, 각서를 작성함으로써 재산분할에 대한 구체적

인 권리·의무가 발생한 것은 아니라고 판단했습니다. 그러므로 위 사례에서는 A가 이혼을 청구하면서 B에게 이혼에 따른 재산분할청구권을 행사할 수 있는 것입니다(부산 2018드단204974).

Q 부부가 이혼하면서 '남편은 아내에 대하여 향후 재산분할, 부당이득반환 등 소송을 제기하지 아니한다'는 내용의 조정을 한 경우에도 남편이 아내를 상대로 자기 소유 물건의 인도(引渡)를 구하는 소송을 할 수 있습니까?

A 위와 같은 내용의 조정을 한 경우, 그 조정에 이르게 된 경위 및 제소하지 않겠다는 표현으로 볼 때, 조정 당시에 소송을 제기하지 않기로 합의된 부분은 '재산분할, 부당이득 등 명목 여하를 불문하고 아내 명의로 등기·등록된 재산 또는 부부 사이에 소유권의 다툼이 있는 재산에 관해 남편이 아내를 상대로 소유권의 이전을 구하는 소송'에 한정된다고 할 것이고, 나아가 남편 소유임이 명백한 재산에 관해 그 소유권에 기초한 소송을 제기하는 것까지 금지하는 것은 아니라고 본 사례가 있습니다(청지 2004가단3970, 23547 판결).

Q 이혼 원인을 저지른 배우자도 재산분할을 청구할 수 있습니까?

A 그렇습니다. 혼인중에 부부가 협력하여 이룩한 재산이 있다면 혼인관계의 파탄에 책임이 있는 배우자라도 재산의 분할을 청구할 수 있습니다(대법 93스6). 이것이 위자료청구권과 다른 점이며, 이혼할 때에 재산분할과 손해배상을 따로 하는 것입니다.

Q 재산분할청구권의 행사시간이 경과하지 않았다는 것은 청구하는 쪽에서 입증해야 합니까?

A 그렇지 않습니다. 재산분할청구권은 이혼한 날부터 2년 내에 행사해야 하고 그 기간이 경과하면 소멸되어 이를 청구할 수 없는데, 이때의 2년이라는 기간은 소멸시효기간이 아니라 제척기간으로서 그 기간이 지났는지 여부는 당사자의 주장에 관계없이 법원이 당연히 조사하여 고려할 사항입니다(대법 94다17536).

Q 재산분할청구 후 재판이 확정되었는데, 그 후 재산이 추가로 발견되었다면 재산분할도 추가로 청구할 수 있습니까?

A 할 수 있습니다. 재산분할재판에서 분할대상인지 여부가 다루어지지 않은 재산이 재판확정 후 추가로 발견된 때에는 그 재산에 대해 추가로 분할청구를 할 수 있습니다. 그러나 추가 재산분할청구 역시 이혼한 날부터 2년 안에 해야 합니다(대법 2018스18). 그래서 상대방의 재산관계가 복잡한 경우에는 2년이라는 시간이 매우 짧을 수도 있는 것입니다. 따라서 '나중에 재산을 주겠다'는 식의 상대방의 말만 믿고 있다가는 2년이 금방 지나가서 제대로 분할받지 못하는 수가 있으니 조심해야 합니다. 마냥 기다릴 것이 아니라 본인이 적극적으로 상대방의 재산을 찾아낼 필요가 있습니다.

법원의 재산분할 산정시기 및 산정기준

재산분할 액수와 분할 방법은 당사자의 협의로 정할 수 있지만 협의가 되지 않거나 협의할 수 없는 때에는 가정법원이 당사자의 청구에 의해 당사자 양쪽의 협력으로 이룩한 재산의 액수 기타 사정을 참작하여 분할의 액수와 방법을 정한다(민법 839의2②). 그리고 재산분할의 산정시기는 협의이혼인 경우에는 이혼신고일, 재판이혼인 경우에는 사실심 변론종결시(2심 재판)를 기준으로 해서 재산분할의 대상이 되는 재산과 그 가액을 정하는 것이 원칙이다(대법 99므906).

재산분할비율은 개별재산에 대한 기여도를 일컫는 것이 아니라 기여도 기타 모든 사정을 고려하여 형성된 재산 전체에 대해 상대방 배우자로부터 분할받을 수 있는 비율을 의미하는 것이다. 그렇기 때문에 가정법원은 변론종결일까지 기록에 나타난 객관적인 자료에 따라 개개의 공동재산의 가액을 정해야 하는 것이지 분할할 적극재산의 가액을 임의로 조정할 수는 없다. 즉, 가정법원이 합리적 근거 없이 적극재산과 소극재산(빚)을 구별하여 분담비율을 달리 정하거나, 분할대상 재산들을 개별적으로 구분하여 분할비율을 달리 정하는 것은 허용되지 않는다(대법 2005다74900).

Q 당사자가 재산분할 소송중에 일부 재산의 분할방법에 관한 합의를 한 경우, 법원은 그대로 분할해야 합니까?

A 그렇지 않습니다. 법원으로서는 당사자의 주장에 구애받지 않고 재산분할의 대상이 무엇인지 직권으로 사실조사를 하여 포함시키거나 제외시킬 수 있습니다. 가사비송절차에 관하여는 가사소송법에 특별한 규정이 없는 한, 비송사건절차법 제1편의 규정을 준용하고 있으며(가사 34), 비송사건절차에 있어서는 민사소송의 경우와 달리 당사자의 변론에만 의존하는 것이

아니고, 법원이 자기의 권능과 책임으로 재판의 기초가 되는 자료를 수집하는, 이른바 직권탐지주의에 의하기 때문입니다(비송사건절차법 11). 따라서 당사자가 소송중에 일부 재산에 관한 분할방법에 관한 합의를 했다고 하더라도, 법원으로서는 당사자가 합의한 대로 분할을 해야 하는 것은 아닌 것입니다(대법 2011므1116, 1123. 대법 95므1192,1208, 대법 2009므3928 참조).

Q 재산분할은 금전이나 현물로만 지급해야 합니까?

A 그렇지 않습니다. 금전이든 현물이든 지급할 수 있으며 물건의 특정으로 족하고, 평가액을 책정할 필요는 없습니다. 만일 분할이 정기금(定期金)인 경우에는 사정변경의 원칙이 적용되어 지급 방법이나 지급 액수를 변경할 수 있습니다(민법 978 참조).

Q 재산분할을 할 때에 부부 모두의 적극재산 합계액에서 소극재산(빚)을 빼고 남는 금액이 없다면 재산분할을 청구할 수 없습니까?

A 부부 한쪽이 청산의 대상이 되는 채무를 부담하고 있어 총 재산가액에서 채무액을 공제하면 남는 금액이 없는 경우에는 상대방의 재산분할 청구는 받아들여지지 않는 것이 원칙입니다. 그러나 아내는 자신 명의의 적극재산에서 그 명의의 소극재산을 빼더라도 남는 재산이 있는 반면에, 남편은 오로지 청산의 대상이 되는 채무만을 부담하고 있는 때에도 아내에 대한 재산분할청구가 허용되지 않는다고 한다면, 아내는 남는 재산을 보유하게 되고 남편은 채무만을 부담하게 되는 가혹한 결과가 됩니다. 또한 만약 남편이 자신의 채무를 은폐함으로써 부부 모두의 적극재산 합계액에서 소극재산 합계액을 뺀 결과 조금이라도 남는 재산이 있게 되면 재산분할청구가 허

용되는 부당한 결과에 이르게 됩니다. 그러므로 이러한 경우에는 상대방에게 재산분할청구를 허용하는 것이 타당하다고 본 사례가 있습니다(서울 2004드합12790, 12806).

Q 부부인 A와 B가 서로 이혼에 따른 재산분할을 청구했는데, B의 소극재산 총액이 적극재산 총액을 초과하고, A와 B의 순재산을 합하더라도 소극재산 총액이 적극재산 총액을 초과하는 경우에도 재산분할을 할 필요가 있습니까?

A 그렇지 않습니다. A와 B 모두 혼인 무렵 별다른 재산이 없었던 점, A는 혼인 파탄 무렵 적극재산만을 소유하고 있었으나 재산의 상당 부분을 A의 부모의 금전적 지원으로 마련한 점, B가 채무초과 상태에 이른 것은 사업 실패의 결과인 점 등 A와 B의 혼인생활 과정과 기간 및 파탄 경위 등을 종합하면, A와 B가 보유하고 있는 적극재산 및 소극재산은 명의대로 가지도록 하는 것이 타당하고, 재산분할에 관해 따로 정할 필요가 없다고 본 사례가 있습니다(부산 2013드합2446, 2014드합478, 1297).

재산분할청구권 보전을 위한 사해행위취소권

남편 또는 아내가 상대방의 재산분할청구권 행사를 해함을 알면서도 재산권을 목적으로 하는 법률행위를 한 때에는 상대방은 민법상 채권자취소권에 관한 규정(406①)을 준용하여 그 취소 및 원상회복을 가정법원에 청구할 수 있다(민법 839의3). 이것은 남편이나 아내가 재산분할을 회피하기 위해 재산을 미리 처분했더라도 대응이 가능하다는 의미다. 즉, 부부의 한쪽이 상대방 배우자의 재산분할청구권 행사를 해함을 알고 사해행위를 한 때에는 상대방 배우자가 그 취소 및 원상회복을 법원에 청구할 수 있도록 재산분할청구권을 보전하기 위한 사해행위취소권을 인정하고 있다.

그렇지만 재산분할자가 재산분할로 인해 무자력(無資力)이 되어 일반채권자에 대한 공동담보를 감소시키는 결과가 된다고 하더라도, 그러한 재산분할이 재산분할청구제도의 취지에 비추어 볼 때 상당하다고 할 수 없을 정도로 과대하고, 재산분할을 구실로 이루어진 재산처분이라고 인정할 만한 특별한 사정이 없는 한, 사해행위로서 채권자취소권의 대상이 되지 않는다. 비록 특별한 사정이 있어 사해행위로서 채권자취소권의 대상이 되는 때에도 취소되는 범위는 그 상당한 부분을 초과하는 부분에 한정된다(대법 2004다58963).

Q 사해행위취소권은 언제까지 행사할 수 있습니까?

A 취소의 원인을 안 날부터 1년, 법률행위가 있은 날부터 5년 내에 취소하는 소송을 제기해야 합니다(민법 839의3②☞민법 406②). 여기서 1년은 소멸시효이고, 5년은 제척기간으로 보고 있습니다.

Q 재산분할에 의해 재산을 취득하는 것이 사해행위로서 채권자취소의 대상이 되기 위한 요건은 무엇입니까? 또 그 입증책임은 누구에게 있습니까?

A 이미 채무초과 상태에 있는 채무자가 이혼을 하면서 자신의 배우자에게 재산분할로 일정한 재산을 양도한 결과, 일반 채권자에 대한 공동담

보를 감소시키더라도, 재산분할이 민법(839의2②)의 취지에 따른 상당한 정도를 벗어나는 과대한 것이라고 인정할 만한 특별한 사정이 없는 한, 사해행위로서 채권자에 의한 취소의 대상으로 되는 것은 아닙니다. 다만, 상당한 정도를 벗어나는 초과부분이 있으면 그것은 적법한 재산분할이라고 할 수 없기 때문에 취소의 대상으로 될 수 있습니다. 그리고 상당한 정도를 벗어나는 과대한 재산분할이라고 볼 만한 특별한 사정이 있다는 점에 관한 입증책임은 채권자에게 있습니다(대법 2000다14101. 대법 84다카68, 대법 90다카24762 참조).

민법 제839조의2(재산분할청구권)

① 협의상 이혼한 자의 일방은 다른 일방에 대하여 재산분할을 청구할 수 있다.
② 제1항의 재산분할에 관하여 협의가 되지 아니하거나 협의할 수 없는 때에는 가정법원은 당사자의 청구에 의하여 당사자 쌍방의 협력으로 이룩한 재산의 액수 기타 사정을 참작하여 분할의 액수와 방법을 정한다.
③ 제1항의 재산분할청구권은 이혼한 날부터 2년을 경과한 때에는 소멸한다.

민법 제839조의3(재산분할청구권 보전을 위한 사해행위취소권)

① 부부의 일방이 다른 일방의 재산분할청구권 행사를 해함을 알면서도 재산권을 목적으로 하는 법률행위를 한 때에는 다른 일방은 제406조 제1항을 준용하여 그 취소 및 원상회복을 가정법원에 청구할 수 있다.
② 제1항의 소는 제406조 제2항의 기간 내에 제기하여야 한다.

53

재산을 어떻게 찾아요

이혼에 따른 재산분할청구사건이나 부양료 · 양육비 청구사건에서는 당사자의 재산을 파악하는 것이 매우 중요한 요소이다. 그런데 당사자의 자발적인 협조 없이는 그 재산을 파악하는 것이 어렵고 이로 인해 재판이 불필요하게 지연될 수도 있어서 2009. 5. 8. 가사소송법을 개정(2009. 11. 9. 시행)하면서 재산명시제도를 도입하게 되었다. 재산명시절차를 통해 재산분할청구사건의 해결이 어려울 경우에는 재산조회제도를 이용한다.

재산명시제도

가정법원은 재산분할청구사건을 위해 특히 필요하다고 인정하는 때에는 직권 또는 당사자의 신청에 의해 상당한 제출기간을 정하여 당사자로 하여금 재산상태를 명시한 재산목록을 제출하도록 하는 재산명시명령을 할 수 있다(가사 48의2). 재산명시명령을 받은 당사자가 정당한 사유 없이 재산목록의 제출을 거부하거나 거짓의 재산목록을 제출한 때에는 1천만 원 이하의 과태료를 부과함으로써(가사 67의3) 성실한 재산목록의 제출을 유도하고 있다.

재산명시명령을 받은 당사자는 가정법원이 정한 기간 안에 자신이 보유하고 있는 재산과 과거 일정한 기간 동안 처분한 재산의 내역을 명시한 재산목록을 제출해야 한다(가규 95의4①). 재산목록의 양식과 그 작성요령은 재산명시명령과 함께 당사자에게 송달된다.

〈신청방법〉

재산분할, 부양료, 미성년 자녀의 양육비 청구사건의 당사자는 '재산명시신청서'를 작성하여 제출하면 된다. 신청서는 「대한민국 법원 전자민원센터 홈페이지 민원안내>양식모음」에서 다운로드할 수 있다.
재산명시 신청은 재산분할, 부양료, 미성년 자녀의 양육비 청구사건이 계속중인 가정법원(사건이 항소심에 계속중인 때에는 항소심 법원)에 청구하면 된다.

재산조회제도

당사자가 재산명시절차에 따른 재산목록의 제출을 거부하거나 제출된 재산목록만으로는 재산분할청구사건의 해결이 곤란한 경우에 가정법원이 직권 또는 당사자의 신청으로 상대방의 협조 없이 개인의 재산과 신용정보에 관한 전산망을 관리하는 공공기관·금융

기관·단체 등에 대한 상대방 명의의 재산에 관해 조회하여 그 재산내역을 발견·확인하는 제도이다(가사 48의3).

누구라도 재산조회의 결과를 심판 외의 목적으로 사용해서는 안 되고(가사 48의3④), 재산조회의 결과를 재산분할청구의 심판 외의 목적으로 사용한 사람은 2년 이하의 징역 또는 500만 원 이하의 벌금에 처해지게 된다(가사 73).

〈신청방법〉

재산명시절차를 거친 재산분할, 부양료, 미성년 자녀의 양육비 청구 사건의 당사자가 신청할 수 있으며, 재산분할·부양료·미성년 자녀의 양육비 청구사건이 계속중인 가정법원에 청구하면 된다.
재산조회신청서는 「대한민국법원 전자민원센터 홈페이지 민원안내>양식모음」에서 다운로드 할 수 있다.
다만, 재산조회신청인은 재산조회에 필요한 비용으로서 가정법원이 정하는 금액을 미리 납부해야 하고(가규 95의7①), 비용을 내지 않는 경우에는 신청을 각하하거나 재산조회 결정이 취소될 수 있다(가규 95의7③).

54

어떤 재산을 나누는가

부부가 혼인중에 협력하여 이룩한 실질적인 공동재산이라면 부동산은 물론 현금 및 예금자산 등도 포함하여 그 명의가 누구에게 있는지 그 관리를 누가 하고 있는지를 불문하고 재산분할의 대상이 된다.

부부의 공동재산

재산분할청구제도는 부부가 혼인중에 취득한 실질적인 공동재산을 청산·분배하는 것을 주된 목적으로 하는 것이다. 그러므로 부부가 협의에 의해 이혼할 때 양쪽의 협력으로 이룩한 재산이 있는 한, 양쪽의 협력으로 이룩된 재산은 재산분할의 대상이 된다(대법 93스6). 재판상 이혼의 경우도 마찬가지이다(민법 843☞민법839조의2). 또한 부부의 한쪽이 별거 후에 취득한 재산이라도 그것이 별거 전에 양쪽의 협력에 의해 형성된 유형·무형의 자원에 기한 것이라면 재산분할의 대상이 되며, 부부 한쪽이 혼인중 제3자에 대하여 채무를 부담한 경우에 그 채무 중에서 공동재산의 형성에 수반하여 부담하게 된 채무 역시 청산의 대상이 된다(대법 96므1397).

Q 재산을 형성하는 과정에서 아내가 가사노동을 분담하는 방식으로 기여했다면 이를 재산분할청구의 대상이 되는 공동재산으로 볼 수 있습니까?

A 아내가 가사노동을 분담하는 등으로 내조를 함으로써 남편의 재산의 유지 또는 증가에 기여했다면 그 재산은 재산분할의 대상이 됩니다(대법 93스6). 또한 부부 중 한쪽이 상속받은 재산이거나 이미 처분한 상속재산을 기초로 형성된 부동산이더라도 이를 취득하고 유지하는 데 상대방의 가사노동 등이 직·간접으로 기여한 것이라면 재산분할의 대상이 됩니다(대법 96므1434).

Q 남편이 아내를 상대로 명의신탁 해지에 의한 소유권이전등기소송을 제기하여 승소했더라도 아내 명의의 그 부동산이 혼인중에 형성한 부부의 실질적인 공동재산인 경우에는 이혼에 따른 재산분할의 대상이 됩니까?

A 혼인중에 양쪽이 협력하여 이룩한 부부의 실질적인 공동재산은 그 명의가 누구에게 있는지를 묻지 않고 재산분할의 대상이 되는 것입니다. 그러므로 질문의 경우에 그 부동산은 재산분할의 대상이 됩니다(서울 99드합2775, 99드합2782).

분할의 대상이 되는 재산

분할의 대상이 되는 재산에 관해서는 아래 Q&A를 통해 자세히 살펴본다.

퇴직금, 재해연금 등 장래의 수입

Q 부부 한쪽이 이혼 당시 아직 퇴직하지 아니한 채 직장에 근무하고 있는 경우, 그의 퇴직금이 재산분할의 대상이 됩니까?

A 퇴직금은 재산분할의 대상으로 되지 않다가 판례가 변경되어 지금은 분할의 대상이 됩니다.[11] 이러한 퇴직급여를 수령하기 위해서는 일정기간 근무할 것이 요구되는데, 근무를 하는 것에 상대방 배우자의 협력이 기여한 것으로 인정된다면 그 퇴직급여 역시 부부 양쪽의 협력으로 이룩한 재산으로서 재산분할의 대상이 될 수 있습니다. 다만, 퇴직급여채권은 퇴직이라는 급여의 사유가 발생함으로써 현실화되는 것이므로, 이혼 시점에서는 어느 정도의 불확실성이나 변동가능성을 지닐 수밖에 없습니다. 그러나 그렇다고 하여 퇴직급여채권을 재산분할의 대상에서 제외하고 단지 장래의 수령가능성을 재산분할의 액수와 방법을 정하는 데 필요한 기타 사정으로만 참작하는 것은 부부가 혼인중 형성한 재산관계를 이혼에 즈음하여 청산·분배하는 것을 본질로 하는 재산분할청구제도의 취지에 맞지 않고, 당사자 사이의 실질적 공평에도 반하여 부당하다는 것이 대법원의 바뀐 입장입니다(대법 2013므2250 전합).

Q 퇴직금이 재산분할의 대상으로 되는 경우 분할에 포함되는 범위는 어디까지입니까?

A 재산분할청구제도의 취지 및 여러 사정들에 비추어 볼 때, 구체적으로는 이혼소송의 사실심 변론종결시를 기준으로 그 시점에서 퇴직할 경우 수령할 수 있을 것으로 예상되는 퇴직급여 상당액의 채권이 그 대상이 됩니다(대법 2013므2250 전합).

Q 공무원연금 중 퇴직연금이 재산분할의 대상에 해당됩니까?

A 그렇습니다. 그 근거는, 공무원연금 중 퇴직연금은 사회보장수급권과 후불임금의 성격을 동시에 지니고 있는 점, 퇴직금을 일시금으로 수령한 경우에는 재산분할 대상이 될 수 있음에도 연금 형태로 수령하는 경우에는 재산분할 대상이 될 수 없다고 하는 것은 같은 성격의 재산이 수령자의 선택에 의해 재산분할 대상에 포함되거나 포함되지 않게 되어 불합리한 점, 배우자의 내조를 바탕으로 공무원으로 근무할 수 있었고 퇴직연금까지 지급받을 수 있게 되었는데, 단순히 그 수액을 확정하기 어렵다는 이유만으로 퇴직연금을 재산분할 대상에서 제외한다면 형평에 반하는 점(재산분할 참작 사유로 삼는 것만으로는 부족하다), 국민연금법에 따른 급여 중 노령연금에 관하여는 일정한 요건에 따라 이혼한 배우자를 분할연금의 수급권자로 인정하여 혼인기간에 해당하는 연금액을 균등하게 나눈 금액을 지급받도록 규정하고 있는 것(국민연금법 64)과의 균형 등입니다(서울 2010드합10979, 10986).

Q 공무원연금 중 재해연금이 재산분할 대상에 해당합니까?

A 공무원연금 중 재해연금은 피고가 공무상 재해를 입어 재해연금을 지급받게 되는 것이므로 이에 대해 배우자의 기여가 있었다고 할 수는 없습니다. 그러므로 재해연금은 재산분할 대상에서 제외하는 것이 타당하다고 본 사례가 있습니다(서울 2010드합10979, 10986).

Q 혼인 전 군대에서 허리를 다쳐 매월 국가유공자 보상금을 수령하고 있는데 이것도 재산분할 대상에 포함됩니까?

A 국가유공자 등 예우 및 지원에 관한 법률 19조에 의하면 보상금을 받을 권리는 양도, 압류 및 담보 제공이 금지된 권리로서 특유재산이라고 할 것입니다. 그러므로 재산분할대상에 포함되지 않는다고 본 사례가 있습니다(부산 2008드합866).

부부 한쪽의 특유재산

Q 재산분할에 있어서 부부의 특유재산도 분할대상이 될 수 있습니까?

A 혼인 전부터 부부가 각자 소유하고 있던 재산이나 혼인중에 상속·증여·유증 등으로 취득한 재산은 원칙적으로 분할대상이 되지 않습니다. 그러나 이러한 특유재산일지라도 상대방이 적극적으로 특유재산의 유지에 협력하여 감소를 방지했거나 증식에 협력했다고 인정되는 때에는 분할대상이 될 수 있습니다(대법 95므1192, 1208).

Q 시어머니가 남편에게 증여한 부동산도 재산분할의 대상이 될 수 있습니까?

A 아내가 가사노동에 종사하고 시어머니의 일을 도와주면서 그 재산을 유지하는 데 기여했으므로, 시어머니가 남편에게 증여한 부동산이 재산분할의 대상이 된다고 본 사례가 있습니다(서울 2000드합6063, 6070).

남의 이름으로 된 재산

Q 제3자 명의의 재산이 재산분할의 대상이 되는 경우도 있습니까?

A 제3자 명의의 재산이더라도 그것이 부부의 한쪽에 의해 명의신탁된 재산 또는 부부의 한쪽이 실질적으로 지배하고 있는 재산으로서 부부 양쪽의 협력에 의해 형성된 것이거나 부부 양쪽의 협력에 의해 형성된 유형·무형의 자원에 기한 것이라면 재산분할의 대상이 될 수 있습니다(대법 96므1434).

혼인관계 파탄 후 생성된 재산

Q 협의이혼을 예정하고 재산분할 협의를 했는데 협의이혼 신고를 하기 전에 재산분할의 대상이 될 채무의 일부를 갚았다면 다시 협의를 해야 합니까?

A 부부가 협의이혼을 예정하고 미리 재산분할 협의를 한 경우 협의이혼에 따른 재산분할에 있어 분할의 대상이 되는 재산과 액수는 협의이혼이 성립한 날(이혼신고일)을 기준으로 정해야 합니다. 따라서 재산분할 협의를 한 후 협의이혼 성립일까지의 기간 동안 재산분할 대상인 채무의 일부가 변제된 경우 그 변제된 금액은 원칙적으로 채무액에서 공제되어야 합니다. 그런데 채무자가 자금을 제3자로부터 증여받아 위 채무를 변제한 경우에는 전체적으로 감소된 채무액만큼 분할대상 재산액이 외형상 증가하지만 그 수증의 경위를 참작해야 합니다. 채무자가 기존의 적극재산으로 위 채무를 변제했거나, 채무자가 위 채무를 변제하기 위해 새로운 채무를 부담하게 되었다면 어느 경우에도 전체 분할대상 재산액은 변동이 없는 것이므로 다시 협의할 필요는 없습니다(대법 2005다74900).

Q 혼인관계가 파탄된 이후 변론종결일 사이에 생긴 재산관계의 변동이 혼인중 공동으로 형성한 재산관계와 무관한 경우, 변동된 재산이 재산

분할 대상에 포함되는 것입니까?

A 아닙니다. 재판이혼에 따른 재산분할에 있어 분할의 대상이 되는 재산과 그 액수는 이혼소송의 사실심 변론종결일을 기준으로 하여 정하는 것이 원칙이지만(대법 2000스13 참조), 혼인관계가 파탄된 이후 변론종결일 사이에 생긴 재산관계의 변동이 부부 중 한쪽에 의한 후발적 사정에 의한 것으로서 혼인중 공동으로 형성한 재산관계와 무관하다는 등 특별한 사정이 있는 경우에는 그 변동된 재산은 재산분할 대상에서 제외해야 합니다(대법 2013므1455, 1462).

Q 장기간에 걸쳐 별거하다가 이혼을 하게 되었는데, 별거 이후에 취득한 재산도 재산분할의 대상이 될 수 있습니까?

A A와 B는 약 15년 동안 별거하면서 혼인의 실체는 완전히 해소되고 각자 독립적인 생활관계를 구성해 왔습니다. 그동안 A가 B와 그 사이의 자녀들에게 생활비, 양육비, 결혼 비용 등을 지속적으로 지급하여 별거기간 동안 경제적 부양의무를 다한 점을 비롯하여 여러 사정에 비추어 별거 이후에 생긴 재산관계의 변동이 A에 의한 후발적 사정에 의한 것이 아니라 B의 기여가 있었다면, 별거 이후에 A 명의로 취득한 재산도 재산분할의 대상이 된다고 본 사례가 있습니다(서고 2015르717, 724).

당신 빚을 내가 왜

Q 재산분할에 있어서 부부가 혼인중에 부담한 제3자에 대한 채무도 청산의 대상이 되는 겁니까?

A 현행 부부재산제도는 부부별산제를 기본으로 하고 있어 부부 각자의 채무는 각자가 부담하는 것이 원칙입니다. 그러므로 부부가 혼인중에 제3자에게 부담한 채무는 일상가사에 관한 것 이외에는 원칙적으로 그 개인의 채무로서 청산의 대상에 포함되지 않습니다. 다만, 그것이 공동재산의 형성·유지에 수반하여 부담한 채무인 때에는 청산의 대상이 되며, 그 채무로 인해 취득한 특정 적극재산이 남아있지 않더라도 그 채무부담행위가 부부 공동의 이익을 위한 것으로 인정될 때에는 청산의 대상이 될 수 있습니다(대법 2005다74900).

Q 부부가 협의이혼 후에도 사실상 혼인관계가 지속되고 있던 시기에 어느 한쪽이 취득한 부동산 및 그것을 담보로 취득한 채무가 재산분할의 대상이 될 수 있습니까?

A 사실상 혼인관계가 지속되고 있던 시기에 한쪽이 취득한 부동산 및 부동산의 취득과 자녀들의 양육을 위해 이미 부담한 채무를 변제하기 위해 그 부동산을 담보로 취득한 채무도 재산분할의 대상이 된다고 본 사례가 있습니다(서울 2003드합6149).

❙ 기타

Q 혼인했다가 이혼한 후 사실혼관계를 유지하다가 다시 혼인한 경우 재산분할의 대상의 범위는 어떻게 됩니까?

A 사실혼관계로 지낸 기간을 포함하여 혼인기간 전체에 걸쳐 양쪽의 협력에 의해 이룩한 적극 및 소극재산 전부를 재산분할 대상으로 본 사례가 있습니다(서울 2004드합8654, 2005드합1827).

재산분할에 빚도 고려될 수 있는가

[대법 2010므4071, 4088 전합] 판결을 통해 빚도 나누어야 하는지를 알아 보고자 한다(대법 92므501, 대법 97므933, 대법 2001므718 참조). 이 사건에서 문제가 된 것은 두 가지이다. 첫째, 부부가 이혼할 때 양쪽의 소극재산 총액이 적극재산 총액을 초과하여 재산분할을 한 결과가 결국 채무의 분담을 정하는 것이 되는 경우에도 재산분할 청구를 받아들일 수 있는지? 둘째, 채무를 분담하게 할지 여부와 분담의 방법 등을 정하는 기준이 무엇인지?

다수의견(적극=긍정)

이혼 당사자 각자가 보유한 적극재산에서 소극재산(빚)을 공제하는 등으로 재산상태를 따져 본 결과 재산분할 청구의 상대방이 그에게 귀속되어야 할 몫보다 더 많은 적극재산을 보유하고 있거나 소극재산의 부담이 더 적은 경우에는 적극재산을 분배하거나 소극재산을 분담하도록 하는 재산분할은 어느 것이나 가능하다고 보아야 하고, 후자의 경우라고 하여 당연히 재산분할청구가 배척되어야 한다고 할 것은 아니다.

그러므로 소극재산의 총액이 적극재산의 총액을 초과하여 재산분할을 한 결과가 결국 채무의 분담을 정하는 것이 되는 경우에도 법원은 채무의 성질, 채권자와의 관계, 물적 담보의 존부 등 일체의 사정을 참작하여 이를 분담하게 하는 것이 적합하다고 인정되면 구체적인 분담의 방법 등을 정하여 재산분할청구를 받아들일 수 있다.

다수의견의 근거

재산분할청구를 인정하는 것이 부부가 혼인중 형성한 재산관계를 이혼에 즈음하여 청산하는 것을 본질로 하는 재산분할청구제도의 취지에 맞고, 당사자 사이의 실질적 공평에도 부합한다. 다만, 재산분할청구사건에 있어서는 혼인중에 이룩한 재산관계의 청산뿐 아니라 이혼 이후 당사자들의 생활보장에 대한 배려 등 부양적 요소 등도 함께 고려할 대상이 되므로, 재산분할에 의하여 채무를 분담하게 되면 그로써 채무초과 상태가 되거나 기존의 채무초과 상태가 더욱 악화되는 것과 같은 경우에는 채무부담의 경위, 용처, 채무의 내용과 금액, 혼인생활의 과정, 당사자의 경제적 활동능력과 장래의 전망 등 제반 사정을 종합적으로 고려하여 채무를 분담하게 할지 여부 및 분담의 방법 등을 정할 것이고, 적극재산을 분할할 때처럼 재산형성에 대한 기여도 등을 중심으로 일률적인 비율을 정하여 당연히 분할 귀속되게 해야 한다는 취지는 아니다.

다수의견에 대한 반대의견

재산분할청구권은 이혼한 부부의 한쪽이 상대방으로부터 부부 공동의 노력으로 이룩한 재산 중 일부를 분할받을 권리를 말하는 것으로서, 혼인생활 중에 형성된 부부 공동의 재산관계 전체의 청산을 요구할 권리라고 보이지는 않는다. 재산분할청구권이 혼인중에 취득한 부부공동재산의 청산 분배를 주된 목적으로 한다는 것은 재산분할청구제도에 혼인생활에 대한 청산적 요소가 포함되어 있다는 의미일 뿐이지, 재산분할청구제도의 본질이 혼인생활 중 발생한 모든 재산관계를 청산하는 것이라는 의미는 아니다. 부부공동재산제를 채택하고 있는 국가와 달리 부부별산제를 시행하고 있는 우리 민법 체제에서 부부 공동의 재산관계 청산이라는 개념은 성립하기 어렵다.

반대의견의 근거

우리 민법이 채택한 재산분할청구권이란, 비록 상대방 배우자 명의로 되어 있으나 부부 공동의 노력으로 형성한 재산에 대한 재산분할 청구인의 실질적인 기여를 인정하여 혼인관계가 해소될 때 상대방 배우자에게 그 재산에 대한 권리 이전을 요구하거나 그 권리에 상당하는 대가로 금전의 지급을 청구할 수 있는 권리를 의미한다고 볼 것이다. 재산분할청구권의 개념을 이와 같이 이해한다면, 재산분할청구권은 상대방 명의로 되어 있는 재산이 존재하고 그 재산이 혼인생활 중에 부부 공동의 노력으로 형성되었을 것을 필수불가결한 전제로 하는 것이고, 재산분할 청구인은 그 재산을 재산분할청구의 객체, 즉 분할대상재산으로 삼아 그에 대한 권리의 이전을 요구하거나 그 권리에 상당하는 대가로서 금전의 지급을 청구할 수 있다고 보아야 한다. 부부의 채무액이 총 재산가액을 초과하여 혼인생활 중에 형성된 공동재산이 없는 경우에도 재산분할청구가 가능하다고 본다면, 이는 재산분할청구제도의 본질과 대상을 오해한 것이다.

다수의견과 다른 별개의견1

청산의 대상이 되는 소극재산의 총액이 적극재산의 총액을 초과하여 남는 금액이 없더라도 재산분할청구의 상대방 명의로 순재산[이하 양(+)의 순재산을 의미한다]이 남아 있는 경우 그 가액을 한도로 재산분할이 가능하나 그 이외에는 재산분할을 허용해서는 안 된다. 다수의견과 같이 갑작스레 채무 자체의 분담을 정하는 형태의 재산분할을 허용하기 보다는 채무의 총액이 적극재산의 총액을 초과하는 모든 경우에 재산분할이 허용되지 않는다는 반대의견의 입장을 다소 완화하여 재산분할청구의 상대방 명의로 순재산이 남아있는 때에는 순재산가액을 한도로 재산분할을 명할 수 있다는 입장을 취하는 것이 다수의견을 취함으로써 발생할 수 있는 실무 운영상의 혼란과 사실심 법관들의 부담을 최소화할 수 있을 뿐만 아니라 반대의견을 유지함으로써 발생할 수 있는 현저한 불공평을 어느 정도 해소할 수 있는 조화로운 해결 방안이다.

별개의견2

이혼한 배우자 사이의 재산분할청구는 상대방이 가지고 있는 적극재산에 대하여 분할을 구하는 것으로서, 재산분할청구의 상대방에게 적극재산이 있는 한 재산분할이 가능하므로, 비록 상대방이 가지고 있는 소극재산이 적극재산을 초과한다는 사정만으로 재산분할청구가 반드시 불가능하다고 제한할 필요는 없다. 상대방이 적극재산을 가지고 있는 경우에는 소극재산이 적극재산을 초과한다는 사유만으로 재산분할을 부정할 것이 아니라, 일단 재산분할 청구 자체는 가능하다고 보고, 나아가 소극재산과 관련된 사항을 반영하여 재산분할에 관하여 판단해야 할 것이다. 다만, 재산분할은 실질상의 공동재산을 청산하여 분배함과 동시에 이혼 후에 상대방의 생활유지에 이바지하기 위한 것이고 경우에 따라서는 유책행위에 대한 정신적 손해를 배상하기 위한 급부로서의 성질도 가질 수 있으며, 또한 소극재산이 적극재산을 초과하는 상태에서 채무를 새로이 상대방에게 분담시키는 것이 파산상태를 가중시킴에 따라 발생되는 문제점은 적극재산을 청구인에게 분배하는 경우에도 그대로 해당될 수 있다. 따라서 양쪽의 구체적인 적극재산 및 소극재산의 내역 및 형성 과정과 아울러 실질적인 경제력을 고려한 부양적 요소 등 민법 839조의2에서 정한 기타 사정을 종합적으로 참작하여, 소극재산이 적극재산을 초과하는 상태에서의 적극재산의 분할과 그 비율이 양쪽의 재산형성에 대한 기여도 및 형평에 부합되는지를 구체적인 사안에 맞게 판단해야 한다.

55

재혼과 아이 문제: 친양자제도

혼인관계에 있던 남편이나 아내가 이혼 후에 미성년 자녀를 데리고 가서 재혼하는 경우에 그 자녀를 새로운 법률상 배우자의 자녀로 입양할 수 있다.

입양의 종류

민법상 입양에는 보통의 입양을 하는 경우와 친양자로 입양하는 경우 두 가지가 있다. 계약에 의해 맺어지는 보통의 입양은 입양이 되더라도 본래의 친족관계가 그대로 유지된다(불완전양자). 이에 비해 친양자 입양은 재판으로 성립하고, 본래의 친족관계가 완전히 소멸하고 양부모와 그 친족 사이에 친자와 같은 관계가 생기는 것(완전양자)이라는 점에서 차이가 있는데 우리 민법은 2005. 3. 31. 개정에서 친양자제도를 신설하여 908조의2부터 규정하고 있다. 친양자로 입양되면 양자와 친생자 사이의 차별이 없어져 양자가 친생자와 다름없는 환경에서 성장할 수 있게 된다.

친양자 입양의 요건

친양자를 입양하려는 사람은 다음의 요건을 갖추어 가정법원에 친양자 입양을 청구하고(민법 908의2①), 친양자 입양의 허가를 받아야 한다(가사 2①b라류12).

첫째, 3년 이상 혼인중인 부부로서 공동으로 입양해야 한다(당연히 법률혼만을 의미함). 다만, 1년 이상 혼인중인 부부의 한쪽이 그 배우자의 친생자를 친양자로 하는 경우에는 공동으로 하지 않아도 된다. 배우자와 친양자로 될 자녀 사이에는 이미 친자관계가 성립되어 있기 때문에 공동으로 입양할 필요가 없고, 1년 이상의 기간이면 친양자로 양육할 수 있는지를 판단해 볼 수 있기 때문이다.

둘째, 친양자가 될 사람이 미성년자여야 한다(친양자가 될 사람이 미성년자인지의 여부는 재판의 확정일을 기준으로 판단함). 또한 친양자가 될 사람의 친생부모가 친양자 입양에 동의해야 한다. 다만, 부모가 친권상실의 선고를 받거나 소재를 알 수 없거나 그 밖의 사유로 동의할 수 없는 경우에는 동의가 없어도 된다.

셋째, 친양자가 될 사람이 13세 이상인 경우에는 법정대리인의 동의를 받아 입양을 승낙해야 하고, 친양자가 될 사람이 13세 미만인 경우에는 법정대리인이 그를 갈음하여 입양을 승낙해야 한다.

다만, ① 법정대리인이 정당한 이유 없이 동의 또는 승낙을 거부하는 경우(법정대리인이 친권자인 경우에는 ② 또는 ③의 사유도 있어야 함), ② 친생부모가 자신에게 책임이 있는 사유로 3년 이상 자녀에 대한 부양의무를 이행하지 않고 면접교섭을 하지 않은 경우, ③ 친생부모가 자녀를 학대 또는 유기하거나 그 밖에 자녀의 복리를 현저히 해친 경우에는 법정대리인의 동의 또는 승낙이 없어도 가정법원이 친양자 입양을 허가할 수 있다. 이때 가정법원은 동의권자 또는 승낙권자를 심문해야 한다(민법 908의2②).

친양자 입양의 불허

가정법원은 친양자가 될 사람의 복리를 위해 그 양육상황, 친양자 입양의 동기, 양부모의 양육능력, 그 밖의 사정을 고려하여 친양자 입양이 적당하지 않다고 인정하는 경우에는 친양자 입양을 허가하지 않을 수 있다(민법 908의2③).

친양자 입양의 효력

친양자는 부부의 혼인중 출생자로 본다. 그리고 친양자의 입양 전의 친족관계는 친양자 입양의 청구에 의한 친양자 입양이 확정된 때에 종료한다. 다만, 부부의 한쪽이 그 배우자의 친생자를 단독으로 입양한 경우에 있어서의 배우자 및 그 친족과 친생자 사이의 친족관계는 종료하지 않고 유지된다(민법 908의3). 또한 입양한 부모와 법률상 친자관계를 새롭게 형성하게 되므로 친양자의 성과 본도 입양한 부의 성과 본을 따르게 된다.

친양자에 관해 특별한 규정이 있는 경우를 제외하고는 그 성질에 반하지 않는 범위 안에서 보통양자에 관한 규정을 준용한다(민법 908의8). 그러나 친양자의 입양에는 보통입양(계약입양)의 무효와 취소에 관한 민법 883조(입양 무효의 원인)와 884조(입양 취소의 원인), 898조(협의상 파양) 및 905조(재판상 파양의 원인)는 적용하지 않는다고 분명하게 규정하고 있다(민법 908의4② 및 908의5②).

Q 이혼 후 미성년 자녀를 양육하고 있는 상황에서 재혼하여 현재 배우자와 그 자녀를 친양자로 입양하더라도 양육하지 않는 아버지나 어머니에게 양육비는 계속 받을 수 있는 겁니까?

A 그렇지 않습니다. 친양자는 입양이 확정된 때부터 양육하지 않는 아버지 또는 어머지와의 친자관계가 종료되어 부양에 관한 권리의무도 소멸합니다. 따라서 친양자 입양이 확정되기 전까지만 양육비를 청구할 수 있고 친양자 입양이 확정되면 더 이상 양육비를 청구할 수 없습니다.

친양자 입양의 취소와 파양

친양자로 될 사람의 친생의 부 또는 모는 자신에게 책임이 없는 사유로 인하여 동의를 할 수 없었던 경우, 즉, 부모가 친권상실의 선고를 받거나 소재를 알 수 없거나 그 밖의 사유로 동의를 할 수 없는 경우(민법 908의2①c 단서)에는 친양자 입양의 사실을 안 날부터 6개월 안에 가정법원에 친양자 입양의 취소를 청구할 수 있다(민법 908의4①).

양친, 친양자, 친생의 부 또는 모나 검사는 첫째, 양친이 친양자를 학대 또는 유기하거나 그 밖에 친양자의 복리를 현저히 해하는 때, 둘째, 친양자의 양친에 대한 패륜행위로 인해 친양자관계를 유지시킬 수 없게 된 때에는 가정법원에 친양자의 파양을 청구할 수 있다(민법 908의5①).

친양자 입양의 취소와 파양에는 조정 전치주의가 적용된다(가사 2①a나류13, 14).

친양자 파양의 불허

가정법원은 친양자가 될 사람의 복리를 위해 그 양육상황, 친양자 입양의 동기, 양부모의 양육능력, 그 밖의 사정을 고려하여 친양자 입양이 적당하지 않다고 인정하는 때에는 친양자 입양의 취소 또는 친양자의 양친에 대한 패륜행위를 이유로 하는 파양의 청구를 기각할 수 있다(민법 908의6☞908의2③).

친양자 입양의 취소 및 파양의 효력

친양자 입양이 취소되거나 파양된 때에는 친양자관계는 소멸하고 입양 전의 친족관계가 부활한다(민법 908의7①). 그리고 친양자 입양이 취소되더라도 그 취소의 효력은 과거로 소급하지 않고 장래에 향해서만 있게 된다(민법 908의7②).

• 미주

1. 민법은 재판상 이혼에 대해서만 843조에서 806조(약혼해제와 손해배상청구권)를 준용하고 있다. 그러나 손해배상청구권은 협의이혼의 경우에도 당연히 인정되는 것으로 '재산상 또는 정신상의 손해배상청구를 하는데 있어서 반드시 어떠한 혼인해소방식에 구애되어 혼인취소 또는 이혼판결이 있어야만 된다고 해야 할 이유는 없다(대법 76다2223)'는 것이 대법원의 입장이기도 하다.
2. 양육에 관한 사항의 변경을 규정하는 민법 837조 5항은 구 민법(2007. 12. 21.에 개정되기 전의 것) 837조 2항의 '언제든지'라는 문구를 삭제하는 대신 '자녀의 복리를 위하여 필요한 경우'라는 문구를 추가했다. 이러한 개정과 동시에 부모가 이혼할 때 자녀의 양육사항의 협의가 이루어지지 않거나 협의할 수 없는 때 또는 그 협의가 자녀의 복리에 반하는 경우에는 가정법원이 직권으로 양육사항을 정해야 한다는 취지의 규정이 신설되었다(민법 837③, ④). 나아가 민법(2009. 5. 8.에 개정된 것) 836조의2 5항이 신설되어 가정법원이 부모가 협의한 양육비 부담에 관한 내용을 확인하여 양육비부담조서를 작성하면 그 조서에 집행력을 인정하는 제도가 도입되었다.
3. 2007. 12. 21.에 개정되기 전의 민법 837조 2항 및 2011. 3. 7.에 개정되기 전의 민법 836조의2 5항, 민법 837조 3항, 4항, 5항 참조.
4. 양육비이행관리원에 따르면 2020년 양육비 지급 의무 이행률은 36.1%에 불과하다. 절반이 넘는 가정에서 양육비를 받지 못하고 있는 것이다.
5. 양육법 21조의3(운전면허 정지처분 요청) ① 여성가족부장관은 양육비 채무자가 양육비 채무 불이행으로 인하여 「가사소송법」 제68조 제1항 제1호·제3호에 따른 감치명령 결정을 받았음에도 불구하고 양육비 채무를 이행하지 않는 경우에는 위원회의 심의·의결을 거쳐 지방경찰청장(지방경찰청장으로부터 운전면허 정지처분에 관한 권한을 위임받은 자를 포함한다. 이하 이 조에서 같다)에게 해당 양육비 채무자의 운전면허(양육비 채무자가 지방경찰청장으로부터 받은 모든 범위의 운전면허를 포함한다. 이하 이 조에서 같다)의 효

력을 정지시킬 것(이하 이 조에서 "운전면허 정지처분"이라 한다)을 요청할 수 있다. 다만, 양육비 채무자가 해당 운전면허를 직접적인 생계유지 목적으로 사용하고 있어 운전면허의 효력을 정지하게 되면 양육비 채무자의 생계유지가 곤란할 것으로 인정되는 경우에는 그러하지 아니하다.

6. 양육법 21조의4(출국금지 요청 등) ① 여성가족부장관은 양육비 채무 불이행으로 인하여 「가사소송법」 제68조 제1항 제1호 또는 제3호에 따른 감치명령 결정을 받았음에도 불구하고 양육비 채무를 이행하지 아니하는 양육비 채무자 중 대통령령으로 정하는 사람에 대하여 위원회의 심의·의결을 거쳐 법무부장관에게 「출입국관리법」 제4조 제3항에 따라 출국금지를 요청할 수 있다.

7. 양육법 21조의5(명단 공개) ① 여성가족부장관은 양육비 채무자가 양육비 채무 불이행으로 인하여 「가사소송법」 제68조 제1항 제1호 또는 제3호에 따른 감치명령 결정을 받았음에도 불구하고 양육비 채무를 이행하지 아니하는 경우에는 양육비 채권자의 신청에 의하여 위원회의 심의·의결을 거쳐 다음 각 호의 정보를 공개할 수 있다. 다만, 양육비 채무자의 사망 등 대통령령으로 정하는 사유가 있는 경우에는 그러하지 아니하다.
   1. 양육비 채무자의 성명, 나이 및 직업
   2. 양육비 채무자의 주소 또는 근무지(「도로명주소법」 제2조 제5호의 도로명 및 같은 조 제7호의 건물번호까지로 한다)
   3. 양육비 채무 불이행기간 및 양육비 채무액

8. 이는 「2018년도 한시적 양육비 긴급지원의 기준 및 금액」(여성가족부고시 제2017-60호)으로 2018. 1. 4.부터 시행되고 있으며 2021. 8. 31.현재까지 바뀌지 않고 있다.

9. 이 경우 그 임무를 대행할 사람에 대하여는 민법 25조(관리인의 권한) 및 954조(가정법원의 후견사무에 관한 처분)를 준용한다.

10. 민법 979조(부양청구권처분의 금지) 부양을 받을 권리는 이를 처분하지 못한다.

11. 근로자퇴직급여보장법, 공무원연금법, 군인연금법, 사립학교교직원연금법이 각 규정하고 있는 퇴직급여는 사회보장적 급여로서의 성격 외에 임금의 후불적 성격과 성실한 근무에 대한 공로보상적 성격도 지닌다.

4장

가슴이 뛴다

"혼인과 가족생활은
개인의 존엄과 양성의 평등을 기초로
성립되고 유지되어야 하며,
국가는 이를 보장한다"
-대한민국 헌법 제36조 제1항-

To be continuded …

우병창

고려대학교 법과대학 학사
고려대학교 대학원 법학석사
고려대학교 대학원 법학박사
(현) 숙명여자대학교 법과대학 교수
한국가족법학회 회장(2022.1.1.~2023.12.31.)
서울가정법원 가사조정위원(2021년도 협의회 회장)
아세아가족법삼국회의(한국/일본/대만) 한국측 코디네이터

김보람

숙명여자대학교 법과대학 학사
숙명여자대학교 대학원 법학석사
숙명여자대학교 대학원 법학박사
(전) 파리 1대학교 소르본 법·철학연구소(ISJPS) 연구원(chercheur doctorant)
숙명여자대학교 법학연구소 연구원
(현) 단국대학교 법학연구소 연구원

이혼의 기술

저 자 우병창 · 김보람
발행인 이구만
발행처 유원북스 도서출판
04091 서울특별시 마포구 토정로 222, 416호
(신수동, 한국출판콘텐츠센터)
대표전화 (02)593-1800 Fax (02)6455-1809
등록 2011. 9. 6. 제25100-2012-3호
www.uwonbooks.com uwbooks@daum.net

초판 인쇄 2022년 1월 3일
초판 발행 2022년 1월 5일

ISBN 979-11-6288-148-4 03360
정 가 | 18,000원

편 집 | 홍의환 · 이채린
기 획 | 문병돈 · 김민정
편집디자인 | 홍익 m&b
표지디자인 | 김아람